西汉长沙王陵出土漆器辑录

Xihan Changsha Wangling Chutu Qiqi Jilu

长沙市文物考古研究所 编

岳麓書社·长沙

《西汉长沙王陵出土漆器辑录》编委会

西汉长沙王陵出土漆器研究述评（代前言）

2008年全国第三次不可移动文物普查时，我所将“汉代长沙王陵墓群”列为专题调查项目。2011年国家文物局批准了《西汉长沙王陵考古工作计划》，标志着汉代长沙王陵墓群的考古工作进入了一个新阶段。为加强学术研究，利用研究成果指导和促进考古工作，我所拟对汉代长沙王陵墓群的资料分批整理并公开出版，《西汉长沙王陵出土漆器辑录》是我们确定的第一个出版项目。

一、汉代长沙王陵考古工作简要回顾

该项考古工作始于1974年。可略分为两个阶段：

第一个阶段自1974年至2008年，主要配合基本建设进行，主动性工作较少，系统性不强。1974年于湘江以西的咸嘉湖北侧陡壁山发掘了曹姬墓①。1978年在陡壁山东侧发掘了象鼻嘴汉墓②，并调查发现了狮子山汉墓、扇子山汉墓③。1993年在望城坡古坟垸发掘了渔阳墓④，当年长沙市文物工作队（现为长沙市文物考古研究所）组织专业人员对咸嘉湖周边开展了专题调查。2006年发掘了风篷岭汉墓⑤。2008年发掘了风盘岭汉墓⑥。历年来长沙市文物考古研究所为配合建设在汉代长沙王陵分布区域内发掘了一批西汉及王莽时期的墓葬，其中部分可能是王陵的陪（从）葬墓⑦。

第二个阶段自2008年至今。我所把汉代长沙王陵墓群列为重大课题组织专门队伍开展工作。2006年风篷岭汉墓的发掘使我们认识到刘氏长沙王的系列陵墓也可能分布于湘江西岸的低矮丘陵区域，破除了

①长沙市文化局文物组：《长沙咸家湖西汉曹撰墓》，《文物》1979年第3期。

②③湖南省博物馆：《长沙象鼻嘴一号西汉墓》，《考古学报》1981年第1期。

④长沙市文物考古研究所、长沙简牍博物馆：《湖南长沙望城坡西汉渔阳墓发掘简报》，《文物》2010年第4期。

⑤长沙市文物考古研究所、望城县文物管理局：《湖南望城风篷岭汉墓发掘简报》，《文物》2007年第12期。

⑥长沙市文物考古研究所、长沙望城区文物管理局：《湖南长沙风盘岭汉墓发掘简报》，《文物》2013年第6期。

⑦长沙市文物工作队：《长沙西郊桐梓坡汉墓》，《考古学报》1986年第1期；长沙市文物考古研究所：《湖南长沙窑圹山汉墓发掘简报》，《湖南考古辑刊》第9集，岳麓书社，2011年。

吴氏长沙王陵墓分布于湘江以西咸嘉湖周边、刘氏长沙王陵墓分布于湘江以东杨家山一带的学术认识。通过起始于2008年的全国第三次文物普查以及随后不间断地工作，目前陵区的分布范围已基本清晰，即南起天马山，北迄风篷岭，西止蜈蚣蒂，陵区南北长约16公里，东西宽约1~2公里，并新发现了一批包括长沙王陵在内的高等级墓葬[①]。

二、汉代长沙王陵漆器出土概况

汉代长沙王陵出土的漆器，既有通过考古发掘获得的，也有公安部门破获古墓葬被盗案后移交的：

1974年12月～1975年1月，在今望月公园（曾名王陵公园）西侧发掘了陡壁山曹婣墓。该墓葬属于西汉前期，随葬漆器均残，能辨认器形者约150件。主要为盘、杯（耳杯），其中盘55件、杯52件，其余有盛（盒）、奁（圆奁、方奁、椭圆奁）、卮、椑（扁壶）、匜、几、枕、杖、瑟、器座、套棺、笭床等[②]。

1978年9月～11月，在今望月公园内发掘了象鼻嘴汉墓。该墓属于西汉前期，随葬漆器均残（聂菲《湖南楚汉漆木器研究》述完整漆器3件[③]），可辨器形有盘、杯、奁、卮、案、皮甲、套棺等[④]。

1993年2月～7月，在望城坡古坟垸渔阳墓内出土了500余件完整漆木器、4000多件漆器残片，该墓年代为西汉早期，器类有壶、钫、具器（具杯盒）、杯、盛、砚盒、盘、案、盂、奁、卮、匜、匕、几、坐具、屏风、瑟、筑、博局盘、骰子、椁、套棺等[⑤]。

2006年3月～10月，在望城区（原望城县）风篷岭汉墓中出土漆木器61件，该墓属于西汉晚期，有奁、豆、盛、盒、盘、杯、案、器盖、马足、套棺等[⑥]。

2008年5月～7月，在望城区风盘岭汉墓中发现漆器残迹，可辨器形有卮[⑦]。

2008年底～2009年初，汉代长沙王陵区内11座古墓葬被盗，其中公安部门收缴漆器文物140件[⑧]、长沙市博物馆征集到该案案发后流入文物交易市场的同批被盗漆器12件，器形有杯、盘[⑨]。

---

①长沙市文物考古研究所内部资料。

②长沙市文化局文物组：《长沙咸家湖西汉曹婣墓》，《文物》1979年第3期。

③聂菲：《湖南楚汉漆木器研究》，岳麓书社，2013年，第125页。

④湖南省博物馆：《长沙象鼻嘴一号西汉墓》，《考古学报》1981年第1期。

⑤长沙市文物考古研究所、长沙简牍博物馆：《湖南长沙望城坡西汉渔阳墓发掘简报》，《文物》2010年第4期。

⑥长沙市文物考古研究所、望城县文物管理局：《湖南望城风篷岭汉墓发掘简报》，《文物》2007年第12期。

⑦长沙市文物考古研究所、长沙望城区文物管理局：《湖南长沙风盘岭汉墓发掘简报》，《文物》2013年第6期。

⑧长沙市文物考古研究所：《长沙“12·29”古墓葬被盗案移交文物报告》，《湖南省博物馆馆刊》第六辑，岳麓书社，2010年。

⑨邱东联、潘钰、李梦璋：《简析长沙市博物馆2009年度征集的一批西汉漆耳杯》，《湖南省博物馆馆刊》第六辑，岳麓书社，2010年。

三、汉代长沙王陵出土漆器研究成果概述

汉代长沙王陵出土的漆器引起了学术界的关注，研究方面涉及漆器形制、纹饰、铭文、分期、产地、作坊性质、材料与工艺、文化因素分析等，取得了一批学术成果。兹摘要简介如下：

（一）关于漆器的分类和用途

就分类而言，既有学者从整体层面上开展分类工作，如聂菲对包括汉代长沙王陵在内的湖南地区楚汉墓葬出土漆木器进行了综合研究，在按形制分类的基础上再按使用功能分别归类，如按用途归类为生活用具、娱乐用具、车马器、兵器和丧葬用具。生活用具包括饮食器具（盂、杯、盘、豆、具杯盒、耳杯、食案、食奁、樽、鼎、锺、卮、钫、匕、勺、壶等）、盥洗器皿（匜、沐盘、盆、桶等）、梳妆用具（妆奁、粉盒、梳、篦和簪）、文化用具（量、尺、算筹和砚）、日常用具（虎子、杖、扇、箕），娱乐用具有乐器（琴、瑟、琴线棒、筑、琵琶、笛、竽、竽律、笙、排箫、鼓、磬）、舞具（如盾）、文娱用具（博具、围棋等），车马器、兵器有戈、弓、弩机、剑鞘、盾、皮甲胄等，丧葬用具包括题凑、椁具、棺具、笭床、镇墓兽等。同时，聂菲又认为部分漆器还具有礼器功用，如鼎、匜、沐盘、杖等[①]。又如《湖南长沙望城坡西汉渔阳墓发掘简报》执笔者对渔阳墓单一遗迹出土漆木器分类，如按形制分为耳杯、盘、盒、盂、壶、卮、匜、案、几、匕、磬、排箫、琴、瑟、筑、陆博、砚盒、奁盒、具杯盒、伞、杖、方器座、俑等[②]。黄翔鹏、项阳、杨应鳣、宋少华还对筑、筝二类漆器开展了研究，涉及形制、使用方法、音律，与琴瑟等乐器的区别等方面[③]。

就器类演变而言，聂菲分析了包括咸嘉湖陡壁山曹娱墓等在内的汉初贵族墓出土漆器情况，如陡壁山曹娱墓总计出土漆器百余件，盘占55件，不见先秦时期的某些礼器器类，如禁、俎、豆等，认为汉初漆礼器的品类和数量骤减，实用器日益增多；她也注意到单类漆器形制随功用的变化而发生细微变化，如妆奁为适应化妆用品的增多由单层变双层、由少格变多格，如匕叶为适应从鼎中“别出牲体”改变为舀出羹食由锋利变钝变凹等[④]。

（二）关于胎质和漆的成分

有木胎、竹胎和夹纻胎，暂未见其他胎质。聂菲指出汉初漆器胎质及制作在继承先秦漆器工艺的基

---

①聂菲：《湖南楚汉漆木器研究》，岳麓书社，2013年，第129—134、307页。

②长沙市文物考古研究所、长沙简牍博物馆：《湖南长沙望城坡西汉渔阳墓发掘简报》，《文物》2010年第4期。

③黄翔鹏：《秦汉相和乐器“筑”的首次发现及其意义》，《考古》1994年第8期；项阳、杨应鳣、宋少华：《五弦筑研究——西汉长沙王后墓出土乐器研究之一》，《中国音乐学》1994年第3期；项阳、宋少华、杨应鳣：《五弦筝初研——西汉长沙王后墓出土乐器研究》，《音乐研究》1994年第9期。

④聂菲：《湖南楚汉漆木器研究》，岳麓书社，2013年，第131—133、138—142页。

础上有较大改进：其一，木胎制作沿用前代斫、雕、挖、凿制成器的方法，并加以改进，较多地运用轮制成器的方法；其二，少部分为竹胎；其三，薄木片卷成筒木钉榫卯而成，其制法比战国楚墓漆器更为精美，其中夹纻胎用布帛裱糊的层数增加，夹纻胎漆器数量渐渐增多①。

也有学者开始关注汉代长沙王陵出土漆器的漆灰、漆膜成分，如孙红艳、龚德才、黄文川、肖静华、佘玲珠在《长沙风篷岭汉代漆器制作工艺中淀粉胶黏剂的分析》一文中通过对风篷岭汉墓两个漆器样品的检测，发现在该墓漆器样品的漆灰层及夹纻胎髹漆工艺中加入了糊化后的淀粉，糊化温度大致在60℃~80℃，加热时间大约在30分钟以内②。

（三）关于漆器的制作工艺、色彩、纹饰

就工艺而言，聂菲认为西汉时期继承了战国以来漆绘、针刻、镶嵌、釦器等工艺，创造了堆漆、锥画、戗金以及用象牙、金箔片、金银、螺钿、玛瑙、云母和玳瑁镶嵌等新技术，使漆器工艺发展到了一个新高度③。

关于漆色，聂菲认为汉初漆器以红色为主调，红黑相配，逐渐发展为青、黄、白、绿、灰、金、银等多彩作画，这些色漆主要是用丹砂、石黄、雄黄、红土和铅粉等矿物颜料与漆和油调和而成，汉武帝以后便出现了以黄色为主色调的漆器，西汉中晚期漆器大量采用酱紫、褐、黄褐、黑褐等为底色绘制图案，或在朱色地上绘黄漆，或在黑地上绘褐漆，彩绘色与底色色阶跨度不大④。

关于纹饰，聂菲认为云气纹是汉初的主流纹饰，在云气纹中加画各种神兽、神禽和神仙，构成了一种称为“云虚纹”的新装饰纹样，组合成寓意吉祥如意、辟除邪厉的图案，云气纹还与动物、植物纹结合成各种半抽象装饰的纹样，一般采用二方连续的构图方法，点线结合，疏密有致，汉武帝以后，漆器纹饰出现了变化，一改汉初艺术风格，出现了宣扬孝子、义士、圣君、四灵、五灵和富有生活气息故事题材的图案，反映了当时人们尊崇儒家、信奉道教、“三纲五常”、“忠孝仁义”的伦理道德观⑤。

（四）关于漆器的分期

聂菲对湖南地区有明确层位关系的1000余座楚汉墓葬出土漆器分为六期十段，其中渔阳墓、象鼻

---

①聂菲：《湖南楚汉漆木器研究》，岳麓书社，2013年，第143—144页。

②孙红艳、龚德才、黄文川、肖静华、佘玲珠：《长沙风篷岭汉代漆器制作工艺中淀粉胶黏剂的分析》，《文物保护与考古科学》2011年第4期。

③聂菲：《湖南楚汉漆木器研究》，岳麓书社，2013年，第144—148页。

④聂菲：《湖南楚汉漆木器研究》，岳麓书社，2013年，第150—151页。

⑤聂菲：《湖南楚汉漆木器研究》，岳麓书社，2013年，第151—155页。

嘴汉墓、曹嫘墓出土漆器定为第五期八段（西汉早期），谷山被盗汉墓第四类漆器定为第六期九段（西汉中期）与第六期十段（西汉晚期）间，风篷岭汉墓出土漆器定为第六期十段[①]。宋少华在《略谈象鼻嘴一号汉墓陡壁山曹嫘墓的年代》一文中分析了曹嫘墓出土的漆器，认为曹嫘墓以雕花笭床随葬，是楚人习俗，去楚不远；漆器纹饰中三角形相背卷云纹、正反相连的卷云纹、点线组成的几何纹，与马王堆一号墓、江陵凤凰山一六八号墓风格相同[②]。在《长沙西汉渔阳墓相关问题刍议》一文中，宋少华根据渔阳墓出土漆器大都是木胎制作，外髹黑漆，内施朱漆，主题纹饰多见曲绕的变形龙凤纹与回旋的卷云纹，辅纹常用波折、圆圈点缀其间，其风格繁复细腻，纹饰满布，留白处少，而且少见西汉中后期大量锥画与漆画相结合的更为纤细的图案，亦认为其与马王堆一、三号墓风格接近[③]。

（五）关于漆器铭文

渔阳墓、风篷岭汉墓、“12·29”古墓葬被盗案移交文物等三批出土漆器上有铭文，铭刻方式有多种，如针刻、漆书、烙印等，铭刻位置有外壁口沿、耳外壁、腹外壁、内底、外底等，涉及生产、储藏、使用等。

渔阳墓出土漆器铭文刻于杯、盘、盂、斝等器物上，系覆漆后用针锥状工具刻画。斝上刻画“一”至“十六”数字、“酒来”、“骄”，杯、盘、盂上刻画“渔阳”、“渔□□”等，部分“渔”字省略“氵”，铭文中“渔”、“阳”二字笔画数量、转折程度不一，刻画者当有多人。对于“渔阳”，认识不同。黄展岳在《长沙望城坡西汉“渔阳”墓墓主推考》一文中认为“渔阳”或是墓主生前所食汤沐邑名，或是墓主本人的自称号，其人为汉文帝之女，为笼络长沙王，遏制南越而嫁与长沙靖王吴著[④]。李鄂权认为：“按秦汉时期漆器戳印的惯例，‘渔阳’当是漆器的产地名……墓主极可能是史载缺失的，食邑在渔阳的某位汉朝公主，因政治原因而下嫁长沙王。”[⑤]宋少华认为史籍中王侯娶朝臣之女却不乏其人，“渔阳”为诸侯王女的可能性较小，而为朝臣女或汉室公主的可能性极大[⑥]。

风篷岭汉墓出土漆器上的铭文均为漆书，书于杯、盘等漆器上，铭文内容有“张姬榜槃”、“长沙王后家杯”、“中永巷▨”、“永巷果般”、“□厨”、“▨□百八十（左起，第一栏）二年三月己酉中厩（第二栏）驺周秀买夷廿一（第三栏）”（残漆片，器类不明）、“宜酒食”等。笔者在《对望城

①聂菲：《湖南楚汉漆木器研究》，岳麓书社，2013年，第303—305页。

②宋少华：《略谈长沙象鼻嘴一号汉墓陡壁山曹嫘墓的年代》，《考古》1985年第11期。

③宋少华：《长沙西汉渔阳墓相关问题刍议》，《文物》2010年第4期。

④黄展岳：《长沙望城坡西汉“渔阳”墓墓主推考》，载于黄展岳著《先秦两汉考古论丛》，科学出版社，2008年，第54—56页。

⑤李鄂权：《长沙国墓葬出土铃刻文字地望考证及相关问题研究》，《船山学刊》2002年第1期。

⑥宋少华：《长沙西汉渔阳墓相关问题刍议》，《文物》2010年第4期。

县风篷岭汉墓发现铭文的初步认识》一文中认为“中永巷”、“长沙王后家”、“中厩”、“□厨”、“驺”等铭文均为官署名或职官名；“中永巷”或为“中宫永巷”署的简称，如此，书有“中永巷”的器物则来源于专为王后宫制作用器的机构，或封国中可能就设有“中永巷”署，“中永巷”即为其固定署名，如此，书有“中永巷”的器物可能是长沙国在本地制作的；“二年三月己酉”为某代长沙王纪年，可能为炀王刘旦的纪年；“张姬椄檠”中“姬”表示身份，“椄”通假“牢”，“椄檠”可能为祭祀用器；“夷”为农具名；“宜酒食”为吉祥语，并推断墓主当为长沙炀王刘旦、孝王刘宗、缪王刘鲁人三人中的某位王后[①]。黎石生认为不能确证“二年”之前绝对无字，更不能推定即便有字，其内容也与纪年无关，因此，“二年”系武帝创建年号后的汉中央纪年的可能性也不能排除；“中永巷”之“中”是否指代“中宫”尚需确证，如果“中永巷”或为“中宫永巷署”的简称这一推论可以成立，则书有“中永巷”的该件漆器有可能系皇宫赠品[②]；该墓墓主张姬最有可能乃（长沙）孝王刘宗之王后，且与长沙汤家岭 M1 墓主张端君可能均来自富平侯张安世家族[③]。

“12·29”案移交漆器的铭文均铭于杯、盘上，铭刻方式有刻画、漆书、烙印等三类，均于髹漆后铭刻。据盗墓者交代，该批漆器来自同一墓（庙坡山汉墓）中，是迄今为止汉代长沙王陵出土漆器中铭文内容最为丰富的一批，有记录与漆器生产有关内容的物勒工名铭文如“九年醴阳长尊丞徐库术工则造”、“十年辰阳长尊丞延库燕工嬴造”，记录某“库”的铭文如“门浅库”、“库”，记录某“仓”的铭文如“长沙□仓”、“仓”，其他如“长沙□□家容二升五龠”、“十七年家官𧩙中杯容二升半第百卅八东官尚食”、“王后家官”、“东官”、“食官中般”、“□□家”、“贞”、“左”、“上”、“甲”、“上□”、“□戊”、“中”等等。对于这批漆器上的铭文，湖南本地有多位研究者展开了研究，包括湖南省博物馆聂菲，长沙市博物馆邱东联、潘钰、李梦璋，长沙简牍博物馆李鄂权，长沙市文物考古研究所黎石生、张景尧、罗小华、何旭红等。上述研究者对铭文的句读和意义均有不同意见：

在物勒工名铭文格式上，罗小华在《长沙汉墓“物勒工名”类漆器铭文补议》文中认为物勒工名铭文在格式上属于“三级监造款式”，“长”（或“侯相”）和“丞”是“监造者”，“库”是主办者，“工”是制造者[④]。

①何旭红：《湖南望城风篷岭汉墓年代及墓主考》，《文物》2007 年第 12 期；《对望城县风篷岭汉墓发现铭文的初步认识》，《湖南省博物馆馆刊》第五辑，岳麓书社，2009 年。

②黎石生：《长沙汉墓出土漆器铭文二题》，《汉代城市和聚落考古与汉文化》，科学出版社，2012 年，第 414 页。

③黎石生：《湖南望城风篷岭一号汉墓的年代与墓主》，《故宫博物院院刊》2009 年第 1 期。

④罗小华：《长沙汉墓“物勒工名”类漆器铭文补议》，《出土文献研究》第十三辑，中西书局，2014 年。

在铭文句读方面，集中在物勒工名铭文上。如黎石生将市博物馆02号标本铭文句读为“七年，门浅长平，丞（？）都，库瘊（？），工勇造”[①]；而邱东联、潘钰、李梦璋在《简析长沙市博物馆2009年度征集的一批西汉漆耳杯》（下文均简称《简析》）文中句读为“七年门浅长平丞，都库瘊（？），工勇造”[②]。

在铭文意义方面，主要是对铭文中出现的纪年、机构性质等有所争议。如笔者认为该墓漆器上铭刻的纪年为长沙定王纪年的可能性较大[③]；聂菲认为是某代刘氏长沙王的连续纪年[④]；《简析》文认为当是景帝纪年，市博01号杯刻画铭文“六年沅陵侯相泽之丞□少内辟工贤造”之“六年”或为定王六年[⑤]；黎石生在《长沙汉墓出土漆器铭文二题》文中根据《汉书·景帝纪》“（中五年秋八月）更名诸侯丞相为相”等记载，认为市博01号杯刻画纪年“六年”只能是景帝中六年，市所053号杯刻画铭文“十□年（或隶“十年”，下同）沅陵长系丞视库□工□造”之“十□年”不大可能系景帝纪年，确有系长沙定王纪年的可能性，并表明了沅陵侯国“国除”为县后划归了长沙国[⑥]。笔者认为该批漆器上的物勒工名系库吏而为[⑦]，黎石生认为当系工匠所勒[⑧]。笔者认为“库”、漆书的“门浅库”以及省略“库”字之“零阳”、“□阳”、“沅陵”、“门浅”、“充”等指生产机构[⑨]；《简析》文认为“门浅库”应当是一个管理手工业门类的机构，与汉代“作府”的职能是一致的，又是储藏机构；张景尧认为“门浅库”既是生产机构，又是收储机构，并认为“门浅库”是一个职能部门，中央政权或者是相当于中央政权的诸侯王才有资格设置，辖属于长沙王府，承担王府日常用品的生产[⑩]；黎石生则认为“就行政职能而言，库是各县漆器生产的管理机构，负责漆器生产而非从事漆器生产。就设施功能而言，库是储藏钱物之所，而非制作器物之所。漆器作坊一般不会置于库内”，“门浅库”是门浅县库，并认为漆书“门浅库”、“零（阳）”、“沅陵”为该件器物曾收储于此县或此库之标识[⑪]。笔者认为“仓”

---

①黎石生：《长沙汉墓漆器铭文所见“物勒工名”记录》，《出土文献研究》第十辑，中华书局，2011年。

②⑤邱东联、潘钰、李梦璋：《简析长沙市博物馆2009年度征集的一批西汉漆耳杯》，《湖南省博物馆馆刊》第六辑，岳麓书社，2010年。

③⑦⑨何旭红：《对长沙谷山被盗汉墓漆器铭文的初步认识》，《湖南省博物馆馆刊》第六辑，岳麓书社，2010年。

④聂菲：《湖南楚汉漆木器研究》，岳麓书社，2013年，第383页。

⑥黎石生：《长沙汉墓出土漆器铭文二题》，《汉代城市和聚落考古与汉文化》，科学出版社，2012年，第415-416页。

⑧黎石生：《长沙汉墓漆器铭文所见“物勒工名”记录》，《出土文献研究》第十辑，中华书局，2011年。

⑩邱东联、潘钰、李梦璋：《简析长沙市博物馆2009年度征集的一批西汉漆耳杯》，《湖南省博物馆馆刊》第六辑，岳麓书社，2010年；张景尧：《长沙新出漆器铭文中的几个问题》，《湖南省博物馆馆刊》第八辑，岳麓书社，2012年。

⑪黎石生：《长沙西汉墓所见漆器铭文杂议》，《湖南省博物馆馆刊》第十辑，岳麓书社，2014年。

是收储机构[①]，黎石生认为"仓、库同为储藏重地。作为储藏机构，二者分工明确，互不辖属。但就设置地点而言，因粮食所需的储藏处所远比钱物所需的大，为便于仓、库之间的调拨与周转，库通常附属于仓中……"。他同时认为终储地则以烙印方式铭写，"故'仓'字印章只可能是某仓专用之烙印。考虑到这批被盗漆器的最后流向地是长沙王府，且其中亦有长沙本地所产，笔者推测，'仓'字烙印最有可能系长沙王府辖下某仓之印"[②]。聂菲认为"库"、"仓"同义，应为生产机构和制造地的存储机构[③]；《简析》文认为指私人作坊主姓，即仓氏[④]。李鄂权、黎石生、聂菲和笔者等认为"门浅"是县名[⑤]。其余的差别主要有：如黎石生、罗小华认为铭文中"都"为丞之名[⑥]；《简析》文认为"都"即"督"，"都库"为职官名，即"督库吏"的省称[⑦]；张景尧认为"都库"为库之一类[⑧]。再如笔者认为"左"、"中"、"上"、"甲"、"□中□"可能系产品等次记录[⑨]，《简析》文认为"中"指"中官"等[⑩]。如笔者认为"贞"可能为墓主姓或名[⑪]，《简析》文认为是长沙王府内掌管耳杯的"中官"官吏之名讳[⑫]，张景尧认为可能是掌管"门浅库"官员的名讳[⑬]，聂菲认为是产品等次标记[⑭]等。

关于铭文所反映的漆器作坊、产地。聂菲根据渔阳墓出土漆器上刻画"渔阳"铭文和"长沙后府"封泥，推断其应是某代长沙王后"渔阳"府邸漆器作坊制作的[⑮]；风篷岭汉墓出土漆器铭文有"长沙王后家杯"、"中永巷"、"永巷果般"、"□厨"、"中厩"等，也为某代刘氏长沙王后府作坊制造的产品[⑯]。笔者和黎石生认为"12·29"案移交漆器均是官营作坊生产的[⑰]。聂菲则细分了官营作坊，其中部分刻画铭文如"沅

---

①⑨⑪何旭红：《对长沙谷山被盗汉墓漆器铭文的初步认识》，《湖南省博物馆馆刊》第六辑，岳麓书社，2010 年。

②黎石生：《长沙西汉墓所见漆器铭文杂议》，《湖南省博物馆馆刊》第十辑，岳麓书社，2014 年。

③聂菲：《湖南楚汉漆木器研究》，岳麓书社，2013 年，第 195 页。

④⑦⑩⑫邱东联、潘钰、李梦璋：《简析长沙市博物馆 2009 年度征集的一批西汉漆耳杯》，《湖南省博物馆馆刊》第六辑，岳麓书社，2010 年。

⑤李鄂权：《长沙出土漆器铭文"门浅"考释及相关问题研究》，《船山学刊》2002 年第 1 期；黎石生：《长沙汉墓漆器铭文所见"物勒工名"记录》，《出土文献研究》第十辑，中华书局，2011 年；聂菲：《湖南楚汉漆木器研究》，岳麓书社，2013 年，第 193 页；何旭红：《对长沙谷山被盗汉墓漆器铭文的初步认识》，《湖南省博物馆馆刊》第六辑，岳麓书社，2010 年。

⑥黎石生：《长沙汉墓漆器铭文所见"物勒工名"记录》，《出土文献研究》第十辑，中华书局，2011 年；罗小华：《长沙汉墓"物勒工名"类漆器铭文补议》，《出土文献研究》第十三辑，中西书局，2014 年。

⑦邱东联、潘钰、李梦璋：《简析长沙市博物馆 2009 年度征集的一批西汉漆耳杯》，《湖南省博物馆馆刊》第六辑，岳麓书社，2010 年。

⑧⑬张景尧：《长沙新出漆器铭文中的几个问题》，《湖南省博物馆馆刊》第八辑，岳麓书社，2012 年。

⑭聂菲：《湖南楚汉漆木器研究》，岳麓书社，2013 年，第 211 页。

⑮聂菲：《湖南楚汉漆木器研究》，岳麓书社，2013 年，第 187 页。

⑯聂菲：《湖南楚汉漆木器研究》，岳麓书社，2013 年，第 190 页。

⑰何旭红：《对长沙谷山被盗汉墓漆器铭文的初步认识》，《湖南省博物馆馆刊》第六辑，岳麓书社，2010 年；黎石生：《长沙汉墓漆器铭文所见"物勒工名"记录》，《出土文献研究》第十辑，中华书局，2011 年。

陵侯”、“沅陵长”、“门浅长”、“充长”、“零阳丞”、“临沅长”、“酉阳长”等，是县级官府漆器作坊制造的[①]。4件漆耳杯刻画“王后家官”、“食官中般”，烙印“长沙□仓”，聂菲认为是某代刘氏长沙王王后府漆器作坊生产的产品[②]。《简析》文认为长沙市博物馆收藏的12件漆器中有沅陵侯私府制造的，有仓姓私人作坊制造的，有地方“门浅库”（作府）制造的[③]。张景尧认为漆书带“门浅库”字样的器物应该是各个县的漆器生产机构及沅陵侯府和长沙王府自己生产的，这批器物被集中到长沙王府的生产和收储机构“门浅库”，烙印“长沙□仓”的漆器是长沙王府生产的[④]。黎石生在《长沙西汉墓所见漆器铭文杂议》一文中认为凡据以确定器物原产地之铭文，均用刻画（锥刻）方式铭写，包括“物勒工名”铭文的漆器，其原产地是铭文提及的诸县或侯国，有“王后家官”、“食官中般”、“长沙□□家”、“家官”、“东官尚食”等铭文的漆器当是长沙王府的手工作坊生产制作的[⑤]。聂菲认为风篷岭汉墓“张姬榜槃”之“榜”、谷山被盗汉墓出土漆杯铭文“贞”等具有广告用语的寓意，表明漆器制作具有私人性质，也许是官方监制、私人承做[⑥]。罗小华根据陈昭容之认识“常山王铜器‘常食中般’应是‘常山王食官中般’之省，……这个‘般’字或也可以读为‘班次’的‘班’，位次、序列之意。……新出的‘私官左般’‘私官右般’封泥，联系西汉的文字数据，使我们知道食官（大官、私官）属下有分左、中、右的‘般’，其有司称‘般者’，‘般者’还领属有‘粲人’（餐人），都是为王和后餐饮服务的人员”认为“中般”乃食官之属官名[⑦]。

（六）关于漆器的流向

针对“12·29”案移交漆器展开了研究。黎石生认为有如下两种情况：一是从原产地转储他地后再流向长沙，如洮阳县、沅阳县、酉阳县、沅陵侯国→门浅库→长沙；二是从原产地直接流向长沙[⑧]。张景尧认为有三种情况：其一，各县转储某仓再流向长沙王府，即各县→仓→长沙王府；其二，各县（侯国）直接流向长沙王府，即各县（侯国）→长沙王府辖属之门浅库→长沙王府；其三，长沙王府内部流动，即长沙王府辖属之门浅库→长沙王府[⑨]。

①聂菲：《湖南楚汉漆木器研究》，岳麓书社，2013年，第192—194页。

②聂菲：《湖南楚汉漆木器研究》，岳麓书社，2013年，第188—189页。

③邱东联、潘钰、李梦璋：《简析长沙市博物馆2009年度征集的一批西汉漆耳杯》，《湖南省博物馆馆刊》第六辑，岳麓书社，2010年。

④⑨张景尧：《长沙新出漆器铭文中的几个问题》，《湖南省博物馆馆刊》第八辑，岳麓书社，2012年。

⑤⑧黎石生：《长沙西汉墓所见漆器铭文杂议》，《湖南省博物馆馆刊》第十辑，岳麓书社，2014年。

⑥聂菲：《湖南楚汉漆木器研究》，岳麓书社，2013年，第211—212页。

⑦罗小华：《长沙汉代漆器铭文杂识（七则）》，未刊稿。

（七）关于铭文所反映的其他问题

《长沙“12·29”古墓葬被盗案移交文物报告》执笔者认为被盗墓葬应属于长沙国王室成员墓[①]；《简析》文认为随葬“12·29”案移交漆器的庙坡山汉墓墓主很有可能为刘姓长沙国第一代长沙王定王刘发或其王室成员[②]；笔者认为墓主极可能为某代刘姓长沙王之王后，推测该墓墓主姓或名可能为“贞”，并认为在秦至西汉景帝或武帝初在沅水、澧水流域至少设有充、零阳、门浅、临沅、酉阳、义陵、醴阳、沅阳、沅阳、辰阳、沅陵等十一县，秦代时辖于洞庭郡，推测于高祖时至前140年前后已归属于武陵郡和长沙国[③]。

（八）关于漆器文化因素

仅个别学者进行了相关研究，如聂菲认为：“作为湖湘文化的源头楚文化，一脉传承迄汉，传统的观念和文化一方面依稀或明显地留在汉代漆器工艺创作形式中，……汉初原有楚文化对汉初漆器的影响或许比其他地域更为强烈……至西汉中晚期后，汉武帝时期，加强了中央对地方制漆业的控制，加之丝路畅通，促进了中西文化的交流，西汉漆器工艺在社会经济环境和外来异质文化的激发下，出现了一些新的因素，漆器的胎质、装饰工艺、色彩风格、纹饰图案、铭文标记都发生了很大的变化，湖南西汉中晚期贵族墓所出漆器，正好折射出这段时期漆器变异的发展历程，成为西汉时期漆器工艺空前繁荣的缩影。”[④]

（九）关于漆器生产的整体评价

聂菲从漆器铭文分析得出“长沙国漆器制作业在楚国漆彩工艺基础上出现了制胎、髹漆、彩画、锥画、涓等多种工艺，……说明工匠的劳动有了专业化的细分，各自成为漆器生产过程的一个组成部分。从生产规模看，长沙国不论官营或私营漆器手工业生产较楚国有较大的发展”[⑤]、“战国时期湖南地方性的制漆业为汉初长沙国漆器制造业奠定了基础。在西汉王朝统治的近两百年间，长沙国始终居于控制湖南地区政治、经济、文化诸多方面的中心地位。长沙国的政治稳定带来经济上的繁荣，地方性制漆手工业也随之发展起来，官营和民营制漆业如雨后春笋空前发展。这就是湖南楚汉时期漆器手工业发展的一个重要社会原因”[⑥]、“凡此，推定湖南为战国和西汉时期长江以南地区漆器制作中心之一”的结论[⑦]。《简析》文认为吴氏长沙国时武陵郡很有可能是其漆器制造生产的中心[⑧]。

---

①长沙市文物考古研究所：《长沙“12·29”古墓葬被盗案移交文物报告》，《湖南省博物馆馆刊》第六辑，岳麓书社，2010年。

②⑧邱东联、潘钰、李梦璋：《简析长沙市博物馆2009年度征集的一批西汉漆耳杯》，《湖南省博物馆馆刊》第六辑，岳麓书社，2010年。

③何旭红：《对长沙谷山被盗汉墓漆器铭文的初步认识》，《湖南省博物馆馆刊》第六辑，岳麓书社，2010年。

④聂菲：《湖南楚汉漆木器研究》，岳麓书社，2013年，第424—425页。

⑤聂菲：《湖南楚汉漆木器研究》，岳麓书社，2013年，第213页。

⑥聂菲：《湖南楚汉漆木器研究》，岳麓书社，2013年，第425—426页。

⑦聂菲：《湖南楚汉漆木器研究》，岳麓书社，2013年，第215页。

四、汉代长沙王陵出土漆器研究评述

漆器在汉代长沙王陵随葬品中占比较大，是重要的随葬物品，深入研究的意义和价值自不待言。就目前研究的整体情况而言，研究的广度和深度仍嫌不够。个人认为可以从两个方面加强：其一，加强漆器用材、漆膜漆灰等成分的检测工作，加强漆器制作方面有关特征的观察，以期全面了解漆器制作方法、制作流程、产地，做好漆器研究的基础工作，如注意刻画、烙印是在整器制作后还是在覆灰罩漆前完成的特征，对确认漆器上的铭文是生产、储藏、使用等过程中形成的有很大关系；其二，应从较大的空间范围上开展比较和分析研究，聂菲对湖南地区东周时期的漆器分湘、资、沅、澧等流域展开研究，获得了一定成果[1]。如果我们把汉代长沙国与南越国、广陵国、江都国、六安国、汝阴侯国等诸侯国以及蜀郡、广汉郡等区域生产的漆器开展比较研究，或许有更大的收获。

我们在研究过程中还可以更加注重细节。如漆器的名称，洪石在《战国秦汉漆器研究》一书中根据漆器铭文或遣策定名，如以往所称的耳杯、羽觞定名杯，耳杯盒定名具器，圆盒定名盛，碗定名盂，扁壶定名椑等，合于研究之规[2]。汉代长沙王陵出土漆器的研究中可以利用她的研究成果，达到统一规范的目的。又如漆器的分类，按用途归类是通常的方法，对器物用途了解越详尽，器物的归类就越清晰。聂菲根据器物内部结构、铭文、遣策等对湖南地区楚汉墓葬出土漆器进行了较详细的分类，是可取的。湖南地区楚汉墓葬出土漆器中，一部分漆器具有礼制因素，如果在研究上需要把礼器划为一类的话，在大类的区分上，首先应区别礼器、实用器，在礼器、实用器的基础上再细分。

汉代长沙王陵出土漆器上的铭文资料十分丰富，研究成果较多，讨论也较热烈，有必要重点探讨：

关于“12・29”案移交漆器中物勒工名铭文的句读问题。如果将“七年门浅长平丞都库应工勇造”等类铭文断句为“七年门浅长平丞、都库瘊（？），工勇造”，从而出现了“都库”、“供库”、“徐库”等与库有关的专门名称，对此黎石生、罗小华物勒工名的统一辞例已得结论[3]，显然是正确的。

关于“12・29”案移交漆器铭文中出现的纪年。大致可以分为两部分来分析，一部分是物勒工名铭文中的纪年，系生产机构铭刻；另有两条铭文分别为“十七年家官[illegible]中杯容二升半第百卌八东官尚食”、“□七年家官[illegible]中杯容二升半第七十五东官尚食”，应系使用机构的铭刻。对于前一部分，笔者在《对长沙谷山被盗汉墓漆器铭文的初步认识》一文中根据纪年序数不同而监造或主管官吏名相同的特征分析得出物勒工名铭文中同一县制作漆器上的纪年是连续的，是同一位长沙王或皇帝的连续纪年的结论，如

①聂菲：《湖南楚汉漆木器研究》，岳麓书社，2013年，第45—54页。

②洪石：《战国秦汉漆器研究》，文物出版社，2006年，第22—82页。

③黎石生：《长沙汉墓漆器铭文所见“物勒工名”记录》，《出土文献研究》第十辑，中华书局，2011年；罗小华：《长沙汉墓“物勒工名”类漆器铭文补议》，《出土文献研究》第十三辑，中西书局，2014年。

与沅阳县、辰阳县有关的漆器铭文[1]。此外，从漆器的形制、漆色装饰、铭刻书体变化不大等特征上分析，该批不同县（侯国）制作的漆器大约是同一时段内的产品，即不同县（侯国）制作的漆器上的纪年是同一位长沙王或皇帝的可能性较大。该批铭文中，纪年"六年"时沅陵为侯国，"十□年"时沅陵为县，说明于"六年"至"十□年"中某年沅陵侯国废除、复置为县。据《史记·惠景间侯者年表》："沅陵，长沙嗣成王子，侯。（高后）元年十一月壬申，顷侯吴阳元年。（孝文）后二年，顷侯福元年。（孝景）中五年，哀侯周元年。（孝景）后三年，侯周薨，无后，国除。"[2]《汉书·高惠高后文功臣表》："沅陵顷侯吴阳，以父长沙王功侯。七月丙申封，二十五年薨。孝文后二年，顷侯福嗣，十七年薨。孝景中五年，哀侯周嗣，薨，亡后。"[3]沅陵侯封于高后元年（前187），因无后而除于景帝后元三年（前141），历顷侯吴阳、顷侯吴福、哀侯吴周三代，且无间断。与文献对照，"六年"、"十□年"纪年漆器当制作于景帝后元三年前后。此段时期，汉文帝前元纪年在十年以上，景帝、武帝纪年序数均在七年以下，长沙王中靖王、定王、戴王等纪年序数在十年以上，但"十□年"应与沅陵侯国废除时间（景帝后元三年）接近，彼时正值长沙定王时期。因此，"十□年"为长沙定王纪年的可能性最大。陈苏镇在《汉初侯国隶属关系考》一文中认为："汉初郡国并行体制下，汉郡中的侯国既归汉郡管辖，王国中的侯国便应归王国管辖。"[4]已有多位学者认为汉初长沙国辖有武陵郡，而沅陵侯国周边分布武陵郡的其他辖县[5]。根据陈苏镇的研究成果，沅陵侯国在吕后、文帝时期自当归长沙国管辖。景帝二年（前155）封刘发为长沙王，虽然武陵郡在景帝及以后是否仍辖属长沙国仅依现有资料目前仍不明晰，但沅陵侯国的部分事务如漆器生产沿袭旧制仍由长沙国继续管理是有可能的，其生产的漆器纪年依然采用长沙王纪年也是可能的。如以上推理无误，"六年"、"十□年"和其他物勒工名铭文中纪年一样可能都是长沙定王的连续纪年。据《史记·高祖本纪》"（高祖）九年（前198），赵相贯高等事发觉，夷三族"[6]。赵国丞相称相，说明诸侯国（包括侯国）中有丞相称相的现象，故不能以《汉书·景帝纪》"（中五年秋八月）更名诸侯丞相为相"记载而推定市博01号杯刻画纪年"六年"为景帝中六年。而后一部分铭文中的"十七年"，因西汉皇帝纪年中无一超过十七年，当为某代长沙王的纪年，如靖王、定王、戴王、剌王等。

---

①何旭红：《对长沙谷山被盗汉墓漆器铭文的初步认识》，《湖南省博物馆馆刊》第六辑，岳麓书社，2010年。

②［汉］司马迁撰，［南朝宋］裴骃集解，［唐］司马贞索隐，［唐］张守节正义：《史记》，中华书局，1959年，第985页。

③［汉］班固撰，［唐］颜师古注：《汉书》，中华书局，1964年，第621页。

④陈苏镇：《汉初侯国隶属关系考》，载于陈苏镇著《两汉魏晋南北朝史探幽》，北京大学出版社，2013年，第162页。

⑤周振鹤：《西汉政区地理》，人民出版社，1987年，第119—120页；周世荣：《湖南古墓与古窑址》，岳麓书社，2004年，第480页；董远成：《楚秦汉时期长沙地区历史地理概述》，《湖南省博物馆馆刊》第六辑，岳麓书社，2010年。

⑥［汉］司马迁撰，［南朝宋］裴骃集解，［唐］司马贞索隐，［唐］张守节正义：《史记》，中华书局，1959年，第386页。

关于“12·29”案移交漆器铭文中的“××库”。安徽阜阳双古堆汝阴侯墓铭刻资料中1件铜灯铭文为“女阴侯□重二斤□两三年女阴库己工□造”，漆杯铭文“女阴侯杯容一升半六年库己工年造”、“十一年女阴侯杯容一升半库己工意造”等[①]，铜器铭文、漆器铭文中库吏“己”既管理铜器生产又管理漆器生产，说明汝阴（侯国）库既生产铜器又生产漆器。湖南龙山县里耶某号简：“男四人守囚。男卅八与史謝具狱。男廾人付司空。女五百一十人付田官。女六百六十人助门浅。女卌四人助田官获。女百卌五毄舂。”[②]简文中“门浅”可能为“门浅县库”的省称。据简文，多达六百六十人被征调到门浅县库劳作，说明门浅县库生产规模较大。根据汝阴（侯国）库不仅生产漆器，而且生产铜器的情况，推测门浅县库或许不限于生产漆器。“12·29”案移交漆器上的物勒工名铭文，从内容分析其实是与生产有关的记录。部分漆器中同件漆器上既刻画物勒工名铭文，又漆书“门浅库”或“沅陵”，前者为与生产有关的记录，后者当为与生产有关的记录以外的记录。陈伟在《关于秦迁陵县“库”的初步考察》一文中认为“保藏兵甲与军车，应该正是迁陵县库的主要职能”、“在收存之外，迁陵库还负责维护和调运兵器”、“兵器之外，迁陵库还有保管车以及可能理解为制造车部件的记录”、“此外，（迁陵）库有接收、购买工用的记载”、“这样，秦代县中的库应当相对独立于其他建筑，带有高起的围墙”[③]。从围墙设置，说明迁陵县库有一个相对固定和封闭的区域；从接收、购买工用和制造车部件，说明其有生产职能；从维护兵器，说明其有维护产品的职能；从保藏兵甲与军车和调运兵器，说明其有收储和调运职能。由此可见，迁陵县库兼具生产、维护、收储、调运等多种职能。由此判断，“12·29”案移交漆器中在刻画物勒工名之外漆书的“门浅库”、“沅陵”当既非与生产有关的记录，亦非与维护、调运有关的记录，而是与收储有关的记录。该批漆器中，门浅县库中有沅阳县、沅阳县、酉阳县、沅陵侯国等县（侯国）生产的漆器，沅陵县中有辰阳县生产的漆器，推测门浅县库、沅陵县库中收储了他县生产的漆器。部分漆器上漆书“零阳”、“□阳”、“门浅”、“充”等可能均省略了“库”字，均当是与收储有关的记录。“门浅”铭文漆器中16件刻“贞”字，其中13件同时漆书“门浅库”，故“贞”可能为“门浅库”内的接收人员的名。因此，与秦迁陵县库对照，“12·29”案移交漆器铭文中“××库”至少兼具生产和收储功能，只是依凭目前的资料仍不能断定其功能以生产为主还是以收储为主。从其功能，或可进一步推测该机构内既有生产场所，又有储藏场所，既收储本库生产产品，也收储非本库生产产品，它们均位于本库院内，相互间当有一定间距，保持相对独立性，便于生产、收储、防盗和消防管理等；该机构内既有直接生产的工人，又有接收材料、产品的人员乃至该机构的上层管理人员，职务最高者可能即为物勒工名铭文中

---

①安徽省文物工作队、阜阳地区博物馆、阜阳县文化局：《阜阳双古堆西汉汝阴墓发掘简报》，《文物》1978年第8期。

②转引自陈松长：《湖南古代玺印》，上海辞书出版社，2004年，第60页。

③陈伟：《关于秦迁陵县“库”的初步考察》，《简帛》第十二辑，上海古籍出版社，2016年。

的库吏（少内）。该机构内有管理人员如库吏（少内），但不能由此认为其为生产管理机构。门浅县库等自有生产场所、收储场所，生产的产品以物勒工名的形式予以记录，收储产品以漆书“门浅库”等名称的形式记录。所以，不能就此认为漆书“门浅库”与物勒工名铭文中隐含的机构“门浅库”是两个并存且互相独立的机构，而是同一家机构。陈伟认为“根据新近学者对里耶秦简的梳理可知，迁陵县的官署，大致分作县下诸官与廷中诸曹两类，前者主管事务，后者则主要在县廷管理诸官。在这个系统中，库属于诸官，县廷中对库进行管理的则是金布曹”[①]。试想一下，一县之中怎么可能同时有两个同辖于“诸官”的同名官营机构？有两条根据指向“××库”是县级官营机构，即“××（县或侯国）库”：其一，以物勒工名铭文形式记录，且在该类铭文中明确漆器生产的监造者是县（侯国）的最高行政官员“长（相）”及其副职“丞”；其二，湖南里耶秦简某号简简文中征调六百六十人到门浅县库从事劳作，只有官营机构才有可能由官方征调人力。

“12·29”案移交漆器铭文中“仓”当指储藏机构。首先，可基本排除指私人作坊主姓的可能，其理由有二：其一，概观汉代玉器、铜器、漆器、滑石器、陶器等质地器物上的铭文尤其是官营机构生产的器物上的铭文，铭刻制作者名的情况较多，铭刻姓的稀少，该批物勒工名铭文中记录制作者名即是一例。刻姓的情况主要发生在私人作坊制作的器物上，且如果刻姓，一般在姓之后增刻“氏”，以表示是某姓的私人作坊，而非是某位制作工匠。其二，多件漆器上既有物勒工名铭文又有“仓”字铭文，如“仓”表示是仓姓作坊，则说明仓姓作坊在多县设点生产，这种现象在文献中鲜见。其次，市所015号杯外底烙印施行于刻画的物勒工名铭文之上，且烙印铭文为“仓”而非兼具生产收储功能的“××库”，说明烙印“仓”非生产机构的记录，当为收储机构或使用机构的记录。《说文·仓部》：“仓，谷藏也。苍黄取而谷臧之，故谓之仓。”段玉裁注：“谷臧者，谓谷所臧之处也。”[②]该批漆器上烙印“仓”，说明仓藏谷之外，还储藏漆器。汉代的仓储种类繁多，邵正坤在《汉代仓储职官考述》一文中对汉代仓储职官分为国家财政中管理仓储的职官体系和帝室财政下管理仓储的职官体系，其中前者又分为直属中央的管理国有粮仓的职官、管理郡县仓廪的职官、管理王国粮仓的职官、管理军仓的职官；帝室财政下管理仓储的职官体系，既包括少府和水衡都尉统领的粮仓职官，又涉及太子宫、皇后宫、太后宫的诸仓职官[③]。萧高洪在《仓印与古代粮仓的管理》一文中也收录有“太仓”、“海曲仓”（据《汉书·地理志》海曲县属琅邪郡）、“垣仓”（据《汉书·地理志》垣县属河东郡）、“共仓”（据《汉书·地理志》

①陈伟：《关于秦迁陵县“库”的初步考察》，《简帛》第十二辑，上海古籍出版社，2016年。

②［汉］许慎撰，［清］段玉裁注：《说文解字注》，上海古籍出版社，1988年，第223页。

③邵正坤：《汉代仓储职官考述》，《兰州学刊》2007年第4期。

共县属河内郡）、“徐仓”（据《汉书·地理志》徐县属临淮郡）、“齐太仓印”、“仓印”、“私仓”等印章[1]。“12·29”案移交漆器中烙印“仓”仅烙一“仓”字，但“仓”字烙印形状不同，如市所064号杯烙印呈长方形，而市所097号杯则大致呈梯形，说明不同形状的“仓”字烙印系不同的收储机构的铭记，又因其单烙一“仓”字，无法判断为某仓。

关于“12·29”案移交漆器铭刻形式与各类生产、收储、使用机构的关系。湖南永州鹞子岭M1出土了一件实柄漆豆形器，底部朱漆书铭文：“泉陵家官，第三。河平二年八月，工张山、彭兄缮。”[2]系一次书写完成，其中“泉陵家官，第三”是记录泉陵侯府“家官”接收的并编为“第三”编号的器物、“河平二年八月，工张山、彭兄缮”是记录某库人员当年曾维护该器，说明张山、彭兄当非隶属于泉陵侯府，亦即泉陵侯府不是该件豆形器的生产机构。“12·29”案移交漆器中市所001、002、003号漆器在刻画“王后家官”外还烙有“长沙□仓”铭文，市所020、022、025、028号漆器在刻画“食官中般”外也烙有“长沙□仓”等铭文，其中市所028号漆器外底刻画“食官中般”之“般”字伸入烙印“□”、“仓”间，说明“食官中般”四字刻于烙印“长沙□仓”之后，亦说明刻画“食官中般”铭文漆器来自于“长沙□仓”，推测市所001~003、020、022、025、028号漆器等来自于“长沙□仓”，使用阶段的管理者是“王后家官”、“食官中般”。据《汉书·百官公卿表》“詹事”条：“詹事，秦官，掌皇后、太子家，有丞。属官有太子率更、家令丞、仆、中盾、卫率、厨厩长丞，又中长秋、私府、永巷、仓、厩、祠祀、食官令长丞。诸宦官皆属焉。”[3]王后府内由詹事府安排了若干官吏，各有所掌，服务于王后。由此，风篷岭汉墓和“12·29”案移交漆器上的铭文如“家官”、“食官中般”、“□厨”、“中永巷”、“中厩”等均当是詹事属官，其中“家官”或为家吏的泛称，或为某一职官的专称（如“家令”）。因此，“王后家官”、“食官中般”、“中永巷”（当包括“渔阳”、“长沙王后家杯”）等铭文不是漆器的生产机构的铭记，亦即不能说明该类漆器是由长沙王后府生产的，而是漆器使用机构的铭记，其中，既有刻画铭文，也有漆书铭文。市所124号杯漆书并刻画“☐七年家官中杯容二升半第七十五东官尚食”、烙印“东官”，均为使用机构铭记。所以漆器铭文的具体铭刻方式与漆器生产、储藏、使用的机构无必然联系，不存在对应关系。

关于汉代长沙王陵出土漆器上的其他铭文：

关于“渔阳”。该墓中不仅部分漆器而且题凑葬具上刻画“渔阳”，因题凑木枋单体较大，长0.8~0.99米、

①萧高洪：《仓印与古代粮仓的管理》，《农业考古》1992年第4期。

②贺刚：《湖南永州鹞子岭一号汉墓的墓主及相关问题》，载于《湖南省博物馆四十周年纪念论文集》，湖南教育出版社，1996年，第146页。

③［汉］班固撰，［唐］颜师古注：《汉书》，中华书局，1964年，第734页。

宽 0.2~0.49 米、厚 0.3~0.49 米；数量较巨，达 501 根之多，不论是木料或成品如从外地长途运输，多有不便，推测系在本地采伐树木并制作。因此，结合漆器和题凑木枋上的铭文，“渔阳”当为使用者（墓主）或使用机构的名称，该名称来源不明，墓主为汉室公主或朝臣女的可能性均有。

风篷岭汉墓中一残漆片上漆书铭文“〼□百八十（左起，第一栏）二年三月己酉中厩（第二栏）驺周秀买夷廿一（第三栏）”，查看照片，铭文第二栏首字为“二”，第三栏首字为“驺”，上述两字不仅平齐，且两字上端留有空白，说明“二”、“驺”之上未有铭文，故“二年”前并无年号，该墓年代为西汉晚期，此时期唯皇帝有年号。因此，“二年”当为长沙王纪年。风篷岭汉墓中一残漆片上漆书铭文“〼永巷果般”、一残漆片上漆书铭文“中永巷〼”，查对照片，前者“永”前、后者“巷”后可能有铭文，因此，“〼永巷”、“中永巷”可能为官署名。风篷岭汉墓出土五件漆盘铭文“张姬榜槃”，笔者在《对望城县风篷岭汉墓发现铭文的初步认识》一文中认为“榜”通假“牢”，“榜槃”即“牢盘”[①]。据《史记·平准书》：“大农上盐铁丞孔仅、咸阳言：‘……愿募民自给费，因官器作煮盐，官与牢盆。’”裴骃集解引如淳曰：“牢，廪食也。古名廪为牢也。盆者，煮盐之盆也。”[②]《续汉书·祭祀志》刘昭注补：“太祖高皇帝、高后配于坛上，西乡，后在北，亦同席，共牢而食。”[③]“牢盘”当为一种容器，应与牢固无关。

“12·29”案移交漆器中，市所 017 号杯耳背面烙印“酒”，据徐正考《汉代铜器铭文选释》“梁锺”铭文“梁。三。食官酒官。九斗七升半，一钧十斤三两”[④]，当为酒官署人员铭记。市所 004 号杯漆书“门浅库”，刻画“七年沅阳长平丞状库周人工它人造”、“贞”和“上”；市所 029 号杯漆书“零”，烙印一字（或“仓”字），刻画“左”和“上”；市所 042 号杯漆书“零”，刻画“七年义陵长朱丞齿库意工愈造”和“上”，以上诸器刻画铭文“上”与漆书“门浅库”或“零（阳库）”等，即“上”与库有关。市所 015 号杯刻画“七年临沅长□丞□库□工造”、“上”、“甲”，烙印“仓”；市所 048 号杯刻画“上”、“甲”、“中”，烙印“仓”；市所 015 号杯、048 号杯漆器刻画铭文“上”、“甲”，烙印“仓”，即“上”、“甲”与仓有关。徐正考在《汉代铜器铭文中的编号》一文中列举铜器铭文“（8）甲。宣曲，六斤，八升半升。（宣曲鼎）”、“（9）御食官，容六升，并盖重六斤一两。丁。（《小龟山》鼎 TG58）”、“（10）朝阳少君钟，重卌斤八两，容十斗。乙。（朝阳少君钟）”。并将“甲”、“乙”、“丁”等归为“天干编号”、“以表示天干的文字标示器物的序号”[⑤]。因此，“上”、“甲”当与生

①何旭红：《对望城县风篷岭汉墓发现铭文的初步认识》，《湖南省博物馆馆刊》第五辑，岳麓书社，2009 年。

②［汉］司马迁撰，［南朝宋］裴骃集解，［唐］司马贞索隐，张守节正义：《史记》，中华书局，1959 年，第 1429 页。

③［晋］司马彪撰，［南朝梁］刘昭注补：《续汉书志》，中华书局，1965 年，第 3159 页。

④徐正考：《汉代铜器铭文选释》，作家出版社，2007 年，第 705 页。

⑤徐正考：《汉代铜器铭文中的编号》，《史学集刊》1998 年第 2 期。

产和收储机构——库、仓有关，可能为生产或收储时铭刻的器物编号或等次。市所112号杯上刻画“□戊”，市所029号杯刻画“左”，市所045号杯、048号杯刻画“中”，待考。市所123号杯上烙印“□[illegible]家”，未见于出土文献，当指称某位身份较高者，或指墓主，或指其他人，待考。市所124号杯、125号杯烙印“东官”，市所039号盘、099号盘烙印“上□”，均不见于文献，待考。市所119号杯烙印“□中□”，因“中”前后二字模糊不辨，意义不明。

限于本书所录漆器属于西汉时期，故以《西汉长沙王陵出土漆器辑录》为名。兹以此文代为本书前言。

长沙市文物考古研究所研究员　何旭红

二〇一六年十月八日

目　录

壹

渔阳墓出土漆器

望城坡古坟垸西汉渔阳墓位于湖南省长沙市岳麓区湘江西岸咸嘉湖西侧，东北与陡壁山、象鼻嘴等两座西汉早期长沙国王室墓（20世纪70年代发掘）隔湖相望，相距约2公里。

1985年全国文物普查时，发现了该墓。1993年初湖南省财经高等专科学校（现湖南财政经济学院）进行建设时，将其封土推毁。1993年2月～7月，为配合建设，长沙市文物工作队（2001年前为长沙市文物考古研究所）、长沙市文物管理委员会办公室对该墓进行了抢救性发掘[①]。

该墓建在一座海拔71.2米的山丘上，墓地现存面积一万多平方米。在其东、西、南三面各有一外藏坑。主墓为带斜坡墓道的竖穴岩坑木椁墓，平面呈“甲”字形，方向287°，现存长度为37米，由封土、墓道、墓坑和墓室四部分组成。

此墓经多次盗掘，随葬器物的位置多有移动且损坏严重。按其质地可分为金、玉、石、铁、漆木、骨角、陶器和纺织品等。漆器种类繁多，有杯、盘、盛、具器、盂、壶、卮、奁、匜、案、几、匕、琴、瑟、筑、博局盘、骰子、砚盒、伞、杖、方器座等。部分漆器上有“渔阳”等铭刻。

根据出土器物特征和“长沙后府”封泥，发掘简报执笔者推断该墓的年代上限约在文帝时期，下限可至景帝初年，墓主应为汉初吴氏长沙国的某一代王后。

①长沙市文物考古研究所、长沙简牍博物馆：《湖南长沙望城坡西汉渔阳墓发掘简报》，《文物》2010年第4期。

彩绘凤鸟纹漆匜（B:194）

长沙简牍博物馆藏

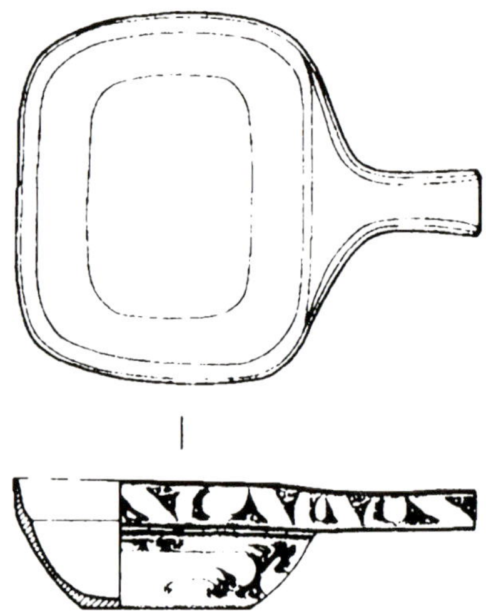

◎ 木胎。口沿略残。口长 32 厘米，宽 25.6 厘米，通高 9 厘米。敞口，直流，深腹，平底。外髹黑漆，内髹朱漆，外上腹朱绘变形凤鸟纹，外下腹朱绘云气纹，二组纹饰以弦纹区隔。

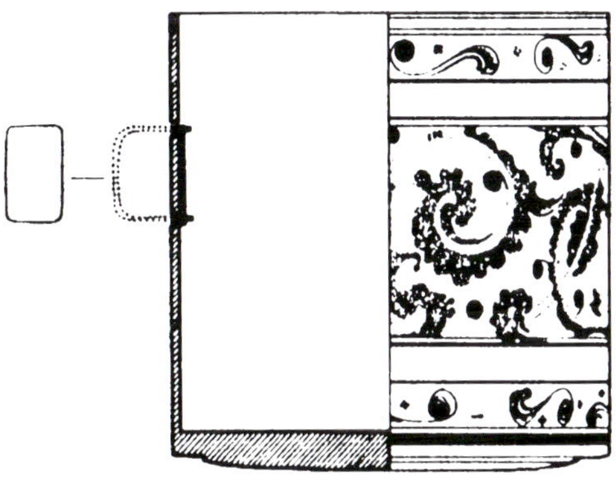

彩绘卷云纹漆卮（A:39）

长沙简牍博物馆藏

◎ 木胎，卷制而成。口径 15.4 厘米，通高 15.3 厘米。有盖，卮身直口，筒形直腹，平底微凸，小鋬耳。外髹黑漆，内髹朱漆。盖、身纹饰各分三组，以弦纹区隔。

彩绘点纹漆卮（B:67）

长沙简牍博物馆藏

◎ 木胎，卷制而成。口径 10.3 厘米，高 9.4 厘米。卮身直口，筒形直腹，平底微凸，小鋬耳。外髹黑漆，内髹朱漆。器身纹饰分三组，以弦纹区隔，上、下二组饰点纹，中间一组以点纹为地，其上点缀云气纹。

“渔阳”彩绘凤鸟纹漆盂（A:95）

长沙简牍博物馆藏

◎ 木胎（？）。口沿残。口径28.8厘米，通高8厘米。宽平沿，浅直腹，器身矮平。外髹黑漆，内髹朱漆。内底中央一组鸟头、云气纹，其外环以一组变形凤鸟纹。外底锥刻“渔阳”二字。或以为“渔阳”是墓主人的自称号，或以为“渔阳”是漆器的产地[1]。

①黄展岳：《长沙望城坡西汉“渔阳”墓墓主推考》，《先秦两汉考古论丛》，科学出版社，2008年，第54页；聂非：《湖南楚汉漆木器研究》，岳麓书社，2013年，第187页。

彩绘波折纹漆杯（B:689-6）

长沙简牍博物馆藏

◎ 木胎。口长径 16.9 厘米，宽 13 厘米，通高 5 厘米。椭圆形，曲腹，平底。外髹黑漆，内髹红漆。外口沿、耳部朱绘波折纹、圆圈纹，内口沿饰一周变形凤鸟纹。

“渔阳”漆杯（B:684-1）

长沙简牍博物馆藏

◎ 木胎。长18厘米，宽13.9厘米，高5.2厘米。椭圆形，曲腹，平底。外髹黑漆，内髹红漆。口、耳部朱绘粗体波折纹、点纹。外底锥刻“渔阳”二字。

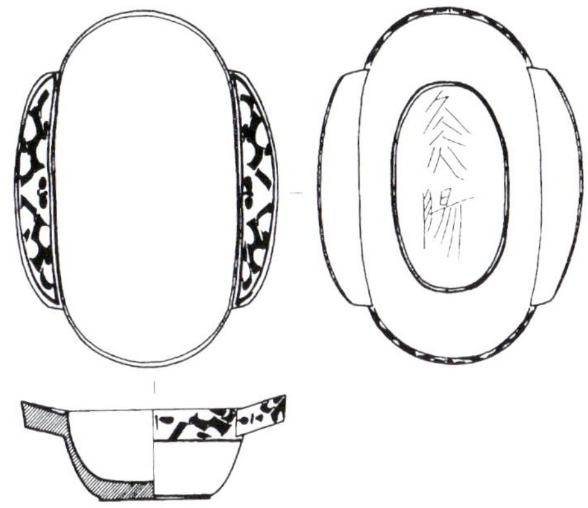

“渔阳”彩绘凤鸟纹漆杯（B:704-1）

长沙简牍博物馆藏

◎ 木胎。长 19.8 厘米，宽 16 厘米，高 6 厘米。椭圆形，曲腹，平底。外髹黑漆，内髹红漆。耳部朱绘几何纹、云气纹，外腹主体纹饰为凤鸟纹。外底锥刻“渔阳”二字。

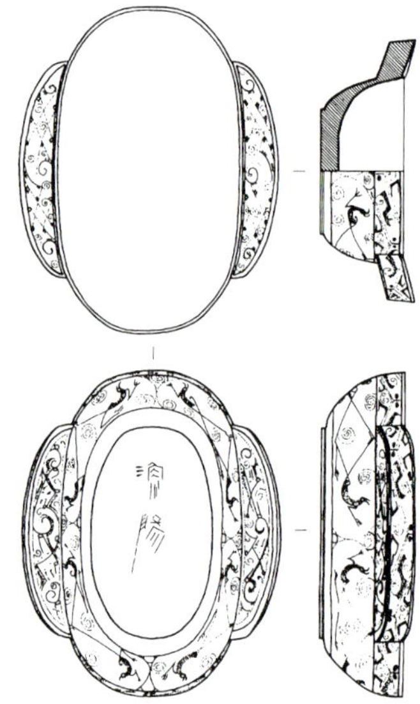

“渔阳”彩绘凤鸟纹漆杯（B:701-2）

长沙简牍博物馆藏

◎ 形制、纹饰同 B:704-1 号耳杯

漆具器（C:184）

长沙简牍博物馆藏

◎ 木胎。长 22.9 厘米，宽 18.5 厘米，高 13.3 厘米。椭圆形，子母口，两侧端凸起为圆形把柄。内盛 10 个耳杯。外髹黑漆，内髹红漆，器表朱绘云气纹，盖顶中央朱绘变形凤鸟纹，其外环以一圈方格纹；口至外顶以弦纹区隔为两部分，口沿环饰两周方格纹，外上、下腹饰变形凤鸟纹。

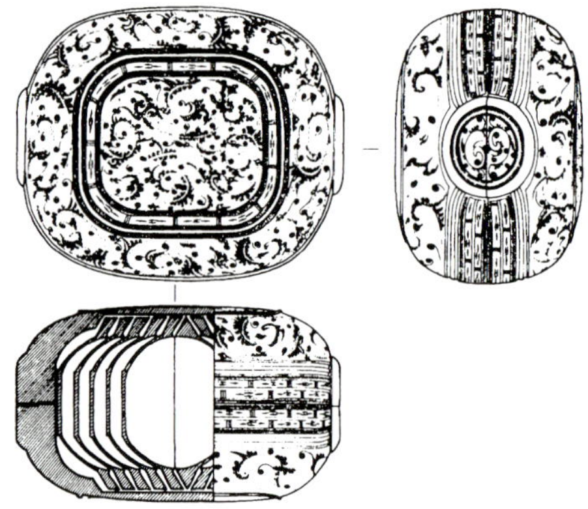

彩绘鸟纹漆盘（C:86-1）

长沙简牍博物馆藏

◎ 木胎。口径 22 厘米，通高 3.5 厘米。整木剜制。宽沿，浅腹，平底。除中央区域外，内腹、内底髹朱漆，其余为黑漆。沿面及内口朱绘波折、点纹、弦纹等，内底中央朱绘鸟头、云气纹。

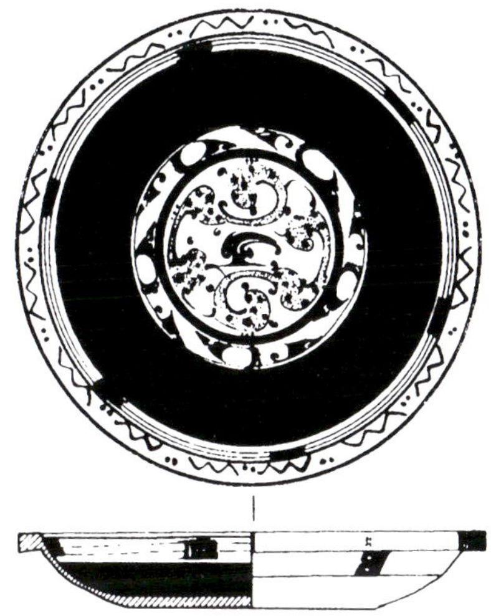

“渔阳”漆盘（B:517-3）

长沙简牍博物馆藏

◎ 夹纻胎。口径 27.2 厘米，高 5.5 厘米。宽折沿，斜腹，小平底，内外髹黑漆。素面。外底锥刻“渔阳”二字。

彩绘云气纹漆盛（A:70）

长沙简牍博物馆藏

◎ 木胎。腹径22厘米，通高18.4厘米。子母口，上下对称扣合，盖顶一周凸棱为捉手，盒底一周凸棱为圈足。外髹黑漆，内髹朱漆。盖顶中央饰一组龙纹，其外环以弦纹。盒盖与盒身各由四周弦纹分成三部分，自口沿至捉手和底弦纹带内分饰波折纹、素面、云气纹。

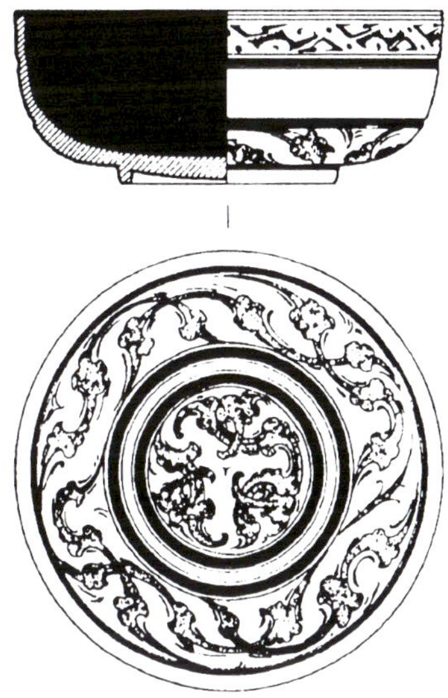

漆奁盖（C:79）

长沙简牍博物馆藏

◎ 木胎。奁身不存。直径 30.5 厘米，盖高 8.8 厘米。盖顶中央微隆，周缘呈三级台面依次递减。通体髹黑色底漆，盖顶中央朱绘双首连体凤鸟纹，周绕凤鸟、龙纹，三级台面和盖壁朱绘云气纹和几何纹。

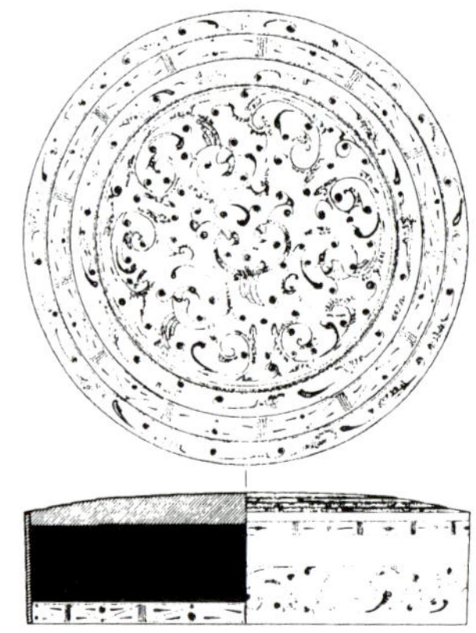

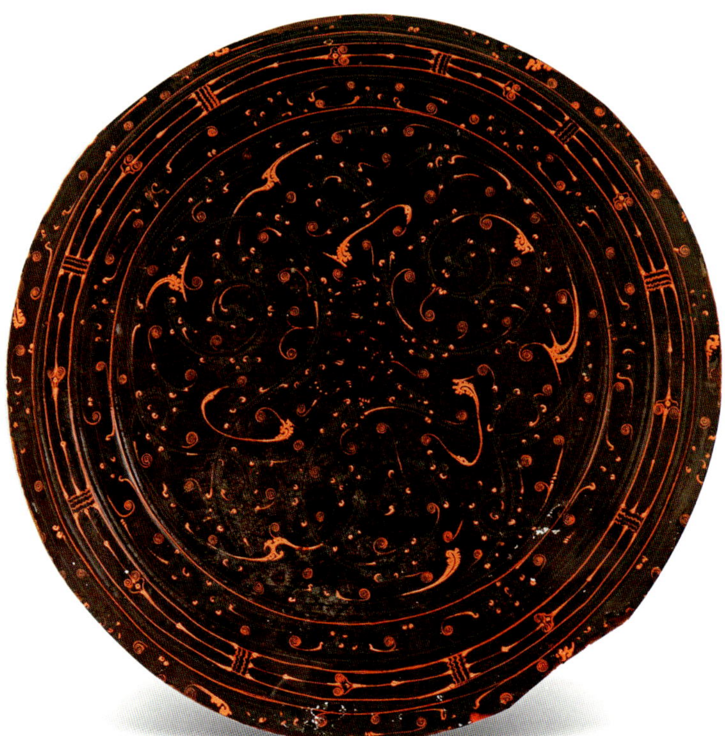

漆奁盖（B:348）

长沙简牍博物馆藏

◎ 木胎。仅余盖面，盖沿及奁身皆已不存。直径 30.5 厘米，残高 2.3 厘米。形制与标本 C:79 同，顶部中央朱、绿两色漆绘三组缠绕的龙纹，其外环以云气纹、几何纹。

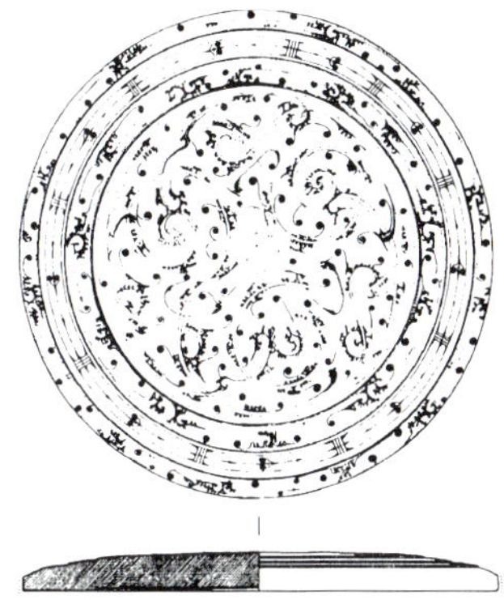

彩绘动物纹漆木瑟（D:120）

长沙简牍博物馆藏

◎ 木胎。长方形。长 124.4 厘米，宽 41.6 厘米，通高 11.6 厘米。首岳外侧可见一排 25 个弦孔，尾岳分成 3 段，中岳有 7 个弦孔，外、内岳各有 9 个弦孔。瑟尾立四枘。瑟面四周与两侧镶嵌硬木镂空的动物图案、曲折纹，中间用绿松石镶嵌一条飞龙。

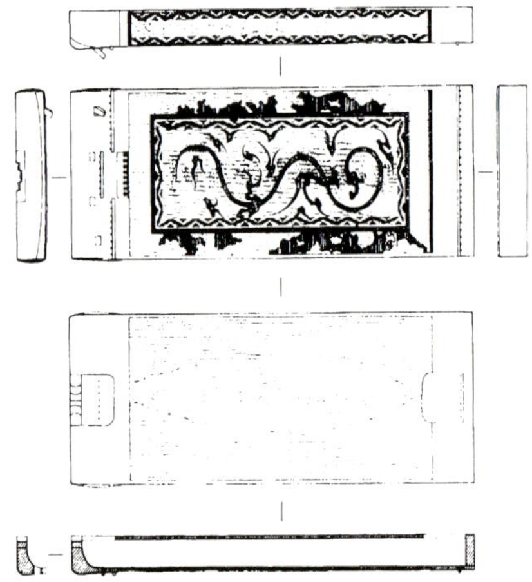

浅刻龙纹漆筑（C:71）

长沙简牍博物馆藏

◎ 整木剜制，为五弦筑。通长 93.5 厘米，面宽 5.1 厘米，体宽 8.4 厘米，通高 13 厘米。大头部分是共鸣箱，长条形，中空，底部镶嵌一薄板。箱体两侧呈弧形微鼓，宽于面板。首岳上有 5 道弦槽，外侧有一方孔，插立一蘑菇状弦枘。持握的筑柄细长，上棱下圆。尾端呈桃形，尾岳嵌其上。共鸣箱两侧浅刻盘曲的飞龙，龙身饰朱色。

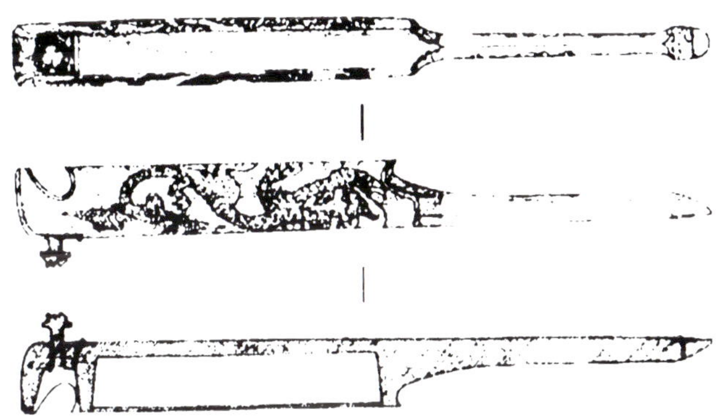

素面漆筑（D:107）

长沙简牍博物馆藏

◎ 其形制与 C:71 号筑一致。长 117.4 厘米，面宽 5.2 厘米，体宽 7.2 厘米，通高 16 厘米。共鸣箱两端髹黑漆。素面。

彩绘云气纹漆几（B:385）

长沙简牍博物馆藏

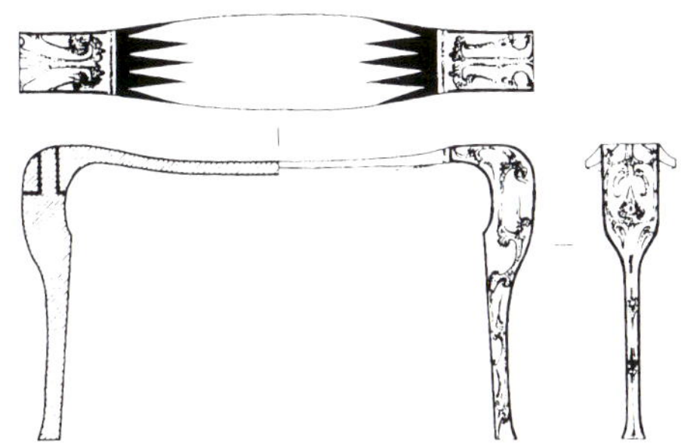

◎ 木胎。面长 63 厘米，宽 11.2 厘米，通高 36.5 厘米。几面两端凸起，中央下凹，两个束腰细方足，足下安平底座。通体髹黑漆。几面朱绘细长三角纹，两端和足朱绘龙纹。

彩绘鸟纹漆几（D:66）

长沙简牍博物馆藏

◎ 木胎。面长 92.8 厘米，宽 11.8 厘米，通高 9 厘米。几面呈长方形，下有两个小曲蹄足，造型精巧。通体髹黑漆。几面周缘朱绘两色鸟头纹，中间绘灰色龙纹，并用朱色双勾，蹄足朱线勾边并饰龙纹。

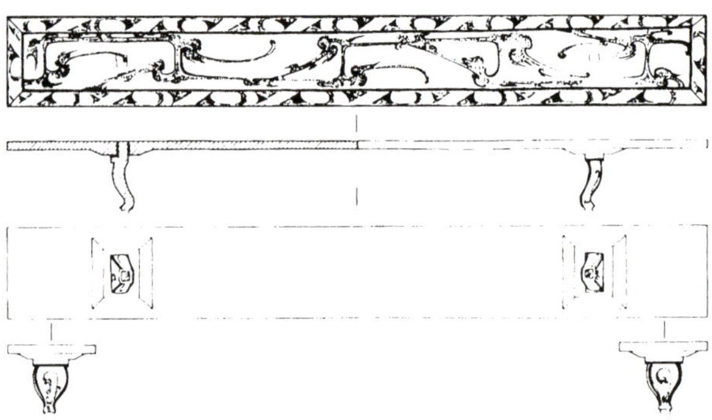

漆坐具（C:73）

长沙简牍博物馆藏

◎ 木胎。面长 34.6 厘米，宽 14.8 厘米，通高 12 厘米。出土时与漆砚同置于一个竹筒内。面为椭圆形，中间厚、边缘薄，中央有一方孔，与束腰圆柱底座榫接。通体髹黑漆。素面。

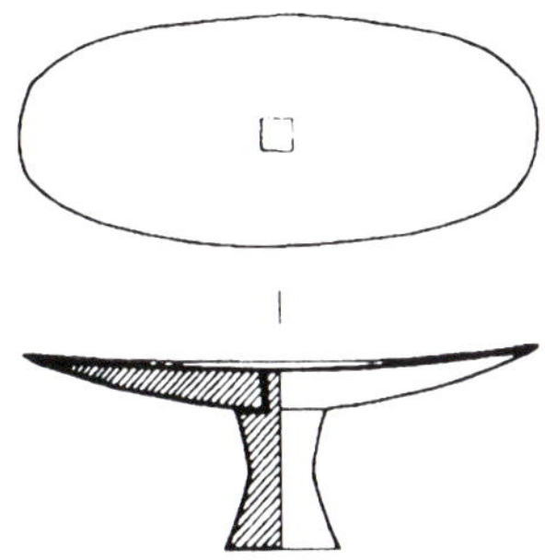

漆黛砚（C:74）

长沙简牍博物馆藏

◎ 砚盒木胎，方形。身长 19.5 厘米，宽 18.5 厘米，通高 12.4 厘米。盒盖顶，子母口，盒身中凹，嵌入一块圆形砚石。砚石质地细润，略微鼓起，其上残存墨痕。盒身平面一角剜凿一凹槽，疑为置笔之用。通体髹黑漆。素面。

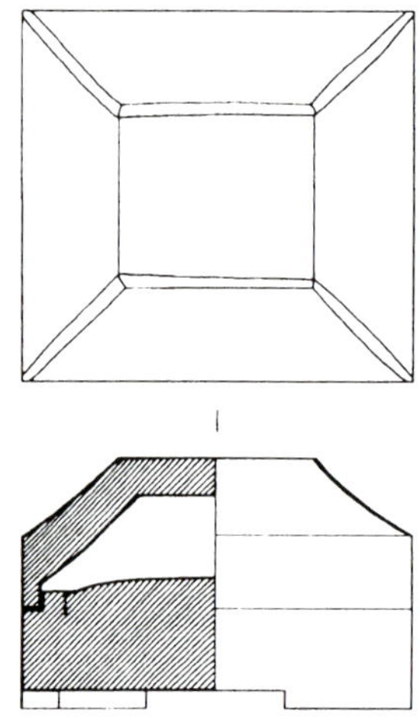

漆骰（C:34、C:104）

长沙简牍博物馆藏

◎ 2 件。木胎。直径 5.2 厘米。通体髹黑漆。球形十八面体，分别刻“一”至“十六”，其余两面，一面刻“酒来”，相对一面刻“骄”字。阴刻篆文，内填朱漆。

贰

“12·29”案追缴漆器

2008年12月底至2009年1月初，湖南长沙发生“12·29”古墓葬被盗系列案，涉及区县20余座古墓葬被盗。其中，岳麓区、望城县（现望城区）交界范围内11座高等级西汉古墓葬被盗[①]。

案件破获后，公安部门向长沙市文物考古研究所移交被盗文物共计249件（套）。据审讯记录，此次移交的249件（套）被盗文物中，除2件清代玉镯外，其余均出土于湘江西岸沿岸低矮丘陵上的四座墓葬内。据盗墓分子供词，移交漆木器均出土于同一座墓葬（即庙破山汉墓。其中1件剑椟存疑），共计140件。2009年2月，长沙市博物馆征集到流入市场的12件西汉漆杯，应为同一批漆器[②]。两批漆器合计152件，包括杯123件、盘28件、剑椟1件。除3件杯为夹纻胎外，其余均为木胎（市博物馆04号文中定为夹纻胎，应为木胎）。夹纻胎杯于褐色底漆上绘成组云气纹、几何纹，4件木胎杯于黑色底漆上绘成组花草纹、凤鸟纹，其余杯、盘均内髹红漆，外髹黑漆，无纹饰。不少漆木器上都有铭文，可分为漆书、刻画、烙印戳记三大类，系制作、收藏、使用等过程中形成。

据铭文内容，该批漆器大致制作于沅陵侯封废前后，即景帝前后。

---

①长沙市文物考古研究所：《长沙“12·29”古墓葬被盗案移交文物报告》，《湖南省博物馆馆刊》第六辑，岳麓书社，2010年。

②邱东联、潘钰、李梦璋：《简析长沙市博物馆2009年度征集的一批西汉漆耳杯》，《湖南省博物馆馆刊》第六辑，岳麓书社，2010年。

一、彩绘云纹漆杯

彩绘云纹漆杯（标本 001）

长沙市文物考古研究所藏

◎ 夹纻胎。一耳缺失，一耳残。器腹部分残损。残口长径 15.5 厘米，宽径 10 厘米，通高 4 厘米。全器褐色底漆，底漆上耳、底各饰一组纹饰，腹部饰二组纹饰，组饰之间以朱线分隔，点纹点缀于各组纹饰中。双耳及上腹内外侧绘水平排列的方形、菱形。下腹、底绘流云飞动的纹饰。杯外腹近底处刻画“王后家官”。王后，应指某代长沙王之王后。杯底正中烙印戳记“长沙□仓”，疑指长沙国或长沙郡收储物品的仓[1]。

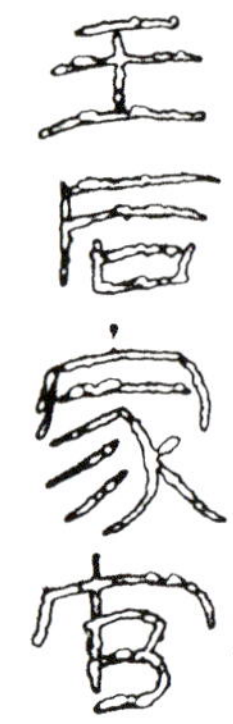

①何旭红：《对长沙谷山被盗汉墓漆器铭文的初步认识》，《湖南省博物馆馆刊》第六辑，岳麓书社，2010 年。

彩绘云纹漆杯（标本 002）

长沙市文物考古研究所藏

◎ 夹纻胎。器腹部分残损。残口长径 11.6 厘米，宽径 12 厘米，通高 4 厘米。纹饰、铭文同标本 001。

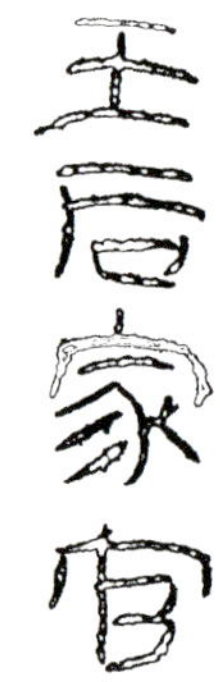

彩绘云纹漆杯（标本 003）

长沙市文物考古研究所藏

◎ 夹纻胎。器腹部分残损。残口长径 15.5 厘米，宽径 12 厘米，通高 4.5 厘米。纹饰、铭文同标本 001。

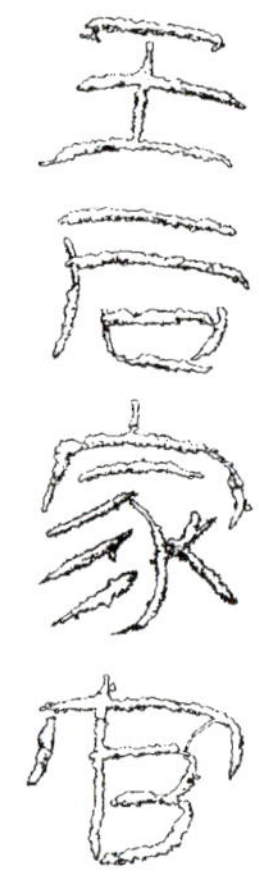

二、彩绘花草纹漆杯

彩绘花草纹漆杯（标本 123）

长沙市文物考古研究所藏

◎ 木胎。余残腹及底。残口长径13.7厘米，宽径8.2厘米，残高3厘米。全器黑色底漆，内腹、内底以朱线勾勒对称花草纹，外腹上部朱绘凤鸟纹。杯外侧腹部近底部处朱漆书“长沙□□家容二升五龠”。杯底正中烙印戳记“□□家”（或隶“□家”）三字。龠，古代容量单位。《汉书·律历志》“合龠为合，十合为升”。据此，则一升为二十龠。二升五龠，即四十五龠。“□□家”，待考。

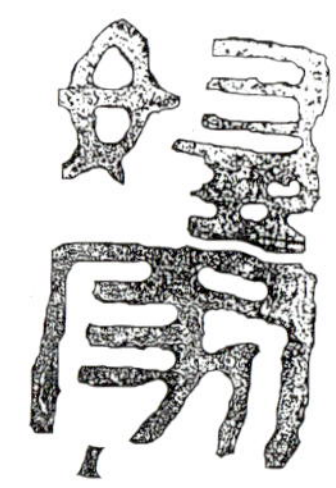

彩绘花草纹漆杯（标本 124）

长沙市文物考古研究所藏

◎ 木胎。一耳缺失，一耳残，器腹部分残损。残口长径 17.8 厘米，宽径 10.6 厘米，通高 5.7 厘米。全器黑色底漆，底漆上耳、腹、底朱绘纹饰。耳绘几何纹，内腹、内底

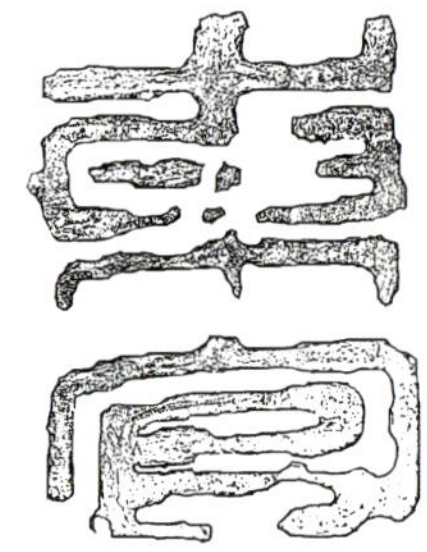

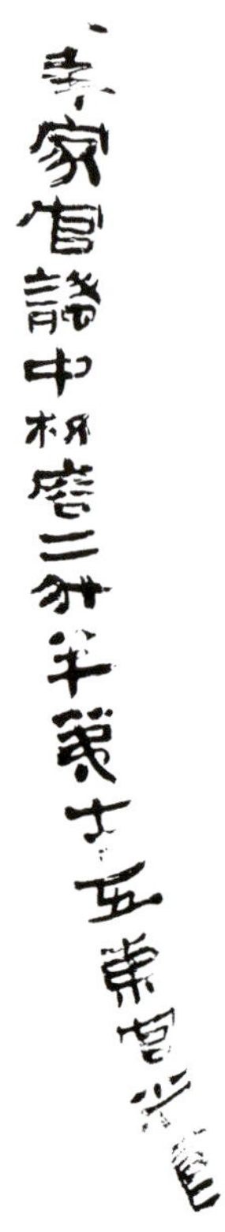

以线勾勒对称花草纹，内口饰一漆纹带，外腹上部二线区内绘四只凤鸟纹，其间以线勾勒的云纹区隔。杯外侧腹部近底部处一侧朱漆书“⊠田臣家官諸中杯容二升半第七十五东官尚食”，另一侧刻画文字内容与朱漆书一致。杯底正中烙印戳记“东官”二字。尚食，官名，掌帝王膳食。秦始置。东汉以后，并其职于太官汤官。《后汉书·礼仪下》：“太常上太牢奠，太官食监、中黄门、尚食次奠，执事者如礼。”[1]从铭文内容看，尚食当隶属于东官。东官，待考。

① [晋] 司马彪撰，[梁] 刘昭注补：《续汉书志》，中华书局，1965年，第3142页。

彩绘花草纹漆杯（标本 125）

长沙市文物考古研究所藏

◎ 木胎。一耳缺失，口、腹部分残损。残口长径 19.5 厘米，宽径 11.6 厘米，通高 5.6 厘米。

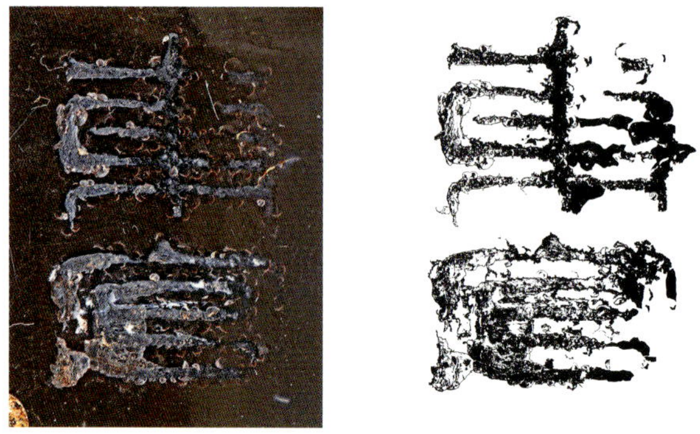

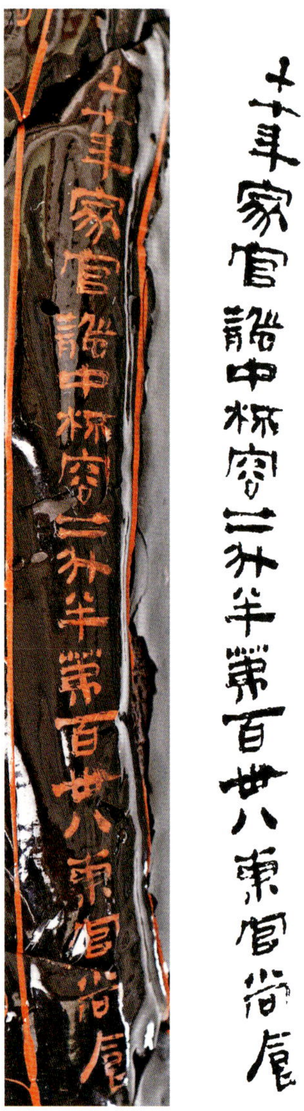

纹饰同标本124。杯外侧腹部近底部处一侧朱漆书“十七年家官[illegible]中杯容二升半第百卅八东官尚食”。另一侧刻画文字仅存“□容二升□第百卅八□□□食”，应与朱漆书内容一致。该器与标本124的纪年，有学者认为属定王刘发、戴王刘庸、顷王刘附朐中某位王的可能性极大[1]。杯外底正中烙印戳记“东官”二字。

①何旭红：《对长沙谷山被盗汉墓漆器铭文的初步认识》，《湖南省博物馆馆刊》第六辑，岳麓书社，2010年，第389页。

彩绘花草纹漆杯（标本 025）

长沙市文物考古研究所藏

◎ 木胎。口、腹部分残损。残口长径 16.7 厘米，宽径 12.2 厘米，通高 5 厘米。纹饰同标本 124。杯外底部刻画“食官中般”。食官，掌管饮食的官。《周礼·天官·序官》“膳夫”，郑玄注：“食官之长也。”[①]“中般”之“般”，当读为“班次”之“班”，意为“位次”“序列”[②]。杯外底正中烙印戳记“长沙”。

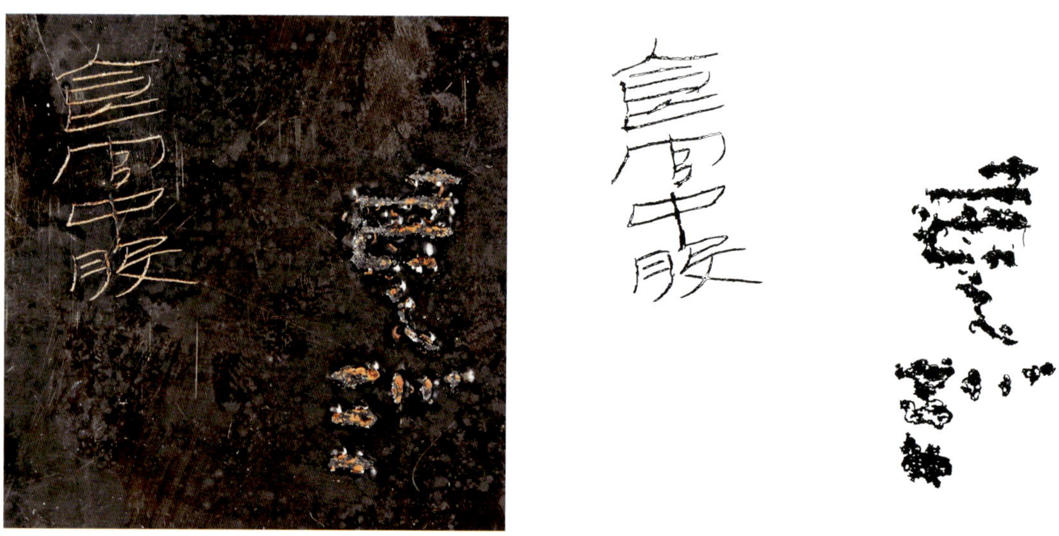

① [清] 阮元校刻：《十三经注疏》，中华书局，1980 年影印本，第 640 页。
②陈昭容：《从封泥谈秦汉“詹事”及其所属“食官”》，《战国秦汉封泥文字研究专辑》，西泠印社出版社，2011 年，第 29—30 页。

彩绘花草纹漆杯（标本 022）

长沙市文物考古研究所藏

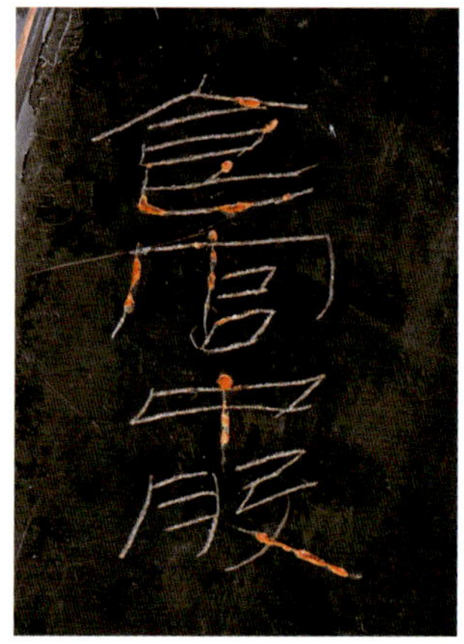

◎ 木胎，一耳残，口、腹部分残损。残口长径 16.9 厘米，宽径 12.3 厘米，通高 5.4 厘米。纹饰、铭文同标本 025。

彩绘花草纹漆杯（标本 028）

长沙市文物考古研究所藏

◎ 木胎。一耳缺，口、腹部分残缺。残口长径 15 厘米，宽径 10.7 厘米，通高 5.3 厘米。纹饰、铭文同标本 025。

三、素面漆盘、杯

素面漆盘（标本 106）

长沙市文物考古研究所藏

◎ 木胎。口沿稍残。口径 27.6 厘米，通高 5.7 厘米。内腹、内底除中央区域外髹红漆，其余均髹黑漆。沿背面刻画“四年充长登库佐⿷匚壬工徐造”。四年，此类“物勒工名”漆器铭文中的纪年，可能是景帝纪年，也可能是长沙定王纪年，后者可能性较大[1]。充，县名，《汉书·地理志》属武陵郡[2]。长，县长。库佐，县库之佐。工，制作漆器的工匠。登、⿷匚壬、徐，均为人名。该器铭文中无县丞。外底中央有烙印戳记，字迹不清。

①何旭红：《对长沙谷山被盗汉墓漆器铭文的初步认识》，《湖南省博物馆馆刊》第六辑，岳麓书社，2010 年。

②［汉］班固撰，［唐］颜师古注：《汉书》，中华书局，1962 年，第 1594—1595 页。

素面漆杯（标本111）

长沙市文物考古研究所藏

◎ 木胎。口、腹部分残损。残口长径18.7厘米，宽径13.7厘米，通高5.3厘米。内髹红漆，其余髹黑漆。内底黑漆书“零”，外侧腹部刻画“四年零阳丞□库视工□造第五十一”。零，是“零阳”的省称[①]。零阳，县名，《汉书·地理志》属武陵郡[②]。丞，县丞。□、视、□，均为人名。该器铭文中无县长。杯底正中有烙印戳记，字迹不清。

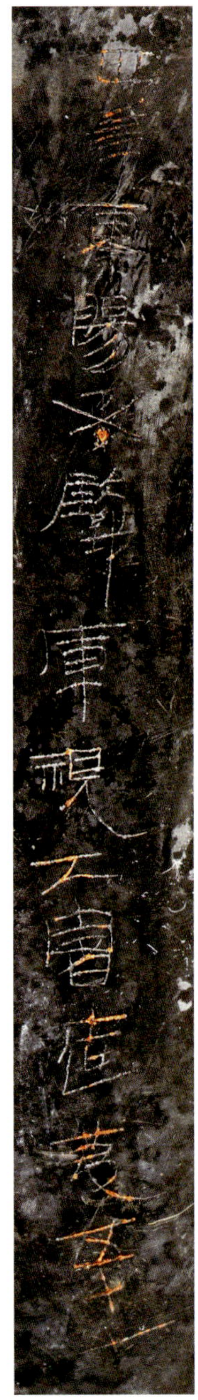

①罗小华：《长沙汉代漆器铭文杂识（四则）》，简帛网，2015年7月8日。

②［汉］班固撰，［唐］颜师古注：《汉书》，中华书局，1962年，第1594—1595页。

素面漆杯（标本 122）

长沙市文物考古研究所藏

◎ 木胎。残甚。残口长径 14.1 厘米，宽径 9.8 厘米，通高 4 厘米。髹漆情况同标本 111。内底黑漆书“零”，外侧腹部刻画“四年零阳丞□库视工毋智造”，杯外底一端有烙印戳记，字迹不清。毋智，人名[①]。该器铭文中无县长。

①罗小华：《长沙汉墓“物勒工名”类漆器铭文补议》，《出土文献研究》第十三辑，中西书局，2014 年。

素面漆杯（标本 053）

长沙市文物考古研究所藏

◎ 木胎。双耳缺失，口、腹部分残损。残口长径 18.9 厘米，宽径 10.3 厘米，残高 3.4 厘米。髹漆情况同标本 111。杯外侧腹部朱漆书“沅陵”。杯腹部刻有“田□□（或隶“田□”“发货”）沅陵长系丞视库宫工景造”。沅陵，县名，《汉书 · 地理志》属武陵郡[1]。系、视、宫、景，均为人名。杯外底正中斜向烙印戳记“仓”字。

①［汉］班固撰，［唐］颜师古注：《汉书》，中华书局，1962 年，第 1594 页。

素面漆杯（标本市博 01）

长沙市博物馆藏

◎ 木胎。耳、口稍残。长径 18.5 厘米，宽径 14 厘米，通高 8.4 厘米。杯外侧腹部朱漆书“门浅库”。外底部中央刻画“六年沅陵侯相泽之丞盾少内辟工贤造”。一耳背面刻画“中”，另一耳背面刻画“贞”。“门浅库”，可能指该器被转运到门浅库[①]。沅陵侯，指沅陵侯国。《汉书·高惠高后文功臣表》：“沅陵顷侯吴阳。以父长沙王功侯。七月丙申封，二十五年薨。孝文后二年，顷侯福嗣，十七年薨。孝景中五年，哀侯周嗣，薨，亡后。国除。”[②]少内，官名。《汉书·丙吉传》“少内啬夫白吉”，颜师古注：“少内，掖庭主府臧之官也。”中，或以为是“中官”[③]。贞，或以为姓名，或解为“产品等次标记”[④]。泽之、盾、辟、贤，均为人名[⑤]。

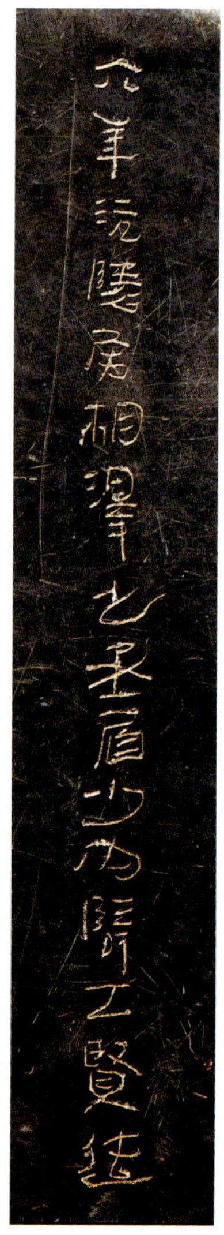

①黎石生：《长沙汉墓漆器铭文所见“物勒工名”记录》，《出土文献研究》第十辑，中华书局，2011 年。

②何旭红：《对长沙谷山被盗汉墓漆器铭文的初步认识》，《湖南省博物馆馆刊》第六辑，岳麓书社，2010 年。

③邱东联、潘钰、李梦璋：《简析长沙市博物馆 2009 年度征集的一批西汉漆耳杯》，《湖南省博物馆馆刊》第六辑，岳麓书社，2010 年。

④邱东联、潘钰、李梦璋：《简析长沙市博物馆 2009 年度征集的一批西汉漆耳杯》，《湖南省博物馆馆刊》第六辑，岳麓书社，2010 年；何旭红：《对长沙谷山被盗汉墓漆器铭文的初步认识》，《湖南省博物馆馆刊》第六辑，岳麓书社，2010 年；聂菲：《湖南楚汉漆木器研究》，岳麓书社，2013 年，第 211 页。

⑤“泽之”、“盾”，罗小华：《长沙汉墓“物勒工名”类漆器铭文补议》，《出土文献研究》第十三辑，中西书局，2014 年。

素面漆杯（标本 004）

长沙市文物考古研究所藏

◎ 木胎。耳、口、腹部分残损。残口长径 18.4 厘米，宽径 13.8 厘米，通高 5 厘米。髹漆情况同标本 111。杯外侧腹部朱漆书“门浅库”，同侧腹近底部处刻画“七年沅阳长平丞状库周人工它人造”。沅阳，县名，《汉书·地理志》未见，见于里耶秦简。平、状、周人、它人，均为人名[1]。耳部与杯腹部相交处刻画“贞”。

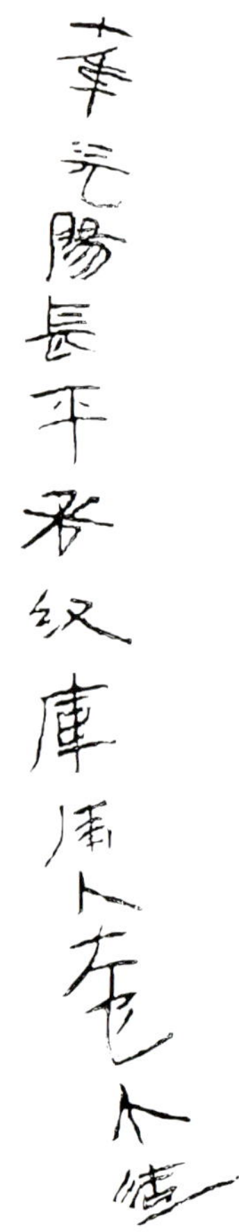

① “它人”，参罗小华：《长沙汉墓“物勒工名”类漆器铭文补议》，《出土文献研究》第十三辑，中西书局，2014 年。

素面漆杯（标本 027）

长沙市文物考古研究所藏

◎ 木胎。耳、口、腹部分残损。残口长径 17.5 厘米，宽径 13.2 厘米，通高 4.9 厘米。髹漆情况同标本 111。杯外侧腹部一侧朱漆书“门浅库”，同侧上腹部刻画“七年沅阳长平丞状库周人工它人造”。漆书“门浅库”覆盖刻画“七年沅阳长平丞状库周人工它人造”铭文部分字笔画。耳背面刻画“贞”。

素面漆盘（标本039）

长沙市文物考古研究所藏

◎ 木胎。口沿、腹部分残损。口径27.9厘米，通高6厘米。髹漆情况同标本106。外上腹刻画“七年沅阳长平丞状库周人工它人造”。外底中央有烙印，字迹不清。

素面漆杯（标本 015）

长沙市文物考古研究所藏

◎ 木胎。耳、口沿部分残损。口长径 18.6 厘米，宽径 13.7 厘米，通高 5.8 厘米。髹漆情况同标本 111。杯外侧腹部一侧刻画“上”、“甲”，均待考。杯外底正中刻画“七年临沅长□丞⿰钅厂库⿱手勹工⿱天乀造”。临沅，县名，《汉书·地理志》属武陵郡[①]。□、⿰钅厂、⿱手勹、⿱天乀，均为人名。杯外底中部烙印戳记“仓”字。戳记“仓”字笔画处未见到刻画“七年临沅长□丞⿰钅厂库⿱手勹工⿱天乀造”文字笔画。

① [汉] 班固撰，[唐] 颜师古注：《汉书》，中华书局，1962 年，第 1594 页。

素面漆杯（标本 009）

长沙市文物考古研究所藏

◎ 木胎。口长径 18.3 厘米，宽径 13.6 厘米，通高 5.6 厘米。髹漆情况同标本 111。

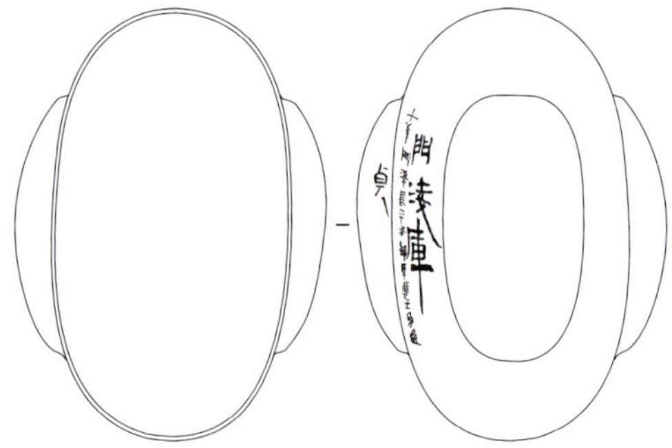

杯外侧腹部朱漆书“门浅库”，同侧在与耳部相交处刻画“七年门浅长平丞都库应工勇造”。门浅，县名，《汉书·地理志》未见，见于里耶秦简和“门浅”汉印。1954年，长沙近郊一座西汉墓中出土“门浅”滑石印一枚。2002年出土的湘西里耶秦简中，有关于“门浅”的记载[①]。平、都、应、勇，均为人名[②]。一耳背面刻画“贞”。

①陈松长：《湖南古代玺印》，上海辞书出版社，2004年，第60页；李鄂权：《长沙出土漆器铭文“门浅”考释及相关问题探讨》，《中国文物报》2010年6月23日第7版；何旭红：《对长沙谷山被盗汉墓漆器铭文的初步认识》，《湖南省博物馆馆刊》第六辑，岳麓书社，2010年。

②“都”，参黎石生：《长沙汉墓漆器铭文所见“物勒工名”记录》，《出土文献研究》第十辑，中华书局，2011年。

素面漆杯（标本 017）

长沙市文物考古研究所藏

◎ 木胎。口长径 18.8 厘米，宽径 13.7 厘米，通高 5.5 厘米。髹漆情况同标本 111。杯外侧腹部朱漆书“门浅库”，同侧上腹部刻画“七年门浅长平丞都库应工勇造”。一耳背面刻画“贞”，另一耳背面烙印“酒”字。漆书文字笔画亦部分覆盖“物勒工名”文字笔画。

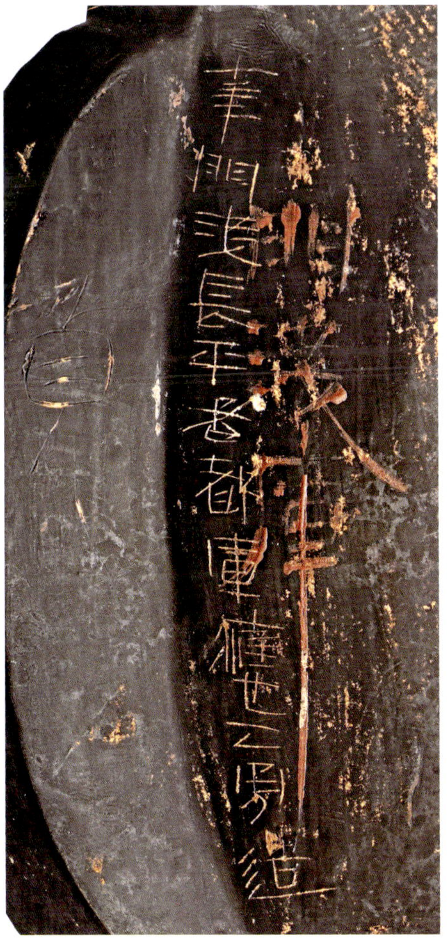

素面漆杯（标本 021）

长沙市文物考古研究所藏

◎ 木胎。耳、口、腹部分残损。残口长径 18.5 厘米，宽径 13.7 厘米，通高 5.4 厘米。髹漆情况同标本 111。杯外侧腹部一侧朱漆书“门浅库”，另一侧刻画“七年门浅长平丞都库应工勇造”。一耳背面刻画“贞”。

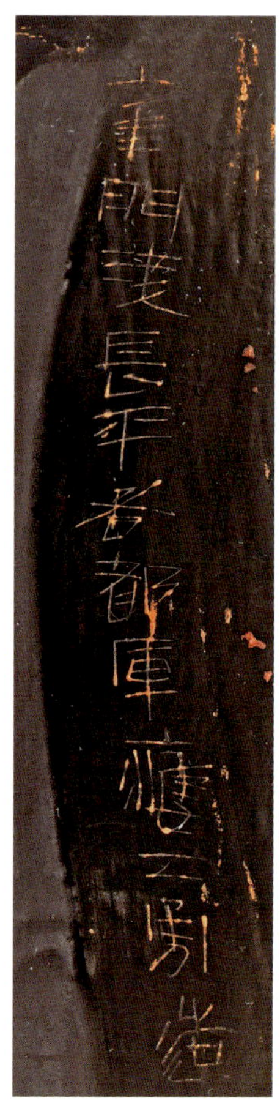

素面漆杯（标本 026）

长沙市文物考古研究所藏

◎ 木胎。口、腹部分残损。残口长径 18.7 厘米，宽径 13.9 厘米，通高 5.4 厘米。髹漆情况同标本 111。杯外侧腹部一侧朱漆书“门浅库”，另一侧刻画“七年门浅长平丞都库应工勇造”。一耳背面刻画“贞”。

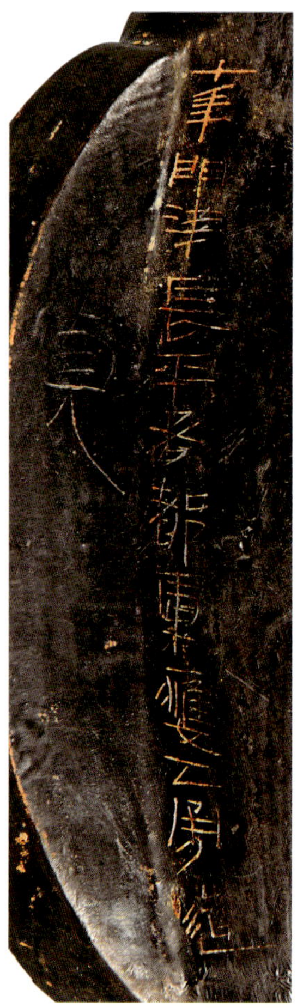

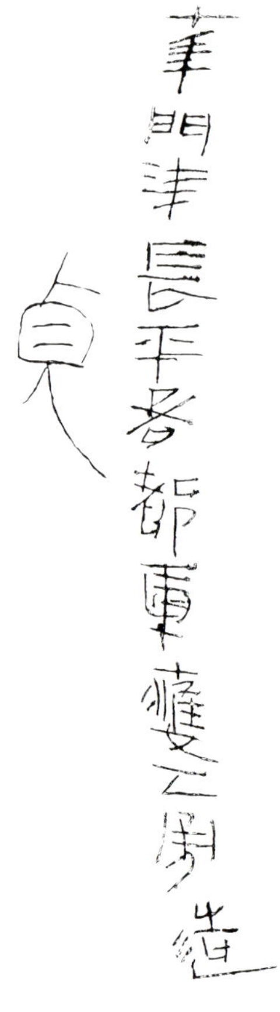

素面漆杯（标本市博02）

长沙市博物馆藏

◎ 木胎。耳、口、腹部分残损。残口长径18.5厘米，宽14.1厘米，通高8.4厘米。杯外侧腹部一侧朱漆书“门浅库”，另一侧刻画“七年门浅长平丞都库应工勇造”。一耳背面刻画“贞”。

素面漆盘（标本 133）

长沙市文物考古研究所藏

◎ 木胎。口沿稍残。口径 28 厘米，通高 5.7 厘米。髹漆情况同标本 106。口沿背面刻画“七年门浅长平丞都库应工勇造”。

素面漆杯（标本 023）

长沙市文物考古研究所藏

◎ 木胎。口长径 18.7 厘米，宽径 13.6 厘米，通高 4.9 厘米。髹漆情况同标本 111。杯外侧上腹部刻画“七年酉阳长光丞午库谁工武造”。酉阳，县名，《汉书 · 地理志》属武陵郡[1]。光、午、谁、武，均为人名。杯底正中有烙印戳记，字迹不清。

① [汉] 班固撰，[唐] 颜师古注：《汉书》，中华书局，1962 年，第 1594—1595 页。

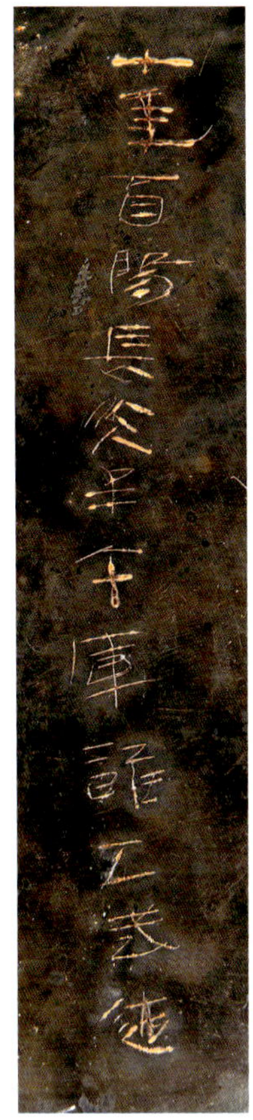

素面漆杯（标本 032）

长沙市文物考古研究所藏

◎ 木胎。二耳部分残损。口长径 18.3 厘米，宽径 13.5 厘米，通高 5.3 厘米。髹漆情况同标本 111。杯外侧腹部一侧朱漆书“门浅库”，另一侧刻画“七年西阳长光丞午库谁工武造”。一耳背面刻画“贞”。

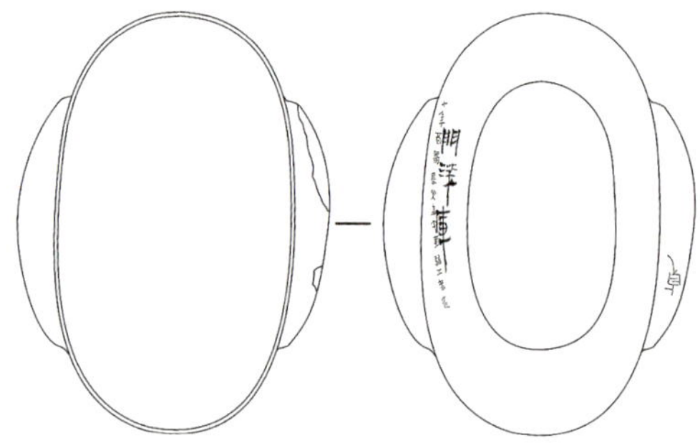

素面漆杯（标本 042）

长沙市文物考古研究所藏

◎ 木胎。耳、口、腹、底部分残损。残口长径 18.3 厘米，宽径 13.5 厘米，通高 5.3 厘米。髹漆情况同标本 111。杯内侧底部黑漆书“零”。杯外侧腹部刻画“七年义陵长朱丞齿库宦工愈造”。义陵，县名，《汉书·地理志》属武陵郡[1]。朱、齿、宦、愈，均为人名[2]。同侧腹部刻画“上”。

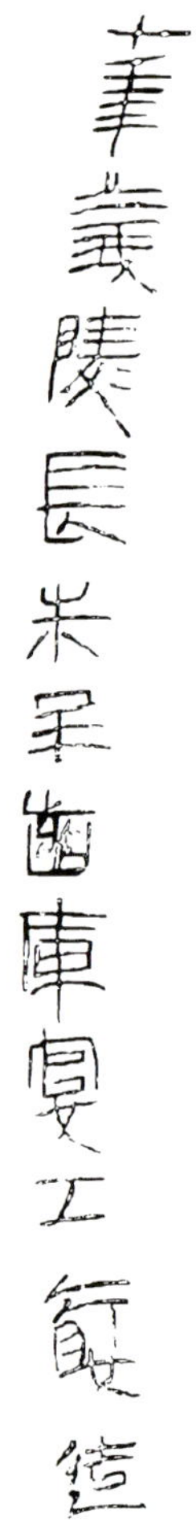

① [汉] 班固撰，[唐] 颜师古注：《汉书》，中华书局，1962 年，第 1594—1595 页。

② “宦”，参罗小华：《长沙汉墓“物勒工名”类漆器铭文补议》，《出土文献研究》第十三辑，中西书局，2014 年。

素面漆杯（标本市博 04）

长沙市博物馆藏

◎ 木胎。耳、底稍残。口长径 18.7 厘米，宽径 13.9 厘米，通高 5 厘米。内底黑漆书“零”。杯外侧一侧刻画“九年醴阳长尊丞徐库术工则造”。外底部中央有一方形烙印戳记，字迹不清。醴阳，县名，《汉书・地理志》未见，见于秦汉简牍[①]。尊、徐、术、则，均为人名。

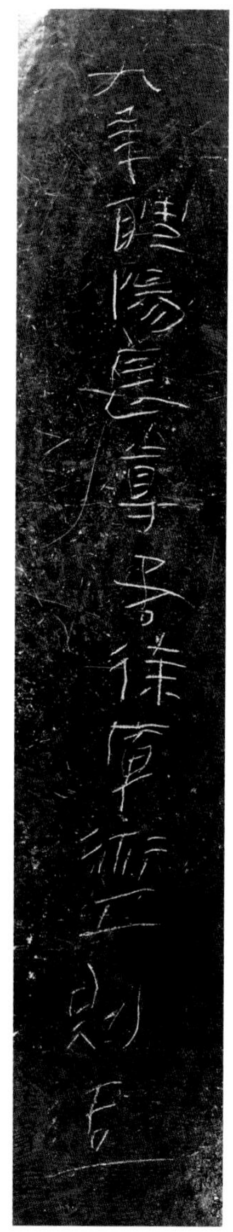

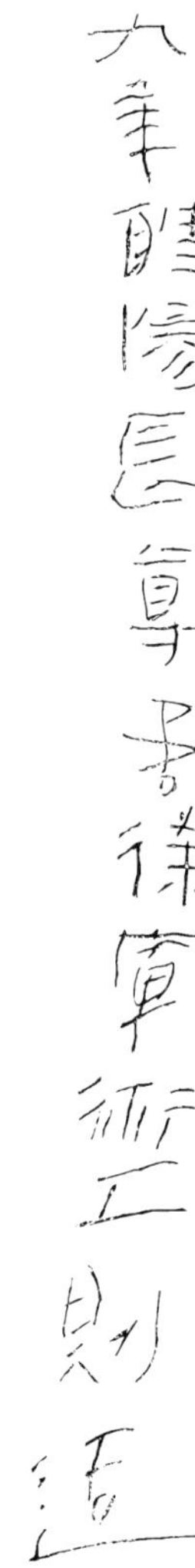

①何旭红：《汉代长沙国考古发现与研究》，岳麓书社，2013 年，第 221—228 页。

素面漆杯（标本 010）

长沙市文物考古研究所藏

◎ 木胎。口长径 18.1 厘米，宽径 13.8 厘米，通高 4.8 厘米。髹漆情况同标本 111。杯外侧腹部一侧朱漆书“门浅库”，另一侧刻画“十一年无阳长秦丞状库奠工喜造第卅三”。无阳，县名，《汉书 · 地理志》属武陵郡[1]。秦、状、奠、喜，均为人名。一耳背面刻画“贞”。

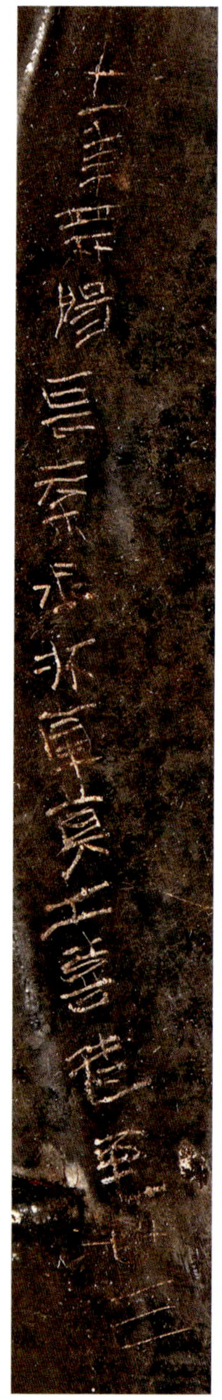

① [汉] 班固撰，[唐] 颜师古注：《汉书》，中华书局，1962 年，第 1594—1595 页。

素面漆盘（标本107）

长沙市文物考古研究所藏

◎ 木胎。口沿稍残。口径27.9厘米，通高5.6厘米。髹漆情况同标本106。外上腹刻画“十一年无阳长秦丞状库奠工喜造第十二”。外底中央有烙印戳记，字迹不清。

素面漆盘（标本 108）

长沙市文物考古研究所藏

◎ 木胎。口沿稍残。口径 27.9 厘米，通高 5.8 厘米。髹漆情况同标本 106。外上腹刻画“十一年无阳长秦丞状库奠工喜造第十八”。外底中央有烙印戳记，字迹不清。

素面漆杯（标本 044）

长沙市文物考古研究所藏

◎ 木胎。口长径 19 厘米，宽径 13.7 厘米，通高 5.5 厘米。髹漆情况同标本 111。杯外侧腹部一侧刻画“四年辰阳长竖丞强库燕工郢造”。辰阳，县名，《汉书 · 地理志》属武陵郡[1]。竖、强、燕、郢，均为人名。

① [汉] 班固撰，[唐] 颜师古注：《汉书》，中华书局，1962 年，第 1594—1595 页。

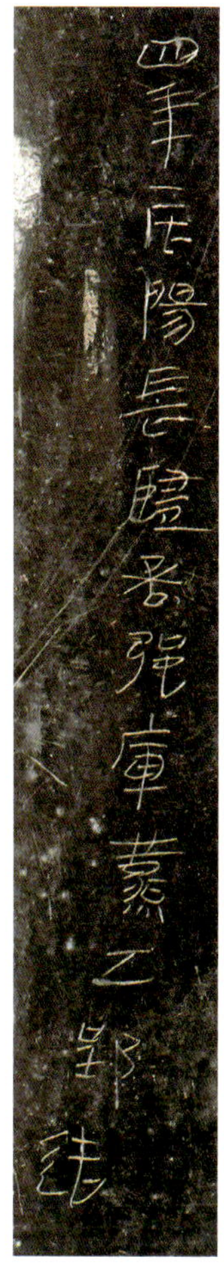

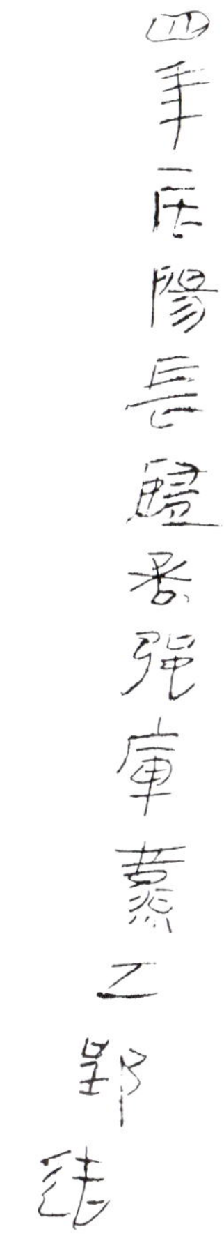

素面漆盘（标本 037）

长沙市文物考古研究所藏

◎ 木胎。口、底部分残损。口径 28 厘米，通高 5.5 厘米。髹漆情况同标本 106。外底部刻画“四年辰阳长竖丞强库燕□□造”。外底中央有烙印戳记，已残失。

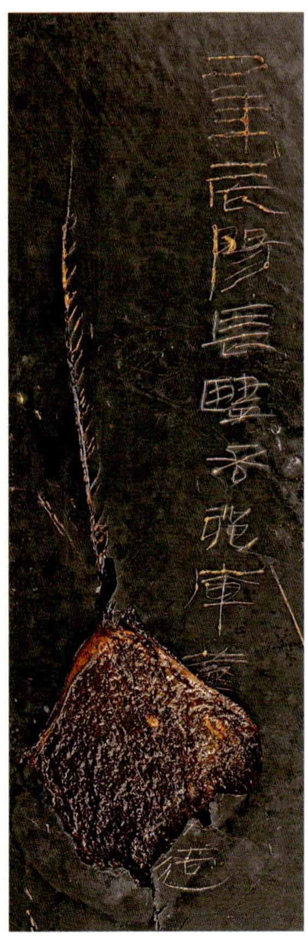

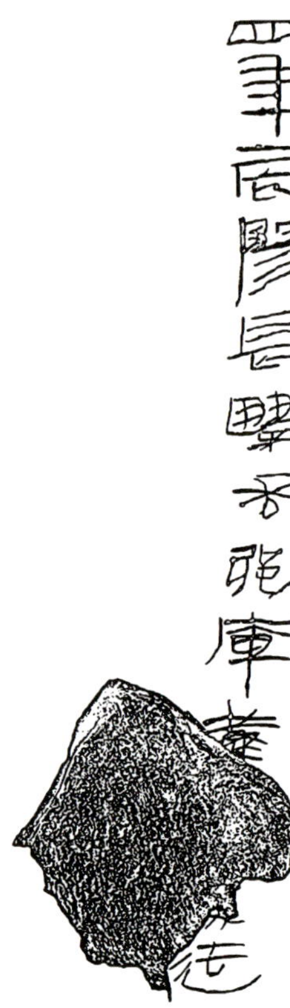

素面漆盘（标本 134）

长沙市文物考古研究所藏

◎ 木胎。口沿稍残。口径 28.1 厘米，通高 5.6 厘米。髹漆情况同标本 106。外底部刻画“四年辰阳长竖丞强库工冣造”。冣，人名。此条铭文漏记“库”之名。

素面漆盘（标本 109）

长沙市文物考古研究所藏

◎ 木胎。口、底略残。口径 27.9 厘米，通高 5.9 厘米。髹漆情况同标本 106。外底部刻画“四年辰阳长竖丞强库□”、“库”、“贞”。刻画单“库”字划掉了物勒工名铭文部分文字笔画。

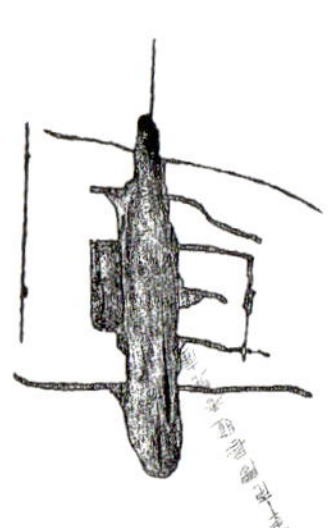

素面漆杯（标本 043）

长沙市文物考古研究所藏

◎ 木胎。口长径 18.4 厘米，宽径 13.9 厘米，通高 5.2 厘米。髹漆情况同标本 111。杯外底部刻画“七年辰阳长尊丞延库燕工造”、“超”、“十”。尊、延、燕，均为人名。“超”为工匠之名，补刻。杯底一侧有烙印戳记，字迹不清。“十”字划断了物勒工名铭文部分文字笔画。

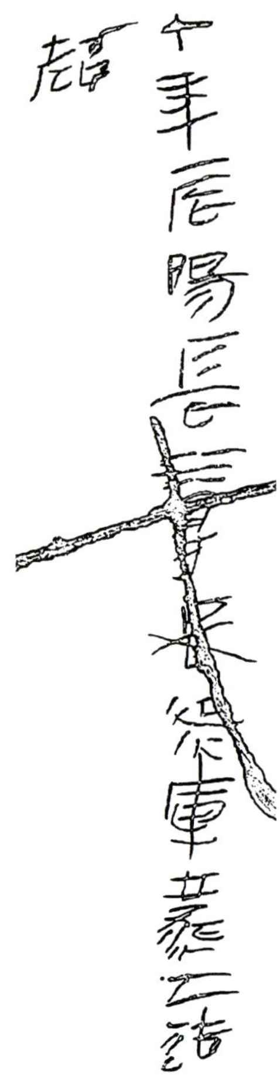

素面漆杯（标本 047）

长沙市文物考古研究所藏

◎ 木胎。口沿稍残。残口长径 18.7 厘米，宽径 13.2 厘米，通高 5.4 厘米。髹漆情况同标本 111。杯外底部刻画“七年辰阳长尊丞□库燕工纾造”。纾，人名。杯外底中央有烙印戳记，字迹不清。

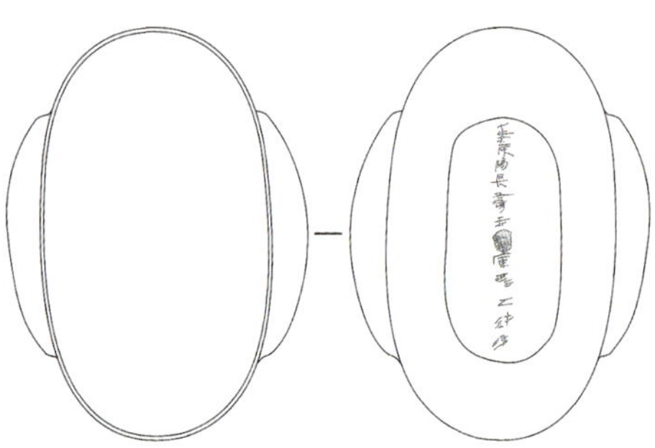

素面漆杯（标本 113）

长沙市文物考古研究所藏

◎ 木胎。口沿部分残损。残口长径 18.7 厘米，宽径 13.9 厘米，通高 5.5 厘米。髹漆情况同标本 111。杯外底刻画“七年辰阳长尊丞延库燕工□造”。□，人名。杯外底一侧有烙印戳记，字迹不清。

素面漆盘（标本110）

长沙市文物考古研究所藏

◎ 木胎。口沿稍残。口径28.2厘米，通高5.7厘米。髹漆情况同标本106。外底部刻画“七年辰阳长尊丞延库燕工中造”。中，人名。外底中央有烙印戳记，字迹不清。

素面漆杯（标本市博 03）

长沙市博物馆藏

◎ 木胎。口长径 18.8 厘米，宽径 14 厘米，通高 5.4 厘米。杯外底刻画“十年辰阳长尊丞延库燕工嬴造”。嬴，人名。外底部一侧有长方形烙印痕迹。

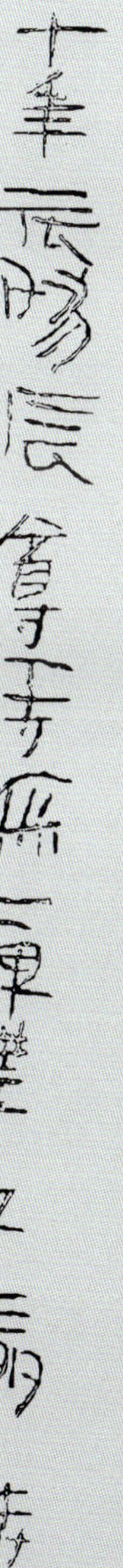

素面漆杯（标本 036）

长沙市文物考古研究所藏

◎ 木胎。一耳缺失，口、腹部分残损。残口长径 18.2 厘米，宽径 11 厘米，通高 5.1 厘米。髹漆情况同标本 111。杯外底部刻画“十年辰阳长尊丞延库燕工[illegible]造”。[illegible]，人名。外底部一侧有长方形烙印戳记，字迹不清。

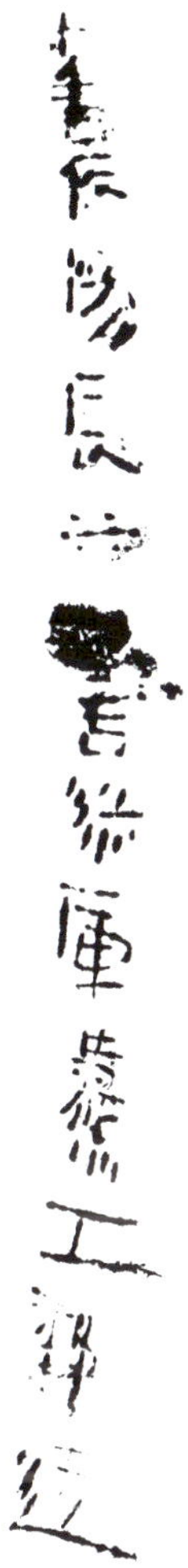

素面漆杯（标本 126）

长沙市文物考古研究所藏

◎ 木胎。一耳缺失，口、腹部分残损。残口长径 18.6 厘米，宽径 11.2 厘米，通高 5.2 厘米。髹漆情况同标本 111。杯外腹部一侧刻画“十一年辰阳长尊丞秃库燕工赢造第五十一”。秃，人名。杯外底中央有烙印戳记“仓”字。

素面漆盘（标本 038）

长沙市文物考古研究所藏

◎ 木胎。口径 27.9 厘米，通高 5.8 厘米。髹漆情况同标本 106。外腹朱漆书“沅陵”。沿背面刻画“十一年辰阳长尊丞秃库燕工就造第卅九”。就，人名。外底中央烙印戳记“仓”字。

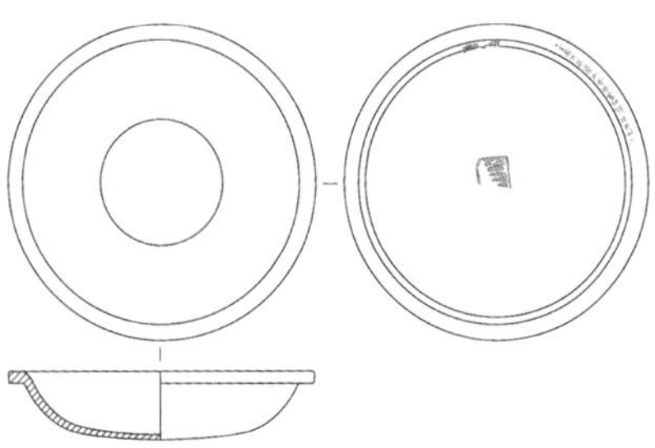

素面漆杯（标本 117）

长沙市文物考古研究所藏

◎ 木胎。耳、口、腹、底部分残损。髹漆情况同标本111。残口长径 15.8 厘米，宽径 11.5 厘米，通高 5.3 厘米。一侧耳背面刻画“充”。

素面漆杯（标本006）

长沙市文物考古研究所藏

◎ 木胎。口沿部分残损。残口长径18.7厘米，宽径13.5厘米，通高5.3厘米。髹漆情况同标本111。杯外侧上腹部朱漆书“零阳”。

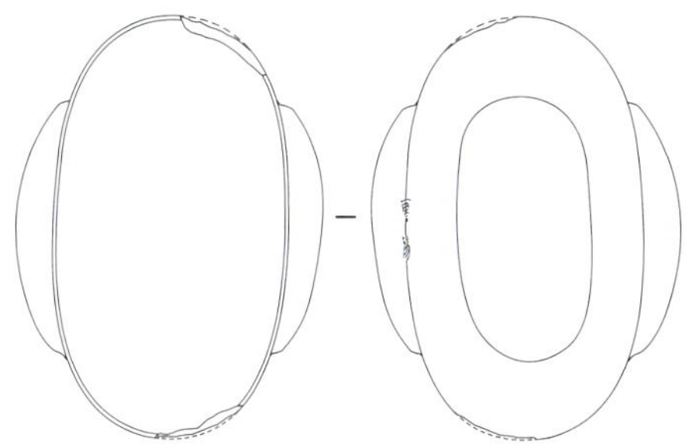

素面漆杯（标本 029）

长沙市文物考古研究所藏

◎ 木胎。耳、口、底略残。残口长径 18.1 厘米，宽径 13 厘米，通高 5.4 厘米。髹漆情况同标本 111。内底黑漆书“零”。杯外侧上腹部刻画“上”字，外底一端刻画“左”字。

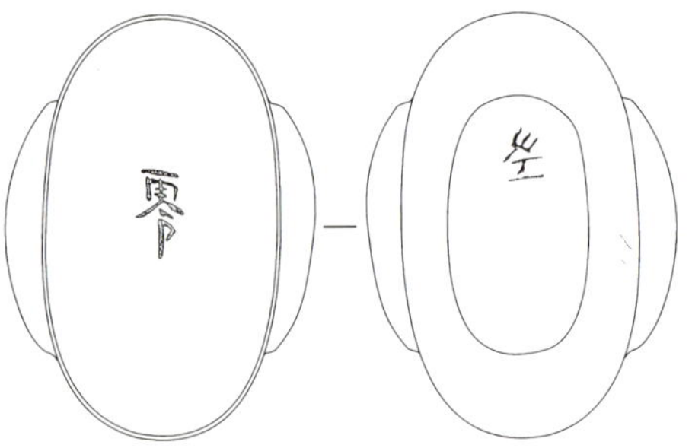

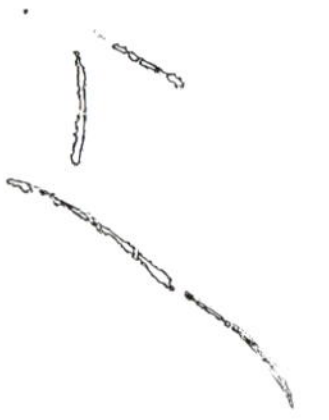

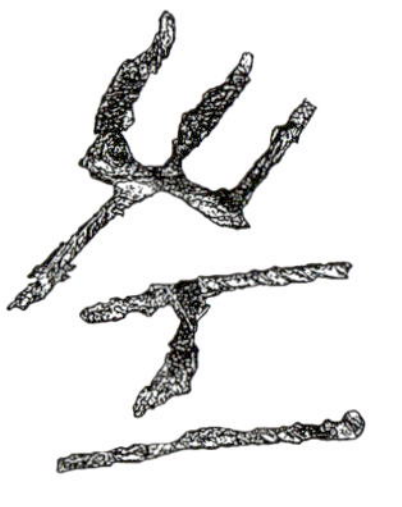

素面漆杯（标本 045）

长沙市文物考古研究所藏

◎ 木胎。耳、口沿稍残。口长径 18.2 厘米，宽径 13.7 厘米，通高 5.3 厘米。髹漆情况同标本 111。内底黑漆书“零”。杯外腹部刻画“上”字。外底中央有烙印戳记，字迹不清。

素面漆杯（标本 131）

长沙市文物考古研究所藏

◎ 木胎。口长径 18.8 厘米，宽径 13.5 厘米，通高 5.2 厘米。髹漆情况同标本 111。内底黑漆书“零”。外底一端有烙印戳记，字迹不清。

素面漆杯（标本 030）

长沙市文物考古研究所藏

◎ 木胎。耳、口沿、底部分残损。口长径 18.6 厘米，宽径 13.7 厘米，通高 5.6 厘米。髹漆情况同标本 111。内底黑漆书“零”。外底部有烙印戳记，已朽蚀。

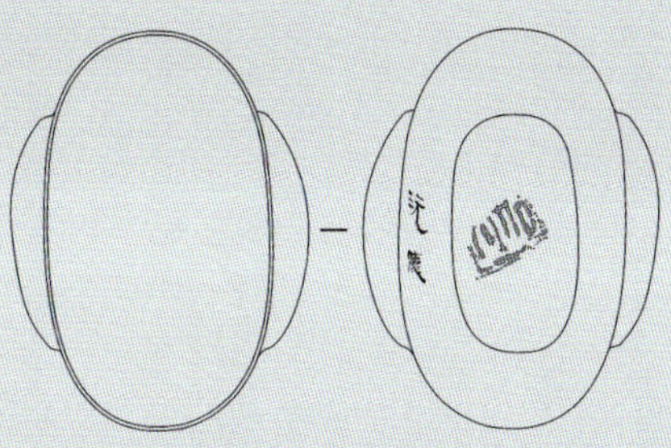

素面漆杯（标本 016）

长沙市文物考古研究所藏

◎ 木胎。口长径 18.8 厘米，宽径 13.6 厘米，通高 5.3 厘米。髹漆情况同标本 111。杯外侧腹部朱漆书“沅陵”。外底斜向烙印戳记“仓”字。

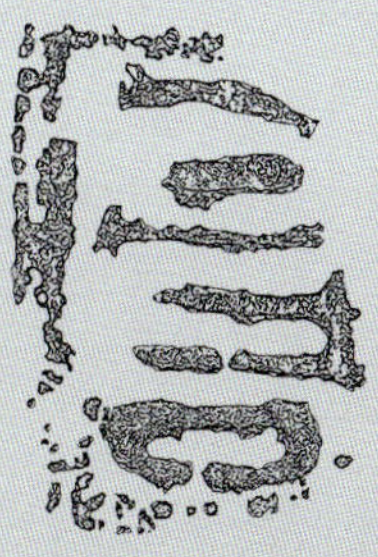

素面漆盘（标本 040）

长沙市文物考古研究所藏

◎ 木胎。口沿、底略残。口径 27.9 厘米，通高 5 厘米。髹漆情况同标本 106。外腹朱漆书“沅陵”。外底中央烙印戳记“仓”字。

素面漆杯（标本 007）

长沙市文物考古研究所藏

◎ 木胎。口、腹部分残损。残口长径 18.1 厘米，宽径 13.6 厘米，通高 5.3 厘米。髹漆情况同标本 111。外侧腹部朱漆书“门浅库”，耳背面刻画“贞”。

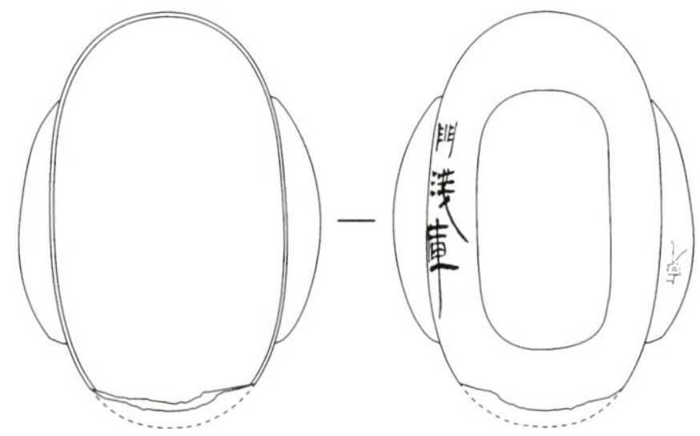

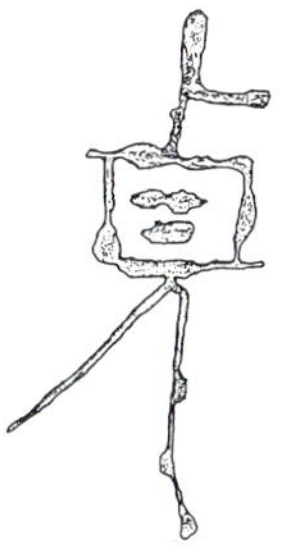

素面漆杯（标本 116）

长沙市文物考古研究所藏

◎ 木胎。一耳缺失，口、腹部分残损。残口长径 16 厘米，宽径 12 厘米，通高 5.4 厘米。髹漆情况同标本 111。外腹部刻画“朿”（？）字，填朱漆。

素面漆杯（标本 048）

长沙市文物考古研究所藏

◎ 木胎。耳、口沿略残。口长径 18.7 厘米，宽径 13.8 厘米，通高 5.2 厘米。髹漆情况同标本 111。外腹部一侧刻画“上”、“甲”，另侧耳背面刻画“中”。杯外底中央烙印戳记“仓”字。

素面漆杯（标本 068）

长沙市文物考古研究所藏

◎ 木胎。口长径 18.4 厘米，宽径 13.3 厘米，通高 5.3 厘米。髹漆情况同标本 111。杯外底中央烙印戳记“仓”字。

素面漆杯（标本 052）

长沙市文物考古研究所藏

◎ 木胎。口长径 18.6 厘米，宽径 13.9 厘米，通高 5.1 厘米。髹漆情况同标本 111。内底朱漆书“零”。外腹部刻画“上”字。外底一端有烙印戳记，字迹不清。

素面漆盘（标本 105）

长沙市文物考古研究所藏

◎ 木胎。口沿稍残。口径 28 厘米，通高 5 厘米。髹漆情况同标本 106。外底部刻画“贞”字。

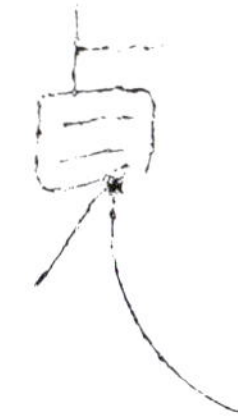

素面漆杯（标本 112）

长沙市文物考古研究所藏

◎ 木胎。耳稍残。口长径 18.8 厘米，宽径 13.8 厘米，通高 5.5 厘米。髹漆情况同标本 111。外底中央烙印戳记“仓”字。外底、外腹上腹部一侧刻画“□戊”。戳记“仓”烙印掉“□戊”部分笔画消失。

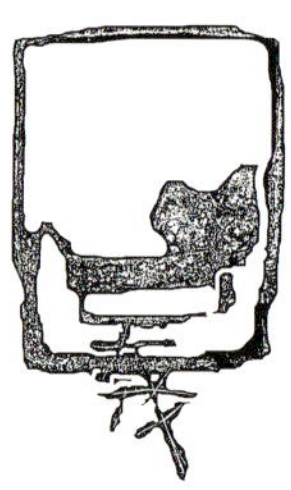

素面漆盘（标本 041）

长沙市文物考古研究所藏

◎ 木胎。口径 27.9 厘米，通高 5.9 厘米。髹漆情况同标本 106。外底中央烙印戳记“仓”字。

素面漆盘（标本 097）

长沙市文物考古研究所藏

◎ 木胎。口径 28.1 厘米，通高 6 厘米。髹漆情况同标本 106。外底中央烙印戳记“仓”字。

素面漆耳杯（标本 119）

长沙市文物考古研究所藏

◎ 木胎。一耳缺失，口、腹部分残损。残口长径 17.4 厘米，宽径 10.8 厘米，通高 5 厘米。髹漆情况同标本 111。外底一端有烙印“□中□”。

素面漆杯（标本 074）

长沙市文物考古研究所藏

◎ 木胎，两耳稍残。口长径 18.8 厘米，宽径 13.1 厘米，通高 5.1 厘米。髹漆情况同标本 111。杯外底正中有方形烙印戳记，字迹不清。

素面漆杯（标本 092）

长沙市文物考古研究所藏

◎ 木胎，两耳及口部分残损。口长径 19 厘米，宽径 14.1 厘米，通高 5.4 厘米。髹漆情况同标本 111。杯外底正中有烙印戳记，字迹不清。

叁

风篷岭汉墓出土漆器

2005年12月底，在湖南长沙望城县（现望城区）星城镇银星村一座名为“风篷岭”的山上进行房地产开发建设时，发现了一座大型竖穴岩坑木椁墓。2006年3月至10月，长沙市文物考古研究所与望城县文物管理局联合对该墓进行了抢救性考古发掘[1]。

该墓平面呈“中”字形，方向347°，被盗。在发现之前，封土连同墓葬上部已被推掉，残长30.3米，残宽14.6米，残深3.26米，整座墓葬由墓道、墓坑、题凑、椁室和套棺等组成。

该墓出土器物较多，按质地可分为陶器、铜器与铜钱、漆（木）器、玉器、水晶器、金器、鎏金器、银器、铁器、丝织品等。其中，漆（木）器有61件，主要出土于东列中室和中列中室，有盒、豆、盂、盆、盘、杯、器盖、马足等，部分漆器上朱漆书“长沙王后家杯”和“张姬櫋槃”。

根据该墓出土“五铢”铜钱等器物，发掘简报执笔者判断该墓上限为武帝元狩五年（前118），下限为东汉光武帝建武十三年（37），墓主为期间某代长沙王王后。

①长沙市文物考古研究所、望城县文物管理局：《湖南望城风篷岭汉墓发掘简报》，《文物》2007年第12期。

“张姬榜槃”彩绘云气纹漆盘（标本 M1:106-1）

长沙市文物考古研究所藏

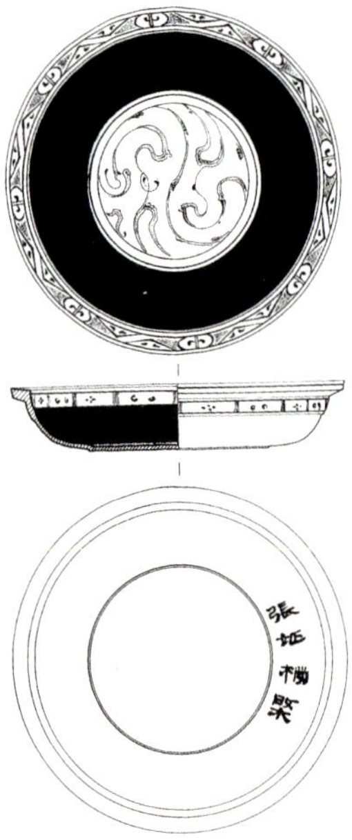

◎ 夹纻胎。口沿略残。口径11.5厘米，底径6.1厘米，高2.2厘米。口沿、内壁上部、内底及外壁髹酱色底漆，内壁其余部分髹褐色漆。沿面朱漆绘两道弦纹，弦纹间朱绘三角纹、云气纹；内壁上部及外壁上腹各有一条带状纹饰，为云气纹和四点纹，之间用竖线分隔。内底边缘绘两道弦纹，中央朱绘云气纹。盘外满施酱色漆，素面无纹。外壁下腹部朱漆书“张姬榜槃”。“姬”，或释为姬，或释为姃[1]。此字原篆作“”。熹平石经《春秋·僖廿五年》“姬”字作“”。张景碑“正”字作“”[2]。从文字形体看，三者都比较接近。而“”与“姬”字更为接近。“榜”，读为“牢”[3]。“牢盘”，应指“一种容器”，与“牢固”无关[4]。

---

①长沙市文物考古研究所、望城县文物管理局：《湖南望城风篷岭汉墓发掘简报》，《文物》2007年第12期。

②汉语大字典编辑委员会：《汉语大字典》，湖北辞书出版社、四川辞书出版社，1992年缩印本，第441、604页。

③何旭红：《对望城县风篷岭汉墓发现铭文的初步认识》，《湖南省博物馆馆刊》第五辑，岳麓书社，2009年。

④本书《西汉长沙王陵出土漆器研究述评（代前言）》。

漆盘（6件）

长沙市文物考古研究所藏

“长沙王后家杯”彩绘几何纹漆杯（标本 M1:106-2）

长沙市文物考古研究所藏

◎ 木胎。一耳缺失，口、腹部分残损。口长径 17.3 厘米，宽径 11（加耳 13.5）厘米，底长径 9.2 厘米，宽径 4.3 厘米，通高 4.8 厘米。耳、内壁上部和内底髹酱色底漆，耳面边缘、内壁上部与内底边缘均饰圆点纹和竖线纹。内壁髹赭红色漆。耳侧面与口沿外沿有两道弦纹，弦纹间饰两排圆点纹。器外壁下腹部与底结合处朱漆书“长沙王后家杯”。

漆盒（标本 M1:144）

长沙市文物考古研究所藏

◎ 夹纻胎。边长 4 厘米，残高 5 厘米。盒身外髹黑漆，内髹朱漆。口沿、中部、底部均有银扣加固，已脱落。银扣间贴饰动物纹金箔，有雀、虎、凤、鹿等，大部分已脱落。盖顶中央嵌柿蒂纹金箔，中心有一圆形小孔（原应镶嵌有玛瑙类饰物），盖肩部贴饰一周动物纹金箔，多已脱落。

漆盒（标本 M1:145）

长沙市文物考古研究所藏

◎ 夹纻胎。长 8 厘米，宽 3.6 厘米，高 6.7 厘米。盒身外髹黑漆。口沿、中部、底部均有银扣加固，已脱落。银扣间贴饰两周动物纹金箔，有凤、虎、兔、马、飞鸟等 20 余个，多已脱落。盖顶中央嵌柿蒂纹金箔，叶片中部和盖顶中央各有一圆形小孔（原应镶嵌有玛瑙类饰物），盖肩部贴饰云气纹金箔。器底髹褐色漆，素面无纹。

漆膜（M1:55-1）

长沙市文物考古研究所藏

漆膜（M1:40）

长沙市文物考古研究所藏

漆膜（M1:36-11）

长沙市文物考古研究所藏

漆膜（M1:18）

长沙市文物考古研究所藏

漆膜（M1:19）

长沙市文物考古研究所藏

漆膜（M1:109）

长沙市文物考古研究所藏

漆膜（M1:36-6）

长沙市文物考古研究所藏

漆膜（M1:36-5）

长沙市文物考古研究所藏

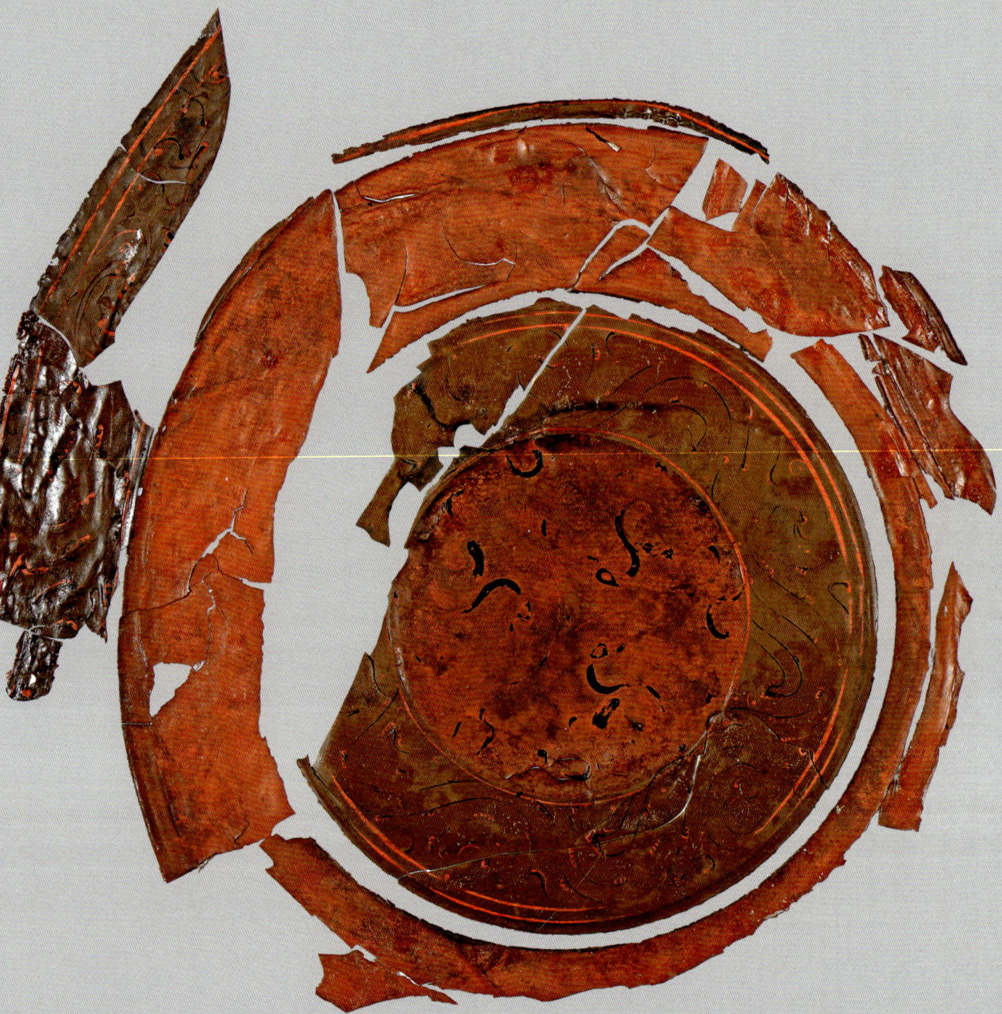

漆膜（M1:34）

长沙市文物考古研究所藏

漆膜（M1:33）正面

长沙市文物考古研究所藏

漆膜（M1:33）背面

长沙市文物考古研究所藏

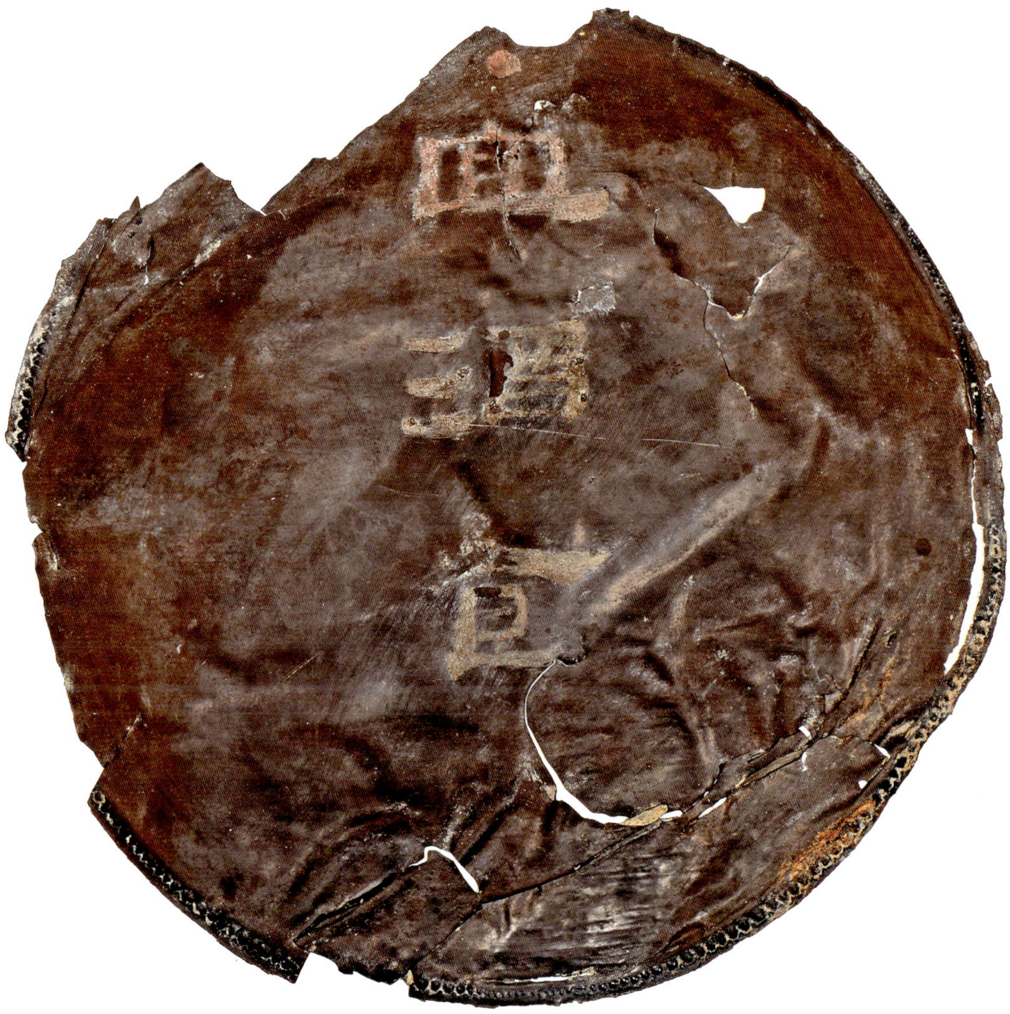

漆膜（M1:15-1）

长沙市文物考古研究所藏

漆膜（M1:15-2）

长沙市文物考古研究所藏

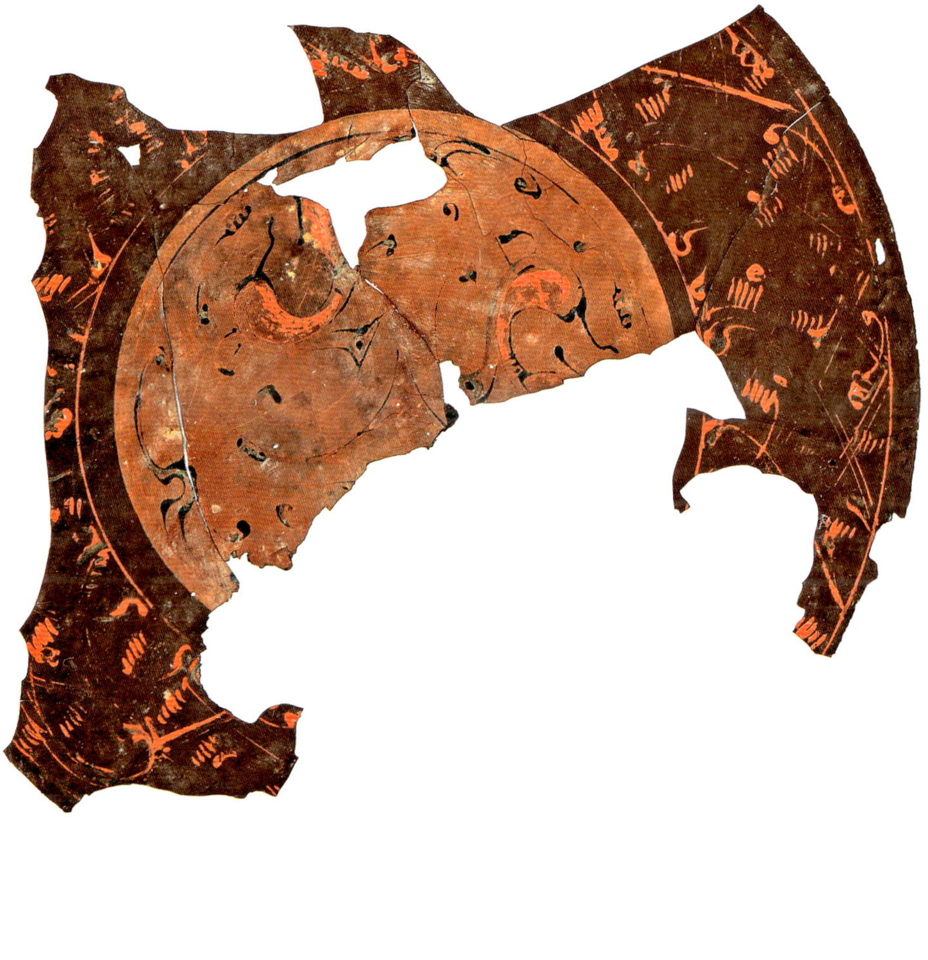

漆膜（M1:36-9）

长沙市文物考古研究所藏

漆膜（M1:3-3）

长沙市文物考古研究所藏

漆膜（M1:30-1）

长沙市文物考古研究所藏

漆膜（M1:3-7）

长沙市文物考古研究所藏

漆膜（M1:36-2）

长沙市文物考古研究所藏

漆膜（M1∶35-1）

长沙市文物考古研究所藏

漆膜（M1:35-3）

长沙市文物考古研究所藏

漆膜（M1:35-4）

长沙市文物考古研究所藏

漆膜（M1:36-7）

长沙市文物考古研究所藏

漆膜（M1:26-4）

长沙市文物考古研究所藏

漆膜（M1:46-1）

长沙市文物考古研究所藏

漆膜（M1:55-2）

长沙市文物考古研究所藏

漆膜（M1:6）

长沙市文物考古研究所藏

漆膜（M1:32）

长沙市文物考古研究所藏

漆膜（M1:36-10）

长沙市文物考古研究所藏

“永巷果般”漆膜

长沙市文物考古研究所藏

◎ 漆皮残断。永巷，秦代设置，职官有永巷令及丞。《汉书·百官公卿表》：“武帝太初元年更名……永巷为掖廷。”[1]果般，即果盘。

“中永巷”漆膜

长沙市文物考古研究所藏

◎ 漆皮残断。恰“巷”后断开，疑“巷”后有器物名铭文。中永巷，可能为官署名。

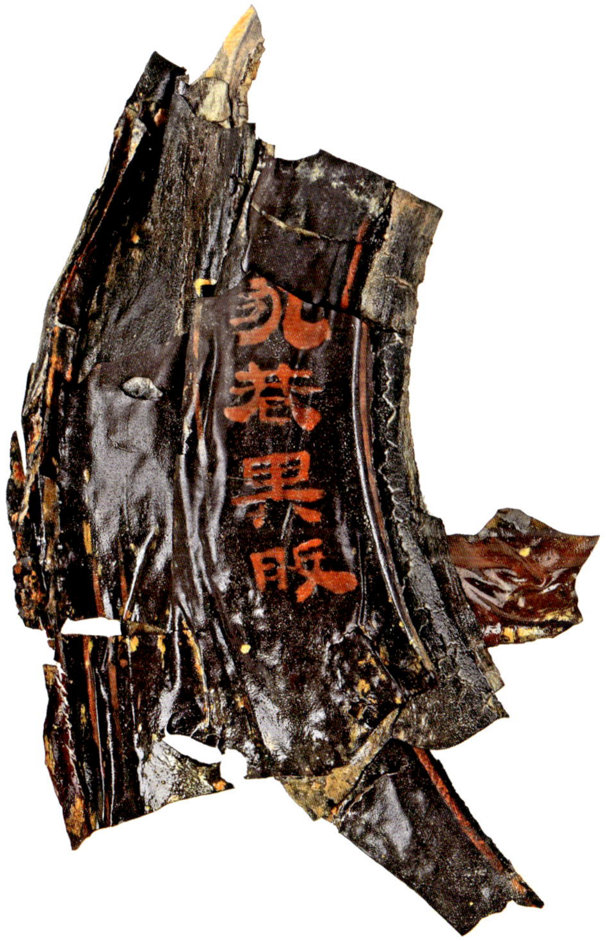

① [汉]班固撰，[唐]颜师古注：《汉书》，中华书局，1962年，第731—732页。

“中厩”漆膜

长沙市文物考古研究所藏

◎ 〼百八十

二年三月己酉中厩

驺周秀买夷廿一

二年三月己酉，推断为某代长沙王的纪年。中厩，指养马或指派驾车员吏的官署。《史记·李斯列传》：“中厩之宝马，臣得赐之。”[①] 驺，指养马或驾车的官员，应为中厩属官。《汉书·惠帝纪》：“谒者、执楯、执戟、武士、驺比外郎。”颜师古注：“驺本厩之驭者，后又令为骑，因谓驺骑耳。武士、驺以上，皆旧侍从天子之人也。”[②]

①［汉］司马迁撰，［南朝宋］裴骃集解，［唐］司马贞索隐，［唐］张守节正义：《史记》，中华书局，1959 年，第 2553 页。

②［汉］班固撰，［唐］颜师古注：《汉书》，中华书局，1962 年，第 85—86 页。

“中厩”漆膜

长沙市文物考古研究所藏

◎ ▨百八十

▨中厩

漆皮不规则断开。其文字内容疑与上片同。

“厨”漆膜

长沙市文物考古研究所藏

◎ ▨厨。

漆皮残断。“厨”前有一字之残断笔画。厨，指厨署，职官有厨长丞、厨监等。《汉书·王莽传》：“十二月，群臣奏请：‘益安汉公官及家吏，置率更令，庙、厩、厨长丞……’”[①]

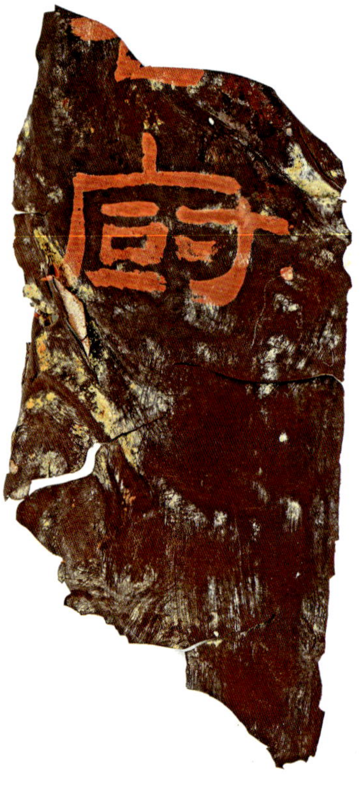

①［汉］班固撰，［唐］颜师古注：《汉书》，中华书局，1962 年，第 4086 页。

西汉长沙王陵漆器出土点分布示意图

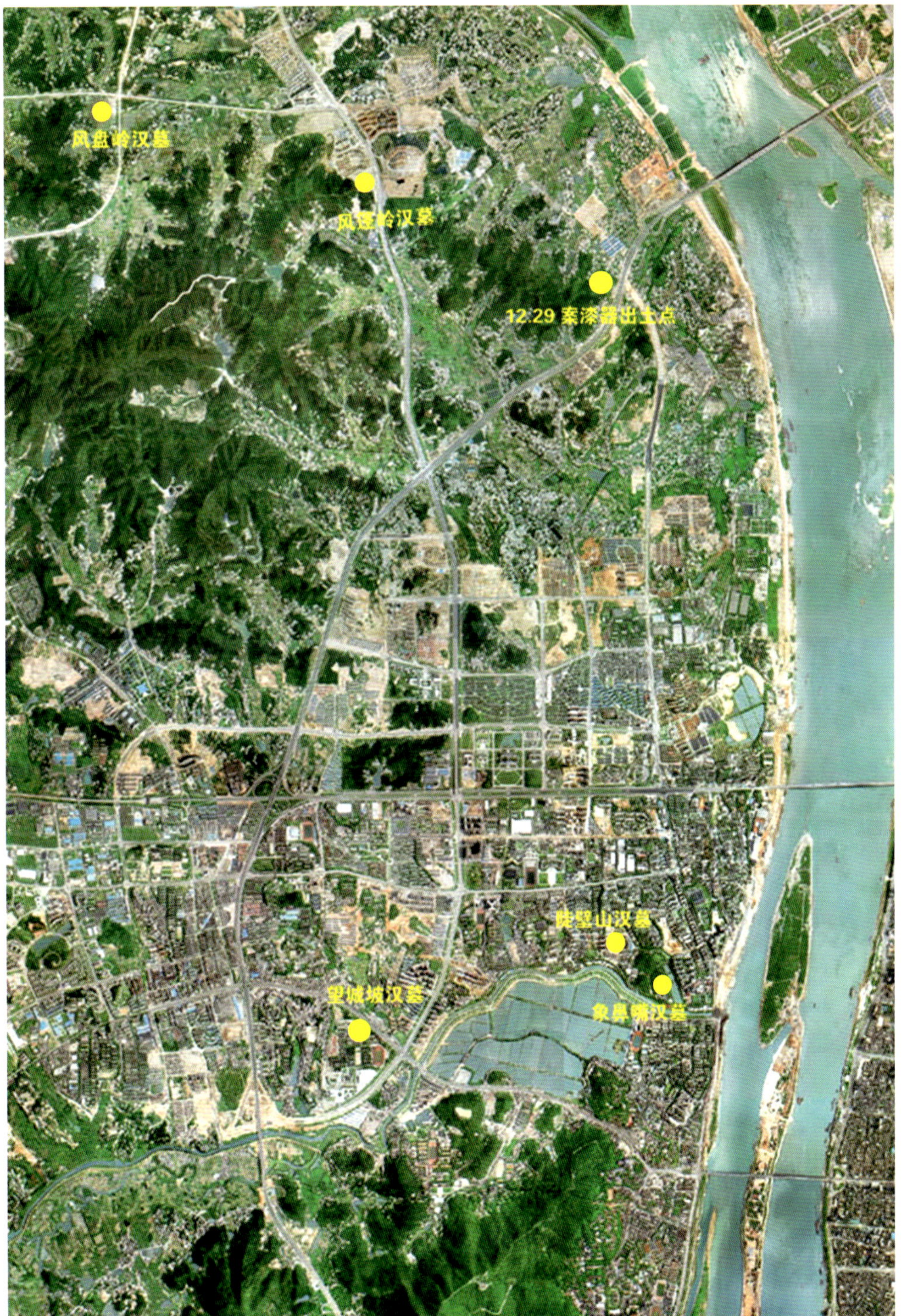

湖南长沙望城坡西汉渔阳墓发掘简报

长沙市文物考古研究所
长沙简牍博物馆

摘要：渔阳墓位于长沙市湘江西岸的咸嘉湖西侧。1993年，考古工作者对该墓进行了抢救性发掘。墓葬为带斜坡墓道的竖穴岩坑木椁墓，平面呈“甲”字形，由封土、墓道、墓坑、墓室四部分组成。虽经多次盗掘，但仍出土了大量随葬器物。其中漆器种类繁多，制作精美，而且多件漆器上有“渔阳”题记。在主墓的东、西、南面均有一个外藏坑，呈“品”字形。墓主人可能是西汉早期汉皇室的一位公主，由于政治等方面的原因而嫁给长沙王。

关键词：渔阳墓　西汉早期　皇室公主

望城坡古坟垸西汉渔阳墓位于今长沙市湘江西岸咸嘉湖西侧，东距江边约2.5公里，东南距溁湾镇约2公里。此地为岳麓山余脉的丘陵地带，岳麓山在其南侧，四周的山丘海拔为65～76米。该墓依山临湖，地势高旷，东北与陡壁山、象鼻嘴山等两座西汉早期长沙国王室墓（20世纪70年代发掘）隔湖相望，相距2公里（图一）。

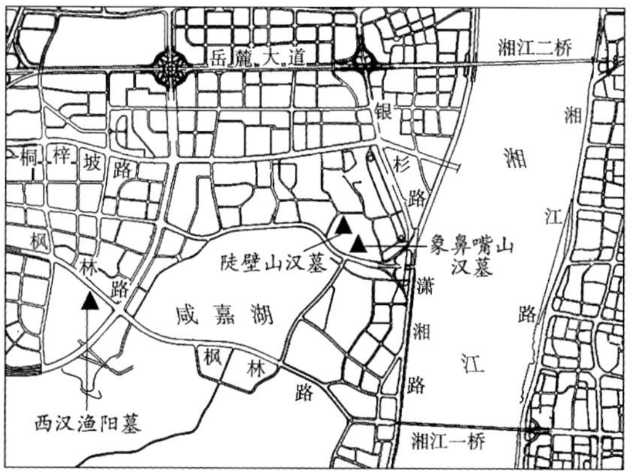

图一　墓葬位置示意图

1985年全国性文物普查时，发现了渔阳墓。1993年初进行基本建设时，将其封土推毁。1993年2月至7月，为配合基本建设，长沙市文物工作队、长沙市文物管理委员会办公室对该墓进行了抢救性发掘。现将发掘的情况简报如下。

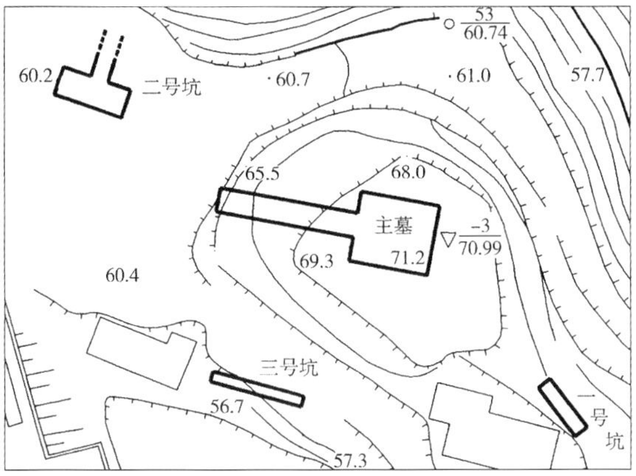

图二　主墓和外藏坑分布示意图

一、墓葬形制

该墓在一座海拔 71.2 米的山丘上，墓地现存面积一万多平方米。在其东、西、南三面各有一外藏坑（图二）。主墓为带斜坡墓道的竖穴岩坑木椁墓，平面呈“甲”字形，方向 287°，现存长度为 37 米，由封土、墓道、墓坑和墓室四部分组成（图四；图六；图七）。

（一）封土

封土圆形，高约 5 米，大部分已被建设单位的施工机械推掉。

（二）填土与盗洞

1. 填土　填土系用原坑土的风化页岩捣碎后回填，经过夯筑而成。夯层厚薄不一，每层厚 30 ~ 40 厘米。

2. 盗洞　在填土中发现 3 个盗洞，编号 D1、D2、D3（图三）。其中 D2、D3 抵达墓室外围的题凑，翻挪题凑后达到外椁顶部，然后凿断盖板进入墓室。D2 洞口平面呈椭圆形，东西径 2.7 米，南北径 2.3 米。D3 洞口平面呈椭圆形，东西径 2.6 米，南北径 2 米。D1 位于墓坑北偏西的位置，洞口平面呈椭圆形，东西

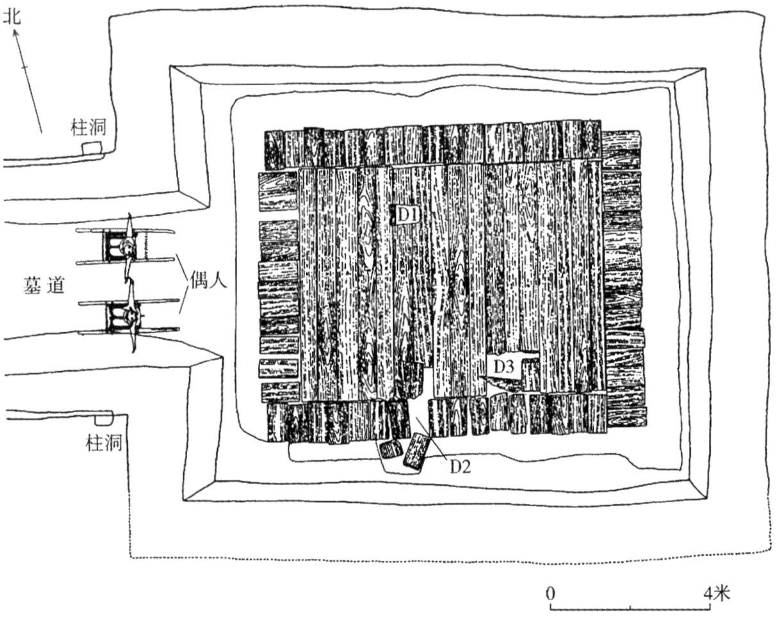

图三　墓室偶人与题凑平面图

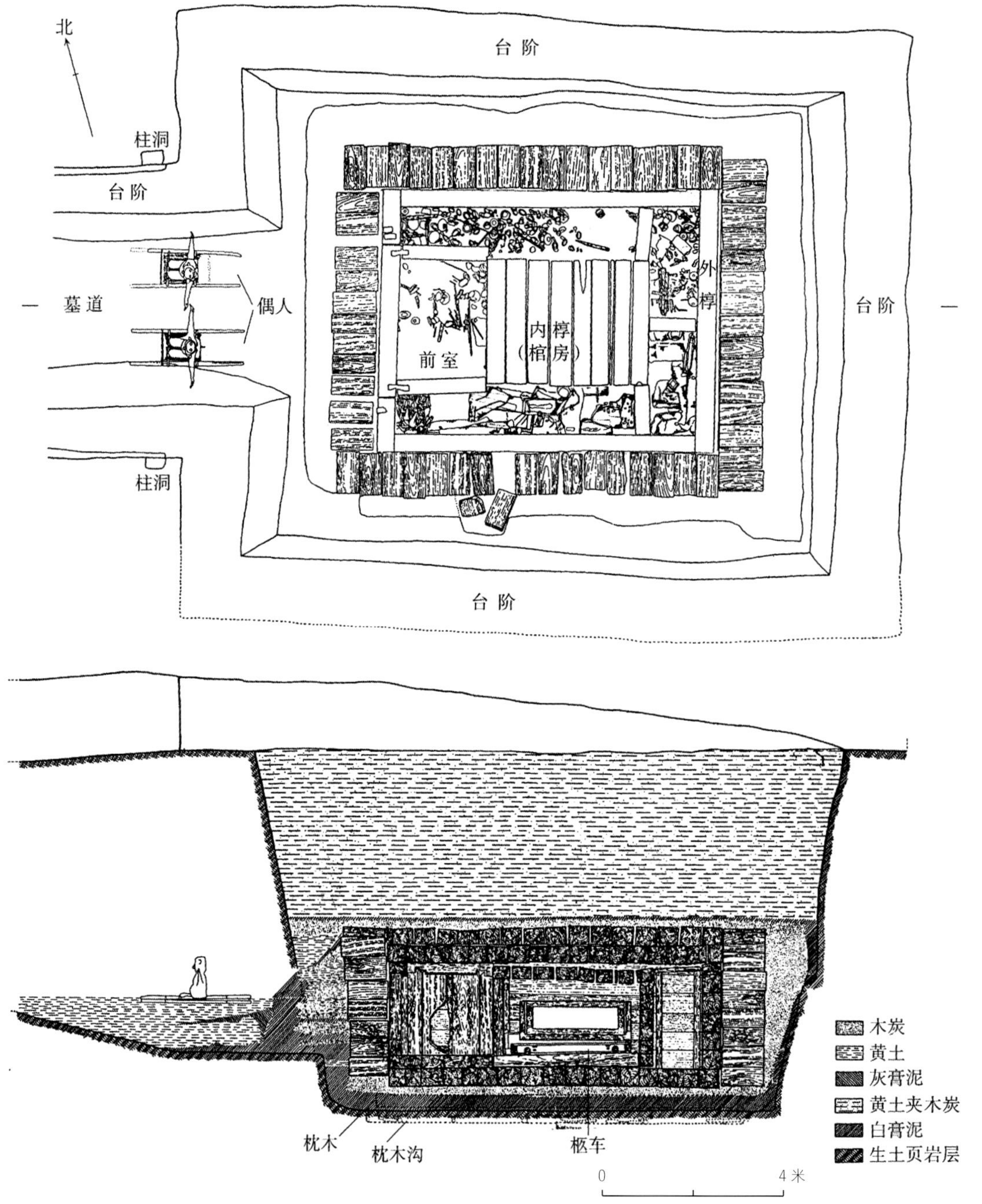

图四　墓室平、剖面图

长 1.84 米，南北宽 1.46 米，垂直打到椁顶板，在顶板上錾凿一个长 0.72 米，宽 0.52 米的方洞，直达墓室。

在 D1 盗洞里清理出盗掘者遗弃的青瓷罐、碗。青瓷四系双沿罐为敛口，双沿，肩有四系，圆腹，平底。器表施青釉。高 16.2 厘米，口径 9.6 厘米，腹径 16.2 厘米，底径 11.4 厘米。青瓷碗敞口，浅腹，饼足。器表施青釉。高 5.9 厘米，口径 17.6 厘米，足径 5.6 厘米。在盗洞里清理出漆耳杯、盂等残件。在 D3 盗洞里清理出盗掘者遗弃的草席残片、砍凿的碎木片等。从盗洞的形制及出土遗弃物分析，D2、D3 盗洞的时代为汉代，D1 盗洞的时代为唐代。

图五　偶人

（三）墓道、偶人与墓坑

1. 墓道　斜坡墓道位于墓坑西壁正中，全长 21.02 米，坡度 18°。墓道上口宽 6 米，残深 1.5 米。墓道左右两边有一层台阶，台面宽 1.3 ~ 1.4 米，此台阶与墓坑台阶处于同一平面上。墓道两边台阶各有 4 个等距分布的方形柱洞，长 0.4 ~ 0.5 米，宽 0.3 ~ 0.4 米，深 0.3 ~ 0.6 米不等。推测这些柱洞与下葬的设置或墓上建筑有关。台阶往下的墓道两壁稍内斜，墓道底宽 3.3 米。在墓道底与墓坑结合部，发现了厚达 20 ~ 30 厘米的树皮、木片和木屑，推测是制作、加工葬具时遗弃的废料。

2. 偶人　在墓道东端距墓坑西壁边 2 米、距墓道底 1 米处的填土中，发现一对偶人（图三 ~ 图五），跽坐于竹荐之上，两臂平伸作拦阻状。手臂皆木制。偶人通高 88 厘米，体厚 60 ~ 66 厘米，两臂通宽 172 ~ 184 厘米。头部用整木雕琢，五官毕具，耳、鼻单作，再用木梢衔接。脑后部平整，凿有方格状斜槽，清理时还发现丝帛残片。偶人头顶部有两个方孔，用来安装鹿角。发掘时，鹿角已跌落至座下。鹿角系梅花鹿角，叉高 130 厘米，宽 60 厘米。偶身为木骨泥胎，形体厚重，表面似施有彩绘，仅残留朱红颜色。竹荐略呈长方形，长 73 ~ 80 厘米，宽 61 ~ 68 厘米，厚 1 厘米，用细竹棍与麻绳编联，并固定于长 77 ~ 80 厘米，直径 4 ~ 5 厘米的两根南北向木棍上。偶人自肩臂处用细麻绳缠缚后下引绑系在这两根木棍上。木棍则固定在座下的东西向枱杠上。枱杠两端细，中间粗，长 235 ~ 245 厘米，径 5 ~ 10 厘米。

3. 墓坑　墓坑平面呈长方形，墓口南边受施工破坏，北、东边尚保留一段台阶，与墓道处于同一水平面，宽 1.3 ~ 1.4 米（图四）。经实测，台阶以上墓口长 15.98 米，宽 13.3 米，台阶墓口长 12.78 ~ 13.1 米，宽 10.55 ~ 10.63 米，墓口距墓底深 10 米。

墓坑向下斜收，四壁光滑，经人工修治，墓坑底部长 11.6 米，宽 9.76 米。坑底有两条平行的东西向枕木沟，沟长 8.26 ~ 8.4 米，宽 0.4 ~ 0.6 米，深 0.24 ~ 0.3 米。

墓坑填土与墓道填土一样，用原坑土回填，每层厚 30 ~ 40 厘米，夯窝直径 8 ~ 10 厘米。墓坑正中置木结构椁室，即墓室，外围环以题凑。题凑四周及椁室顶、底先铺厚 10 ~ 30 厘米不等的青膏泥，膏泥外再填塞木炭以防潮。木炭厚 35 ~ 50 厘米不等，厚薄不均。唯椁室顶部铺炭较均匀，厚 30 厘米。椁顶木炭之上覆盖青膏泥，再充塞填土（图四）。

图六　外椁盖板

图七　外椁盖板揭开后的情况

图八　前室、内椁及藏室

图九　外椁与内棺

图一〇　椁内前室北门

在墓坑内填土西面距墓道2.1 ~ 2.4米、外椁顶板以上0.5米处，发现南北向叠立6块厚木板。木板上下用竹篾编织的绳索连接，长2.73 ~ 2.85米，宽0.24 ~ 0.27米，厚0.04 ~ 0.07米，6块木板上皆凿刻文字。在墓坑北面填土中，亦东西向横置一厚木板，长2.8米，宽0.24米，厚0.05米。该木板西端与墓道北壁相靠，木板东端与6块南北向木板呈直角相接。两向木板交接处立有一木柱，用绳索与木板相连接。木柱圆形，长1.2米，径0.12米，柱根向下插入题凑缝隙之中以便固定。用木板、立柱隔置出来的空间，其填土的颜色、质地恰与墓道填土相同，而与墓坑填土有别。由此推测，墓坑填土与墓道填土不是同时填埋的。

图一一　椁外围砌的题凑木墙

图一二　内椁盖板揭开后的情况

图一三　北藏室底层出土器物

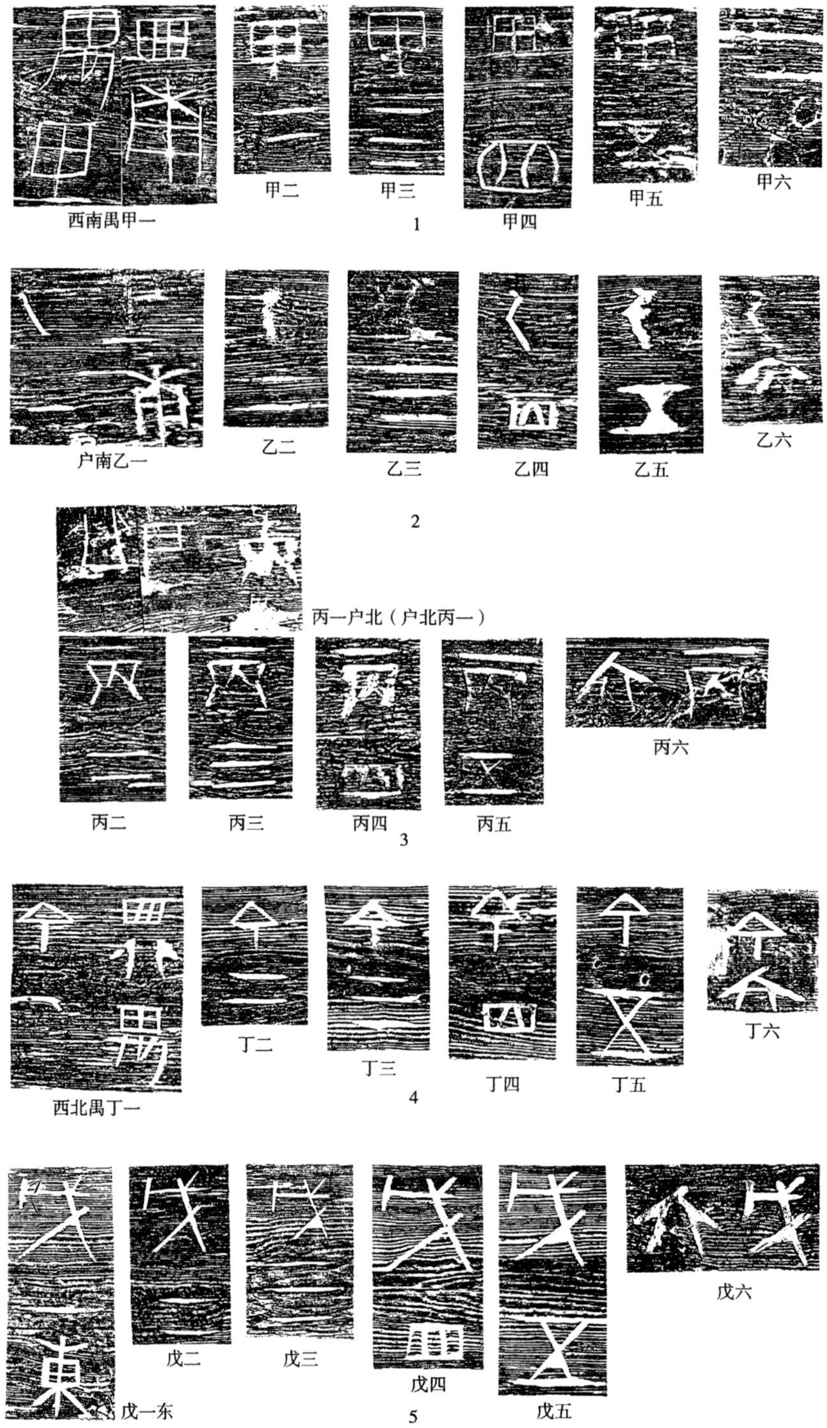

图一四　外椁墙板上刻字拓片

1. 外椁南墙板　2. 外椁西墙板南段　3. 外椁西墙板北段　4. 外椁北墙板　5. 外椁东墙板

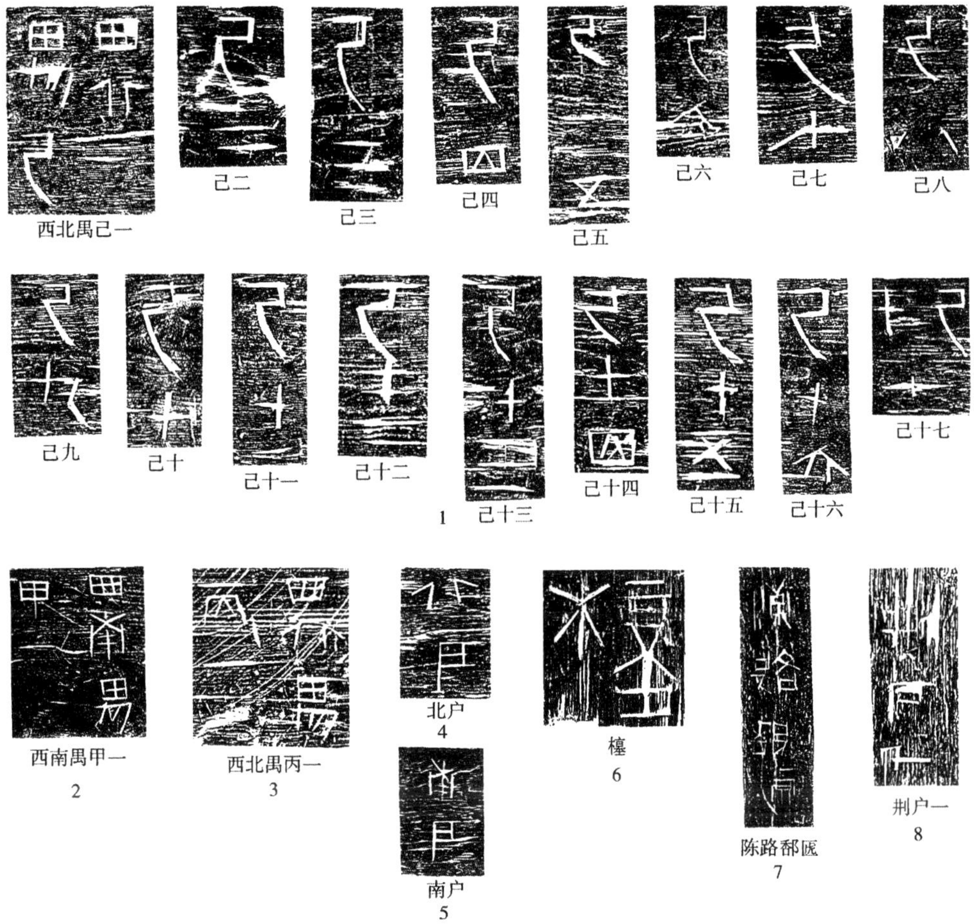

图一五　椁室墙板上刻字拓片

1. 外椁底板　2. 内椁南墙板　3. 内椁北墙板　4. 前室北门　5. 前室南门　6. 外椁盖板　7. 外椁底板　8. 南藏室门

（四）外椁室

外椁平面呈长方形，长 7.4 米，宽 5.7 米，高 3 米。由枕木、底板、墙板、盖板及椁门、藏室组成（图八）。

1. 枕木　2 根。枕木沟在墓坑底部，周边不甚整齐。枕木入槽后，其下用短木枋、木板加塞空隙，使之水平。南侧枕木长 7.86 米，宽 0.52 米，厚 0.28 ~ 0.46 米；北侧枕木长 8.08 米，宽 0.53 米，厚 0.28 ~ 0.46 米，四周填满青膏泥。

2. 墙板　四面墙板皆由枋木垒叠而成，上下间无榫接。枋木一端皆有一方孔，长 8 ~ 10 厘米，宽 6 ~ 8 厘米，深 10 厘米，内塞长方木以为栓，推测此为入藏时为抬运之便而设，事成之后便将其凿平。墙板四角的斗合方法均采用边搭榫。

南墙板共6根，长7.39米，宽0.42米，厚0.26～0.41米，边搭榫。南墙板外侧朝坑壁一面刻写编号。底起第一根西端“西南禺甲一”，依次为“甲二”、“甲三”直至“甲六”（图一四，1）。

西墙板中间开一椁门，分为南、北两段，两段皆6根，长1.16～1.18米，宽0.39米，厚0.25～0.44米。西墙板外侧朝坑壁一面刻写编号。其中南段底起第一根“户南乙一”，依次为“乙二”、“乙三”直至“乙六”（图一四，2）。北段亦同，底起第一根刻写“丙一户北”（户北丙一），依次为“丙二”、“丙三”直至“丙六”（图一四，3）。两段墙板南北两端边搭榫。与门相交一端为半搭榫，嵌入外椁门立柱凹槽中。

北墙板共6根，长7.39米，宽0.42米，厚0.26～0.41米，边搭榫。北墙板外侧朝坑壁一面刻写编号。底起第一根“西北禺丁一”，依次为“丁二”、“丁三”直至“丁六”（图一四，4）。

东墙板共6根，长5.7米，宽0.42米，厚0.28～0.42米，边搭榫。东墙板外侧朝坑壁一面刻写编号。底起第一根“戊一东”，依次为“戊二”、“戊三”直至“戊六”（图一四，5）。

3.底板　由17根长5.6～5.7米，宽0.35～0.5米，厚0.38～0.42米的枋木构成，南北向平铺在枕木上，底板枋木凿治平整。锛凿痕迹清晰可见。底板表面偏北侧凿刻编号、题记、文字及拼合时的楔口。自西向东起，第一根“西北禺己一”，依次为“己二”、“己三”以至第十七根“己十七”（图一五，1）。在第十七根枋木南端，另刻写“陈路都匧”四字（图一五，7）。自“己三”至“己十六”的枋木南端缝隙间皆凿楔口，以便组装时拼对无误。在底板上还分别用工具刻画出外椁、外椁门、前室、内椁和藏室（库房）、门柱等摆放线位。发掘后验之，皆切合其位。

4.外椁门　门两侧各有一门柱，柱高1.91米，南北宽0.44米，东西宽0.4米。两柱顶端有三角形斜边榫与方凸榫，与门楣相契合。柱下端有方形脚榫，插入门栿榫眼内。门楣长方形，断面曲尺形，长3.3米，宽0.38米，前厚0.23米，后厚0.3米。后部下垂7厘米，当起阻门之用。门楣与门柱呈45°斜角对合。门扉两扇，高1.74米，宽1.08米和1.12米，厚0.2～0.21米。

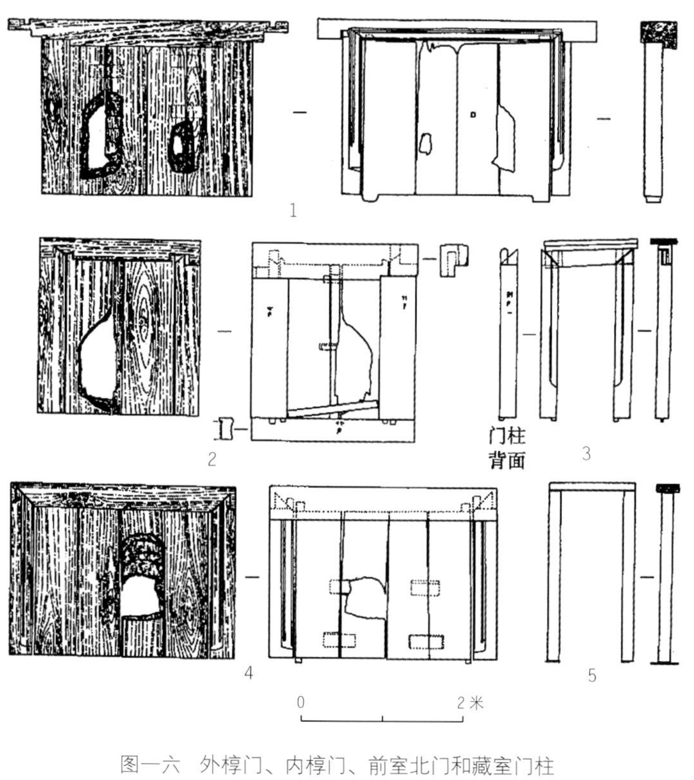

图一六　外椁门、内椁门、前室北门和藏室门柱

1. 外椁门正面（左）、背面　2. 前室北门正面（左）、背面　3. 南藏室门柱　4. 内椁门正面（左）、背面　5. 东藏室门柱

两门扉皆由两块厚木板用3个暗榫拼合而成（图一六，1）。

地栿前长2.54米，后长2.86米，宽0.5米，厚0.28米。其长出部分起挡固西外椁墙板的作用。两端凿有纳门斗的轴窝和门柱榫的方榫眼。

5. 盖板　由17根枋木南北向平铺而成。长5.66 ~ 5.73米，宽0.33 ~ 0.44米，厚0.38 ~ 0.42米。有5根遭盗掘者破坏。枋木表面中部凿刻编号和拼合时的楔口，自西向东第一根背面中部刻写“西一”，自第二根起依次为“二”、“三”直至“十七”。第八根背面北端刻写“櫜”（椁？）（图一五，6）。

（五）前室

内、外椁门之间的空间形成前室，其两侧设门，与南北藏室相通。底部用4根枋木南北向平铺而成，长2.82 ~ 2.85米，宽0.15 ~ 0.5米，厚0.24 ~ 0.28米，枋木边沿之间凿刻楔口记号。自东向西至外椁门栿东侧，第二、三根之间凿刻3道竖槽，第三、四根之间凿刻4道竖槽，第四根与地栿之间凿刻5道竖槽。

1. 南门　两侧各有一门柱，柱高1.87米，宽0.3米，厚0.15 ~ 0.3米。两柱上端用边角榫、长方形暗榫与门楣扣合，东柱背面上部刻写“南户”二字（图一五，5）。门楣长方形，长1.91米，宽0.3米，前厚0.19米，后厚0.35米。顶部西端凿腰榫，与外椁门楣嵌合。门楣底部近中刻一“南”字。门扉两扇，残宽0.51米和0.55米，高1.82米，厚0.08米，均遭盗墓者砍凿。地栿长方形，长1.97米，宽0.18米，厚0.35米。在地栿背面中央也刻写“南户”二字。

2. 北门　形制尺寸与南门相同。唯两门柱背面上部均刻写“北户”二字，其西门用两块厚木板拼合。地栿背面中上刻写“北户”（图一〇；图一五，4；图一六，2）。

（六）内椁室

内椁　位于前室东侧，平面呈长方形，长3.47米，宽2.7米，高2.16米。由底板、墙板、椁门、盖板组成（图一二）。

1. 底板　由7根枋木东西向平铺排列而成，长3.46 ~ 3.47米，宽0.28 ~ 0.38米，厚0.3 ~ 0.32米。南起第一根东端刻写一“南”字。

2. 墙板　东、南、北三面的墙板皆由枋木沿底板边缘叠垒而成，在墙板内壁上发现朱漆残痕。墙板东北、东南两角的斗合方式均采用边搭榫。南墙板共有5根，长3.27米，宽0.29米，厚0.26 ~ 0.36米。南墙西端外表凿刻文字编号，底部第一根刻有“西南禺甲一”（图一五，2），依次为“甲二”、“甲三”。东墙板共有5根，长2.7米，宽0.29米，厚0.23 ~ 0.35米。东墙中部外凿刻文字，底部第一根刻有“乙一”，以上依次为“乙二”、“乙三”。北墙板共有5根，长3.27米，宽0.31 ~ 0.34米，厚0.26 ~ 0.36米。北墙西端外表亦凿刻编号，底部第一根刻“西北禺丙一”（图一五，3），依次为“丙二”、“丙三”。三面墙板第四根、第五根皆无编号。

3. 内椁门　门扉两侧各有一门柱，自外向内收分并雕刻棱线。门柱北柱高1.95米，南柱高1.97米，皆宽 0.26 ~ 0.28 米，厚 0.16 ~ 0.23 米。两柱上端有斜边榫与长方形暗榫，下端有方形脚榫，落入底板的榫眼内。南柱外侧中刻写一“南”字。支柱立于左、右门柱之后，长 1.55 米，宽 0.22 米，厚 0.12 米。上下端皆有边榫，西北角支柱上端刻写“西北”二字。门楣长方形，断面呈曲尺形，后部下垂 22 厘米，起阻门之用，长 2.7 米，宽 0.4 米，前厚 0.3 米，背厚 0.52 米。门扉两扇，高 1.7 米，宽 0.8 米和 1 米，厚 0.2 米，每扇门皆用两块厚木板拼对而成，有暗榫两个。左门中凿一孔，似用来嵌铺首；右门已被破坏。不设地栿，直落入底板的轴窝内（图一六，4）。

4. 盖板　由 8 根枋木南北向平铺。长 2.69 ~ 2.72 米，宽 0.08 ~ 0.48 米，厚 0.27 ~ 0.29 米。木材为梓木，未见刻记。

（七）套棺

长方形两重棺，两棺紧密套合，置于内椁室后部。出土时外棺盖已被盗掘者掀翻在底板之上（图九）。

1. 外棺　外棺长 2.42 米，宽 1.06 米，高 1.01 米，板厚 0.13 米。四角用燕尾榫相套合，墙板与底板用凸凹榫连接，盖板与棺身采用凸凹边榫嵌接，外部接缝处用腰榫连接。

2. 内棺　内棺盖板两端及侧板已遭盗掘破坏，长 2.14 米，宽 0.74 米，高 0.58 米。棺盖面微鼓，底板厚 0.24 米，其余板厚 0.14 米。四角用落槽凸凹接榫套紧，盖板与棺身用凸凹边榫嵌接。

两棺内外壁用多层麻布衬底，外髹黑漆。外棺黑漆上施有朱红彩绘，已经漫漶，纹饰大致为龙凤云气纹。棺内尸骨无存，葬式不明。

3. 柩车　套棺之下置载柩车，或谓“辁轴”。长方形框架，长 2.56 米，宽 1.1 米，高 0.22 米。由边框、支枋、滚轮组成。两支枋各距边框 0.35 米，长 0.88 米，宽 0.1 米，厚 0.25 米。滚轮圆形，长 0.88 米，直径 0.13 米。

（八）藏室（库房）

外椁室内除前室、内椁室之外，其余的空间部分属于藏室，又称“库房”。平面呈“凹”字形，分为南藏室、北藏室、东藏室三部分。南、北藏室的西端均有门通前室，东端有门通东藏室，门柱上分别錾刻文字。东藏室中有一门，将藏室分为南室与北室。三藏室平面均呈长方形，南藏室长 5.26 米，宽 0.8 ~ 1.1 米，北藏室长 5.24 米，宽 0.8 ~ 1.16 米，东藏室长 4.95 米，宽 1.1 米。藏室内遍置随葬器物。

1. 南藏室门　通高 2 米，宽 1.05 米。门柱高 1.88 米，宽 0.2 米，厚 0.16 米。上端呈 45° 与门楣对合，内用暗榫相扣。下端有榫，落入外椁底板的榫眼中。门柱正面向内收分，收分部分雕刻棱线数道，北柱背面刻写“荆户一”（图一五，8）。门楣长 1.05 米，宽 0.25 米，厚 0.12 米。门楣之上又叠压两块厚木板（图一六，3）。

2. 北藏室门　通高 1.88 米，宽 1.1 米。门柱高 1.8 米，宽 0.2 米，厚 0.15 米。南门柱背面刻写“荆户二”。门楣长 0.7 ~ 1.1 米，高 0.27 米，厚 0.15 米。门楣上叠压一块厚木板，板面刻记一“北”字。

3. 东藏室门　通高 2.17 米，宽 1 米。门柱长 2.05 ~ 2.08 米，宽 0.14 米，厚 0.14 米，柱底加塞薄垫板。门楣为一厚木板，长 1 米，宽 0.26 米，厚 0.13 米（图一六，5）。

（九）题凑

题凑保存完好，为楠木。紧贴于外椁四周，贴地层层垒叠，端头朝向椁壁，除封门题凑为 7 层外，自上而下均为 8 层，每层根数略等（图四；图一一）。为求平整，常见题凑上下左右之间垫塞大小不等的木板、木条、木块等。关于题凑的叠砌顺序，推测为先垒东墙，然后以此为基线，叠铺南、北墙，西墙则预先留出外椁门的位置，再按南、北段分别叠砌。最后，完成外椁门的封堵墙。南、北题凑贴靠东题凑端头，西题凑贴靠南、北题凑端头。

东向题凑第一层 15 根，第二至八层各为 16 根，长 0.89 ~ 0.98 米，宽 0.2 ~ 0.49 米，厚 0.38 ~ 0.48 米。南向题凑每层 17 根，长 0.8 ~ 0.99 米，宽 0.38 ~ 0.48 米，厚 0.38 ~ 0.47 米。北向题凑第一层 17 根，第二至八层各为 18 根，长 0.8 ~ 0.99 米，宽 0.38 ~ 0.5 米，厚 0.38 ~ 0.47 米。

图一七　题凑上的题记拓片

西向题凑分为南、北两段，自上而下皆为 8 层，每层 3 根，长 0.9 ~ 0.96 米，宽 0.39 ~ 0.49 米，厚 0.39 ~ 0.49 米。北段南起第一根题凑正面刻凿题记，为“肏（渔）阳是（题）凑广一尺……广□尺八寸”（图一七）。

封门题凑东西向平铺，第一层 5 根，第二至七层均为 7 根，长 0.86 ~ 0.97 米，宽 0.3 ~ 0.5 米，厚 0.32 ~ 0.46 米。

经统计，东墙题凑 127 根，南墙题凑 136 根，北墙题凑 143 根，西墙题凑 48 根，封门题凑 47 根，合计 501 根。

二、外藏坑

外藏坑分布于主墓的东、西、南面（图二），皆为岩坑竖穴，现分述如下：

一号坑位于主墓东南约 260 米，长条形，坑壁四周不甚规则，上部已遭施工破坏。长 9.35 米，宽 2.45 米，现存深度 0.6 米，方向 336°。出土器物皆为火候较低的泥质灰陶器与火候较高的印纹硬陶器，其中泥质灰陶的器形有鼎、盒、瓮等，印纹硬陶的器形为大口罐（图一八）。

二号坑位于主墓墓道西北侧，东壁距现存墓道口约 200 米，东西长 11.6 米，南北宽 4.5 米，深 2 米，方向 40°。坑壁规整，填土为黄褐泥沙土，并夹杂少量河卵石。平面呈“凸”字形，底部平整，坑底四角及边缘均有方形柱洞。陪葬品已腐朽不见，仅清理出少量粘贴在地面的朱绘漆皮，在坑底东北角清理出一个锈蚀严重的铁环。初步推测为陪葬的车马坑。

三号坑位于主墓南侧约 240 米处，方向 300°。长条形，长 14.6 米，宽 1.2 米，深 0.45 米。坑北端遭施工机械破坏，坑壁边缘已不规整。随葬物品分 3 段堆积，皆为陶质牲、禽动物俑，100 余件，种类有牛、猪、羊、狗、鸡、龟、蛇等（图一九）。

三、随葬器物

此墓经多次盗掘，随葬器物的位置多有移动且损坏严重。按其质地可分为金、玉、石、铁、漆木、骨角、陶器和纺织品等。漆木器种类繁多，有耳杯、盘、盒、盂、壶、卮、匜、案、几、匕、磬、排箫、琴、瑟、筑、陆博、砚盒、奁盒、具杯盒、伞、杖、方器座、俑，以及木质象牙、犀角等。纺织品皆朽无存，但是在墓中出土的一批木楬上，记载了大量纺织品的名称、数量。整理是按前室（A 区）、北藏室（B 区）、

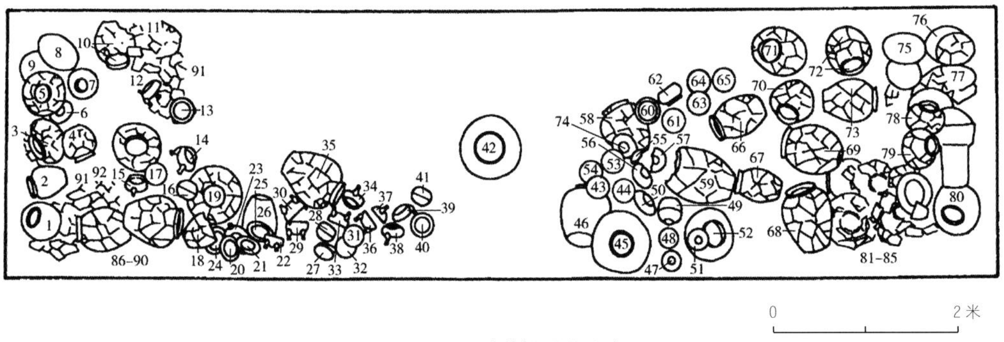

图一八　一号外藏坑器物分布图

1、2、4、6～11、18、19、26、35、45、46、52、58、59、66～71、75～90. 印纹硬陶罐　3、5、42、72、73、91、92. 陶瓮　12、14、15、17、20～25、27、29～34、36～40. 陶鼎　13、16、28、41、43、44、47～51、53～57、60～65、74. 陶盒

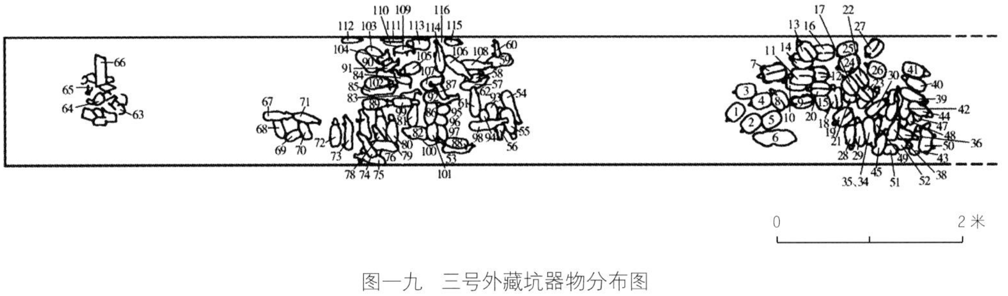

图一九　三号外藏坑器物分布图

1～5、7～27. 陶鳖　6. 陶鸡　28、39～41、59、71、72、82、90、92、102、105～107、110、113. 陶牛　29～32、34～38、42～58、61、62、67～70、73～81、83、86、88、89、93～101、114. 陶猪　33、84、85、87、91、103、104、108、109、111. 陶羊　60、112、115. 陶狗　63. 陶片　64、65. 陶鼎足　66. 陶方炉　116. 陶蛇头

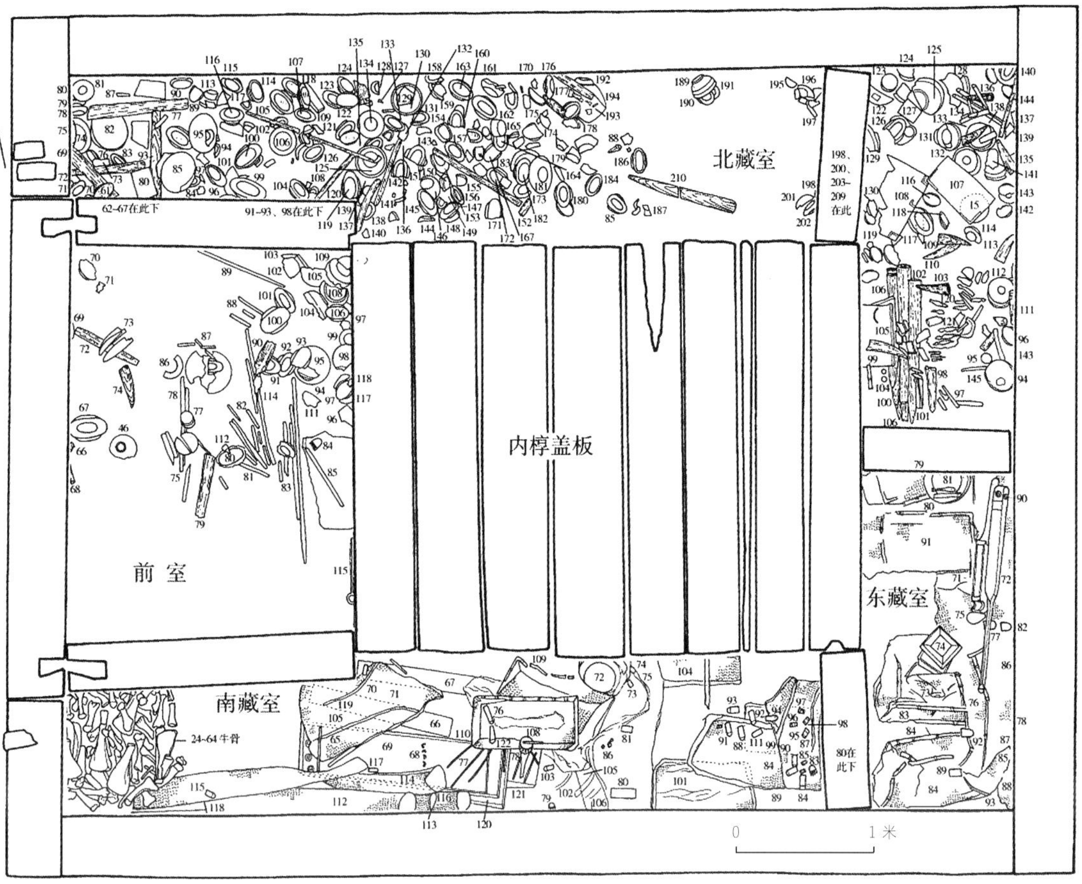

图二〇　墓室随葬器物（第二层）分布图

前室（A 区）第二层器物

66、71、107、112、118. 漆案足　67、70、80、91～94、96、97、99～102、103、106、110. 漆耳杯　68、72、78、79、87. 圆木　69. 大漆盘　73、74. 木犀牛角　75、81、82. 圆木棒　76. 漆卮盖　77. 漆卮　83. 小木棒　84. 木梳　85. 木棒　86. 玉环　88、89. 圆木棍　90. 木象牙　95. 漆盂　98、104、108、109. 漆盒　105. 小漆盘　111、114. 木俑　113. 木勺　115. 漆环柄器　116. 漆案　117. 漆盆

北藏室（B 区）第二层器物

61～62、64～66、70、71、74、76、78～80、83、84、87～92、94、96、98～100、103～105、107～117、119、121～124、126、128、131、133、135～139、142～145、147～151、153～164、166～176、178、180、182、184～187、190～192、195～200、202～208. 漆耳杯　63、67、81、93、125、130、183、189. 漆盒　68、69. 木头　72. 青瓷四系双沿罐　73. 木俑　75、82、95、209. 漆盆　77、86、118、177、210. 木象牙　85. 大漆盂　97. 木块　101、193. 漆盂　102. 竹棍　106、132、181. 漆盘　120、152. 木棍　129. 青瓷碗　127、140～141、188. 漆片　134、146、179、201. 漆盒盖　165. 漆卮　194. 漆匜

东藏室（C 区）第二层器物

71、72. 漆木筑　73. 漆坐具　74. 漆黛砚　75. 瓢形器　76. 竹席　77. 竹笥木牌　78、83、84、86～88、91、93. 竹笥　79. 大漆盒　80. 小木鱼　81、82、89、92. 木牌　85. 木质封泥匣　90. 漆木小壶　94、126、128、129、139. 漆盘　95. 漆卮底　96、114、116、118、119、124、130、131、140、142. 漆耳杯　97. 小木棒　98～100、102、103、106、110、111、113、127. 木象牙　101. 木锤　104. 漆骰子　105、107、108. 漆博局盘　109、117、133、135～137. 木犀牛角　112、132、138、143. 木璧　115、141. 小漆盘　120、121. 小木俑　122. 木锄　123. 漆卮　125. 漆盆　134. 木锤及木棒　144. 漆匜　145. 木柄

南藏室（D 区）第二层器物

24 ～ 64. 牛骨　65、76、90、99、101、104、109. 竹笥　66、67. 漆几　68、71. 漆瑟枘　69、70、120、121. 漆木瑟　72. 漆奁　73 ～ 75、81 ～ 84、87、88、91 ～ 94、100、103、111、115、117、122. 木楬　77、78. 伞骨　79. 木梳　80. 木板　85、89、95 ～ 98、110. 木质封泥匣　86. 动物骨骼　102. 丝织品　105、106、112 ～ 114、116. 竹席　107. 木筑　108. 伞盖头　118. 木柄　119. 漆木五弦筝

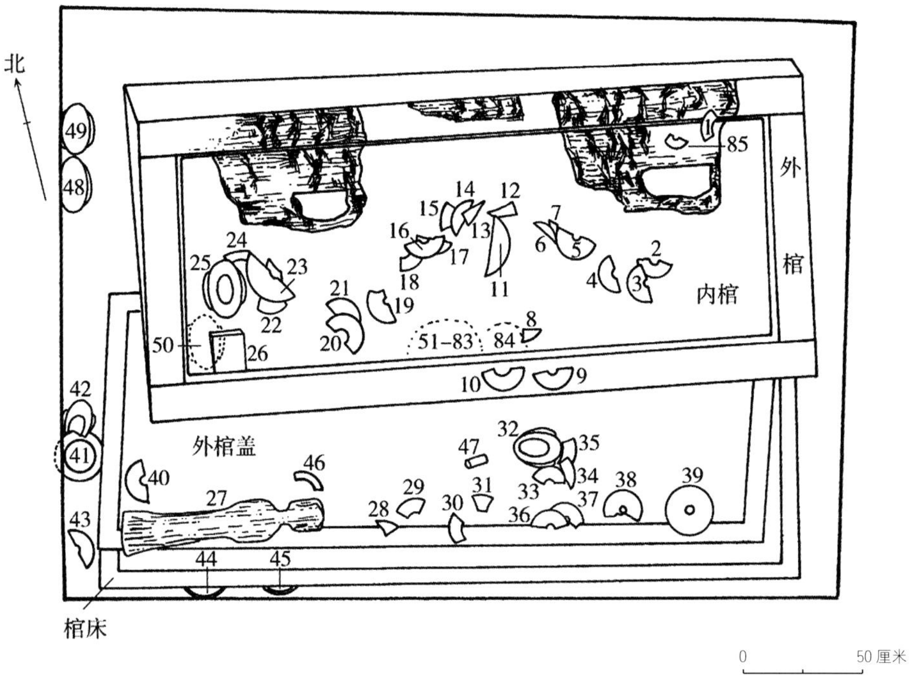

图二一　内椁、外棺随葬器物（第一层）分布图

1 ～ 10、12 ～ 24、28 ～ 31、33 ～ 38、39、44 ～ 46、85. 玉璧　11、40、43. 玉环　25、32、42、48 ～ 50. 漆耳杯　26. 木方座　27. 木俑　41. 漆盒　47. 木楬　51 ～ 83. 金扣饰　84. 头发

东藏室（C 区）、南藏室（D 区）、棺室（E 区）分区进行，各区编号独立排序，互不相连（图一三；图二〇；图二一）。下面择要介绍。

（一）金器

金扣饰　33 颗（E:51 ～ 83）。从内棺的夹缝中清理出来。半球状，外饰三重花瓣纹，平底内凹，中有一横梁，用来穿系丝绶。高 0.5 ～ 0.6 厘米，直径 0.7 ～ 0.9 厘米，重 2 ～ 3 克，总重约 69.5 克。其风格殊异，疑是舶来品。

（二）玉器

发现时已被打碎，散落在内椁四周、内棺盖板与棺内，计 40 余块，经过修复、拼缀后有 23 件，以玉璧为主。

环　1件（E:11、40、43）。环体轻薄，晶莹润泽。两面纹饰相同，均为4条首尾相交的螭龙图案，边缘有对称的4个穿孔，孔径约0.2厘米。直径17.1厘米，好径7厘米，厚0.2厘米（图二二，1；图二三）。

环　1件（A:84、E:24）。青玉。已残缺，由两片拼接，两面皆刻谷纹。直径18.9厘米，好径10厘米，厚0.6厘米（图二二，2）。

璧　1件（E:44、45）。青玉。两面纹饰相同，均以绹纹带间隔，内周饰蒲纹，外围饰简化龙纹。直径25.7厘米，好径5厘米，厚0.8厘米（图二二，3；图二四）。

图二二　玉器

1. 环（E:11、40、43）　2. 环（A:84、E:24）　3. 璧（E:44、45）（1/7）

图二三　玉环（E:11、40、43）

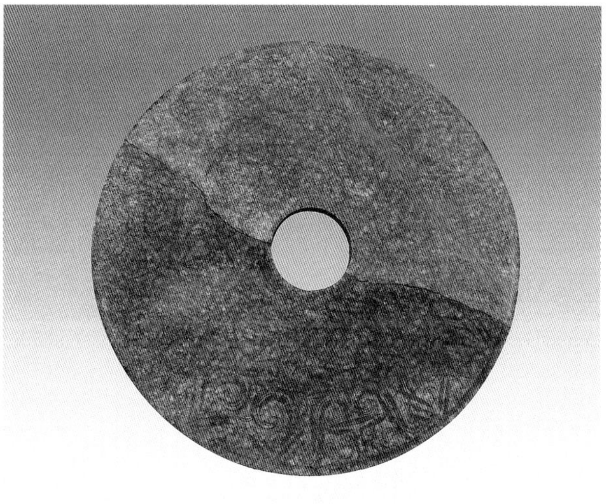

图二四　玉璧（E:44、45）

（三）漆木器

长方形奁　1件（A:50）。长方形漆盒，木胎，已残损。盖为盝顶，盒身浅直腹，平底。外髹黑漆，内髹朱漆。盖顶朱绘云气纹，并用墨绿色双勾，盖身斜面与盒身朱绘三角卷云纹。长84厘米，宽50.6厘米，通高14.6厘米（图二六，3）。

银扣双层六子漆奁　1件（D:72）。夹纻胎，已残损。双层盒身，启盖后上层盖身即为下层盒盖。下

图二五　银扣双层六子漆奁及内装小盒

1. 小圆盒　2. 奁盒　3. 奁盖　4. 椭圆形小盒　5. 长方形小盒

层盒内盛放 6 件长方形、圆形、椭圆形的小漆盒。盖顶正中为银质柿蒂纹，盖缘、盖壁有 5 道银扣，小漆盒亦饰银扣、柿蒂纹。通体髹黑漆，奁盖周身及小漆盒针刻云气纹、凤鸟纹、几何形纹，并朱绘点线于其中。盖径 32 厘米，内盒径 30.4 厘米，通高 17.2 厘米（图二五）。

双层七子漆奁　1 件（C∶156）。形制与 D∶72 相似，已残损。双层盒身，下层盒内盛放 7 件圆形、椭圆形、长方形、马蹄形的小漆盒。通体髹黑漆，针刻凤鸟、云气、几何形纹，并点缀朱色点线。盖径 31.2 厘米，内盒径 30 厘米，通高 16 厘米（图二七）。

奁盖　4 件。标本 C∶79，木胎，奁身已不存。盖面微隆，周边依次递减，形成三级台面。通体髹黑漆，盖中心朱绘双首连体凤鸟纹，周绕 3 只凤鸟及云气纹，三级台面和盖壁朱绘云气纹和几何纹。直径 30.5 厘米，盖高 8.8 厘米（图二六，2；图二八；本书第 14 页）。

标本　B∶348，仅余盖面，盖沿及奁身皆已不存。盖面形制与标本 C∶79 同，顶部朱、绿两色漆绘 3 组缠绕的凤鸟纹，其间点缀羽纹、云气纹和逗点纹，台面饰云气纹、逗点和弦纹。直径 30.5 厘米，残高 2.3 厘米（图二六，1；图二九；本书第 15 页）。

图二六　漆器

1、2. 奁盖（B∶348、C∶79）　3. 长方形奁（A∶50）　4. 圆盒盖（A∶70）

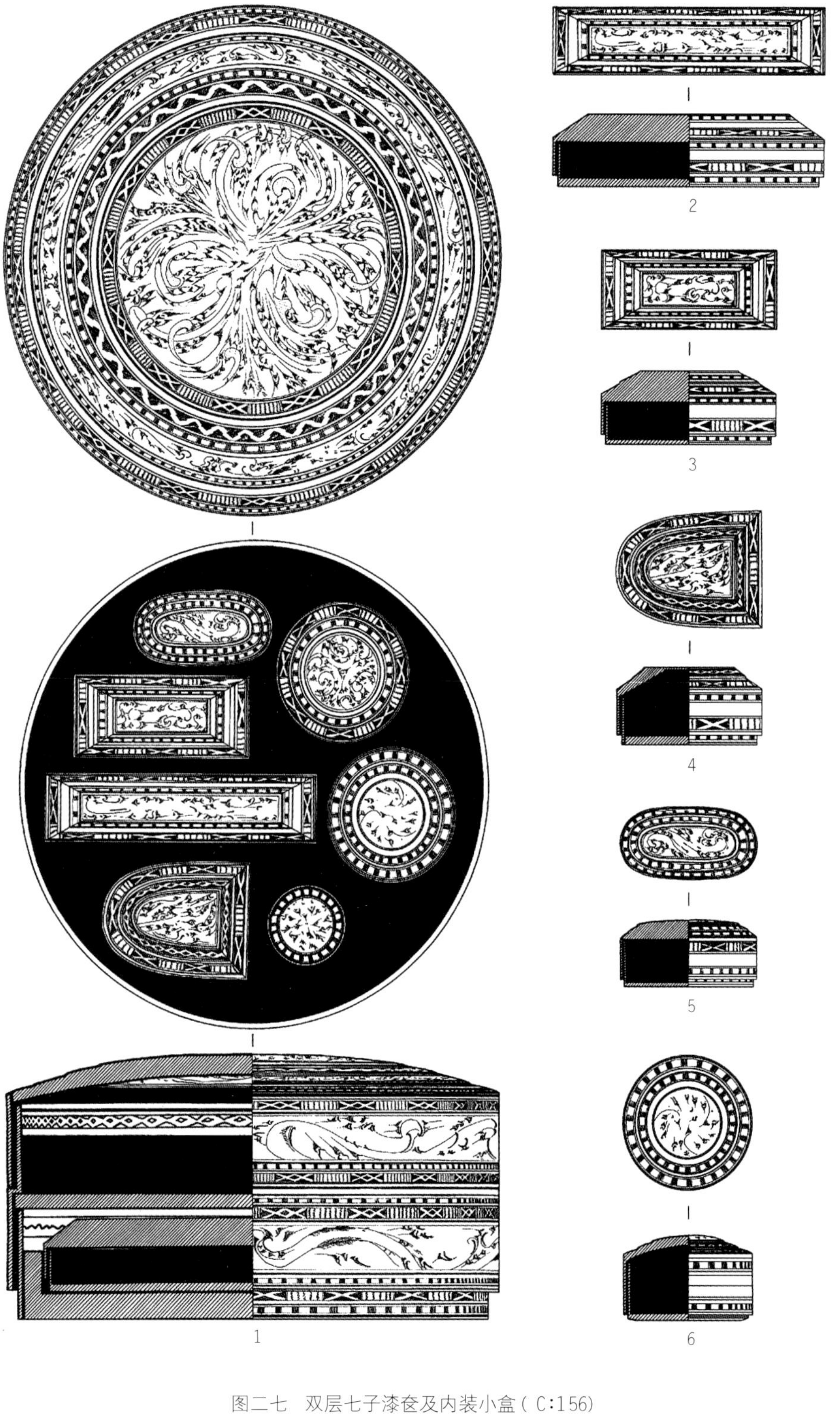

图二七　双层七子漆奁及内装小盒（C:156）

1. 奁盒　2、3. 长方形小盒　4. 马蹄形小盒　5. 椭圆形小盒　6. 小圆盒

图二八　漆奁盖（C:79）

图二九　漆奁盖（B:348）

具杯盒　1件（C:184）。木胎，椭圆形，子母口，两端凸起为圆形把柄。内盛10个耳杯。外髹黑漆，内髹红漆，器表朱绘云气纹，口沿绘水波、菱形纹。长22.9厘米，宽18.5厘米，高13.3厘米。耳杯通体黑漆，朱绘凤鸟、水波、云气纹（图三〇，1；图三四；本书第10页）。

圆盒　1件（A:70）。木胎。子母口，上下对称扣合，盖顶一周凸棱为捉手，盒底一周凸棱为圈足。外髹黑漆，内髹朱漆，盒盖与盒身各由两周弦纹分成三部分，凹弦纹内涂赭色。顶部、肩部和腹部朱绘双勾云气纹，内填黄色，口沿处绘红黄相间的波折纹。腹径22厘米，通高18.4厘米（图二六，4；图三五；本书第13页）。

耳杯　数量最多，2500余件。皆为木胎，椭圆形，曲腹，平底。外髹黑漆，内髹红漆。依其纹饰内容又可分为四型：

Ⅰ型　通体髹黑漆，耳部朱绘云气纹，杯内绘凤鸟、云气纹。标本C:184-1，长16.5厘米，宽11.9厘米，高4.4厘米（图三一，2）。

Ⅱ型　口、耳部朱绘云气纹、几何纹，杯身主题纹饰为变形凤鸟纹，外底常见锥刻“渔阳”二字（图三七）。标本B:704-1，长19.8厘米，宽16厘米，高6厘米（图三一，5；图三八；本书第8页）。

Ⅲ型　口、耳部朱绘粗体三角纹、波折纹，外底常见锥刻“渔阳”二字。标本B:684-1，长18厘米，宽13.9厘米，高5.2厘米（图三一，4；图三九；本书第7页）。标本B:689-2，长17.2厘米，宽13.4厘米，高5厘米（图三一，1）。

Ⅳ型　口、耳部朱绘细波折纹，口沿内饰一周三角卷云纹。标本B:689-6，长16.9厘米，宽13厘米，高5厘米（图四〇；本书第6页）。标本B:646-1，长16.6厘米，宽12.9厘米，高4.9厘米（图三一，3）。

盘　数量仅次于耳杯，180余件。又可分为四型。

Ⅰ型　夹纻胎，素面。宽折沿，斜腹，小平底，内外髹黑漆。标本B:517-3，口径27.2厘米，高5.5厘米，外底部锥刻“渔阳”二字（本书第 12 页）。

Ⅱ型　木胎，整木剜制。宽沿，浅腹，平底。外髹黑漆，口沿内髹朱漆。标本 C:86-1，口径 22 厘米，高 3.5 厘米。盘心为黑漆地，朱绘鸟头、云气、圆圈纹等（图三〇，5；图四一；本书第 11 页）。

Ⅲ型　宽沿，腹较深，平底。外髹黑漆，内髹朱漆。标本 C:126-1，口径 28 厘米，高 7 厘米。盘心为黑漆地，朱绘卷云纹、圆圈纹等（图三〇，4）。

Ⅳ型　直壁，浅腹，大平底。外髹黑漆，内髹朱漆。标本 A:69-1，口径 28.5 厘米，高 4.2 厘米。盘心、口沿、外壁装饰云气纹、篦点三角纹（图三〇，7）。

盆　2 件。宽沿，深腹，大平底。标本 B:702-1，口径 41.6 厘米，底径 20.4 厘米，高 9.8 厘米。夹纻胎。通体髹黑漆，针刻云气、方块、菱形纹（图三二，1）。标本 B:702-2，口径 45.5 厘米，底径 27 厘米，高 9.4 厘米。木胎。外髹黑漆，内髹朱漆，盘心、口沿、外腹装饰卷云纹、变形凤鸟、回纹等（图三二，2）。

匜　12 件。标本 B:194，木胎。直流，敞口，深腹，平底。外髹黑漆，内髹朱漆，器表绘变形凤鸟、云气纹。长 32 厘米，宽 25.6 厘米，高 9 厘米（图三〇，3；图四二；本书第 2 页）。

卮　170 余件。皆为木胎，卷制而成。卮身直口，筒形直腹，平底微凸，小鋬耳，外髹黑漆，内髹朱漆。根据体积大小可分为二型：

Ⅰ型　标本 B:67，以点纹为地，其上点缀云气纹。口径 10.3 厘米，高 9.4 厘米（图三〇，2；图四三；本书第 4 页）。

Ⅱ型　标本 A:39，器身饰卷云纹。口径 15.4 厘米，高 15.3 厘米（图三〇，6；图四四；本书第 3 页）。

盂　125 件。可分为二型：

Ⅰ型　宽平沿，浅直腹，器身矮平。外髹黑漆，内髹朱漆，朱绘凤鸟、几何纹，

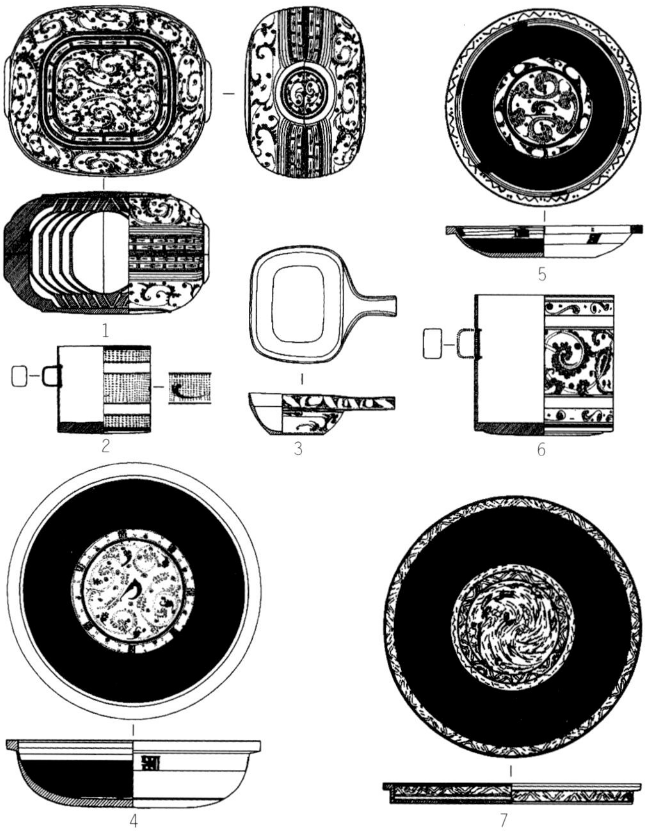

图三〇　漆器

1. 具杯盒（C:184）　2. Ⅰ型卮（B:67）　3. 匜（B:194）　4. Ⅲ型盘（C:126-1）　5. Ⅱ型盘（C:86-1）　6. Ⅱ型卮（A:39）　7. Ⅳ型盘（A:69-1）

底部锥刻“渔阳”二字。标本 A∶95，口径 28.8 厘米，高 8 厘米（图三三，1；图四五）。标本 B∶75，口径 28 厘米，高 8.4 厘米（图三三，2；本书第 5 页）。

Ⅱ型　宽平沿，束颈，曲腹，器身略高。外髹黑漆，内髹朱漆，朱绘凤鸟、云气、圆点纹。标本 B∶59–1，口径 26 厘米，高 9.2 厘米（图三三，4）。标本 B∶85，口径 27.4 厘米，高 8.4 厘米（图三三，3）。

几　3 件。木胎，分为二型。

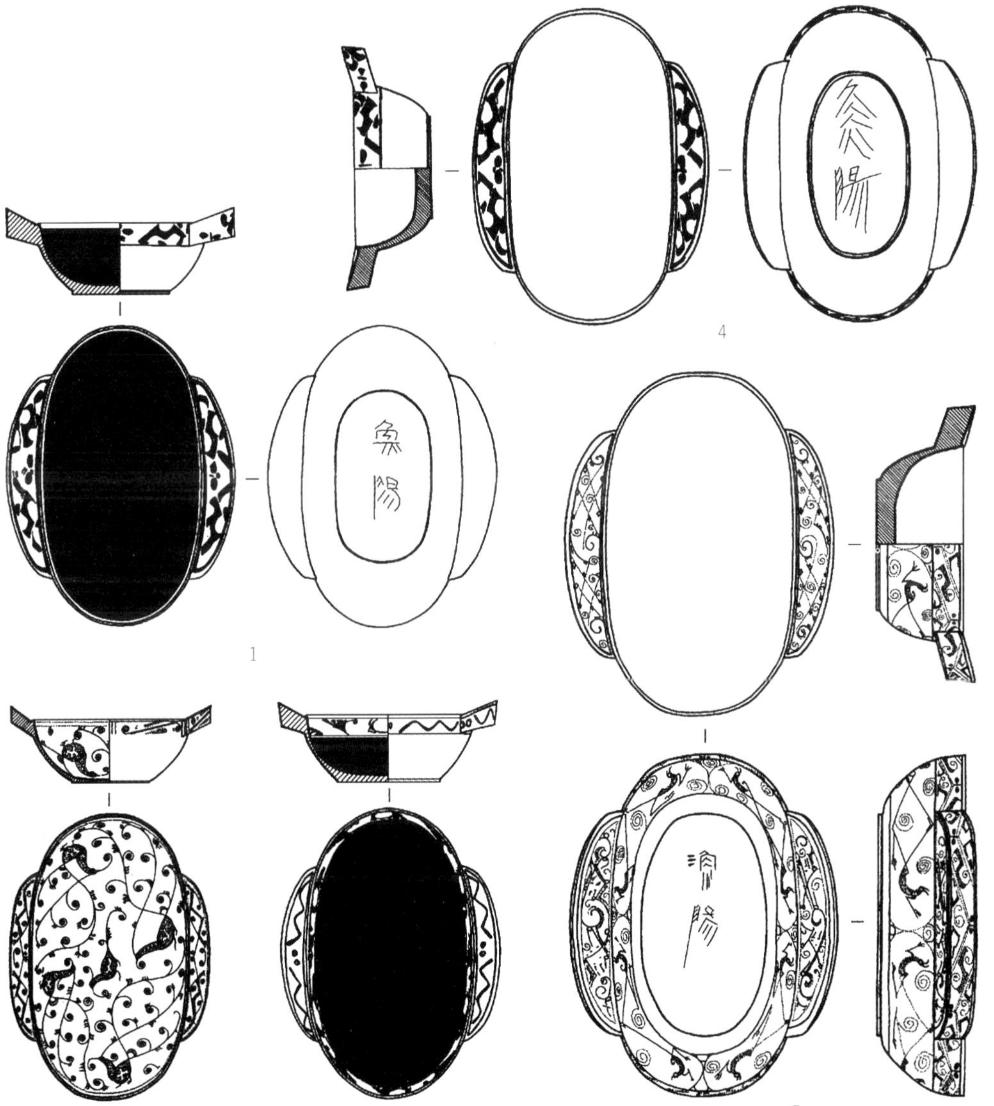

图三一　漆耳杯

1、4. Ⅲ型（B∶689-2、B∶684-1）　2. Ⅰ型（C∶184-1）　3. Ⅳ型（B∶646-1）　5. Ⅱ型（B∶704-1）

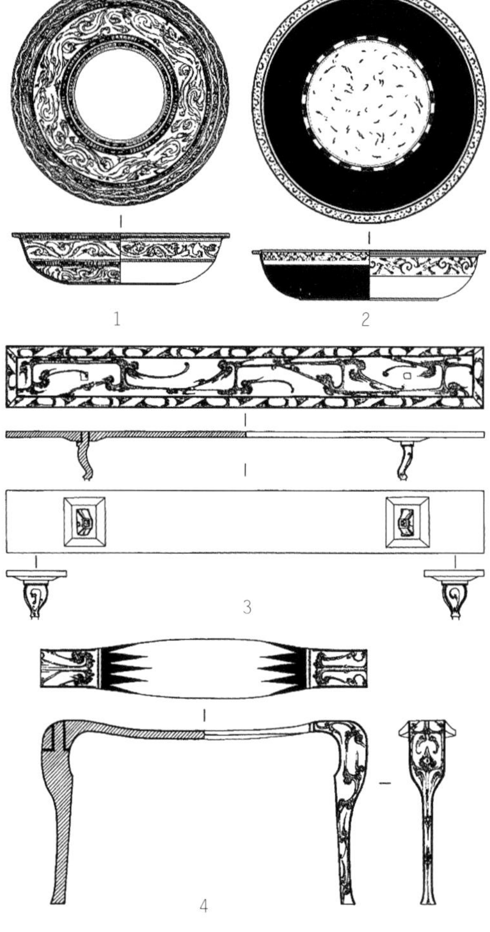

图三二　漆器

1、2. 盆（B∶702-1、B∶702-2）　3. Ⅰ型几（D∶66）　4. Ⅱ型几（B∶385）

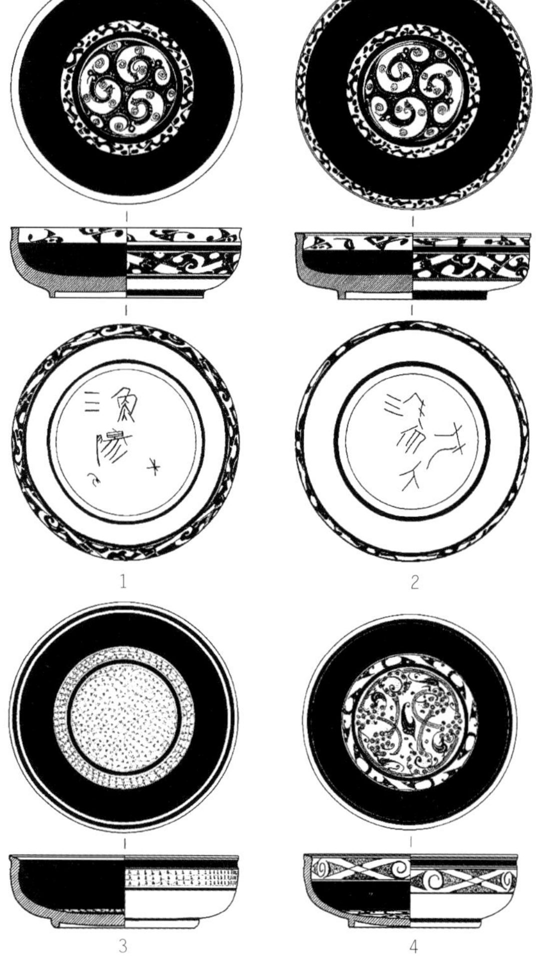

图三三　漆盂

1、2. Ⅰ型（A∶95、B∶75）　3、4. Ⅱ型（B∶85、B∶59-1）

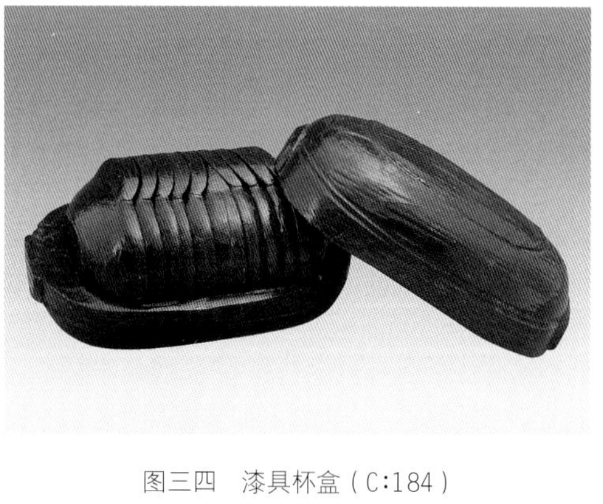

图三四　漆具杯盒（C∶184）

图三五　漆圆盒（A∶70）

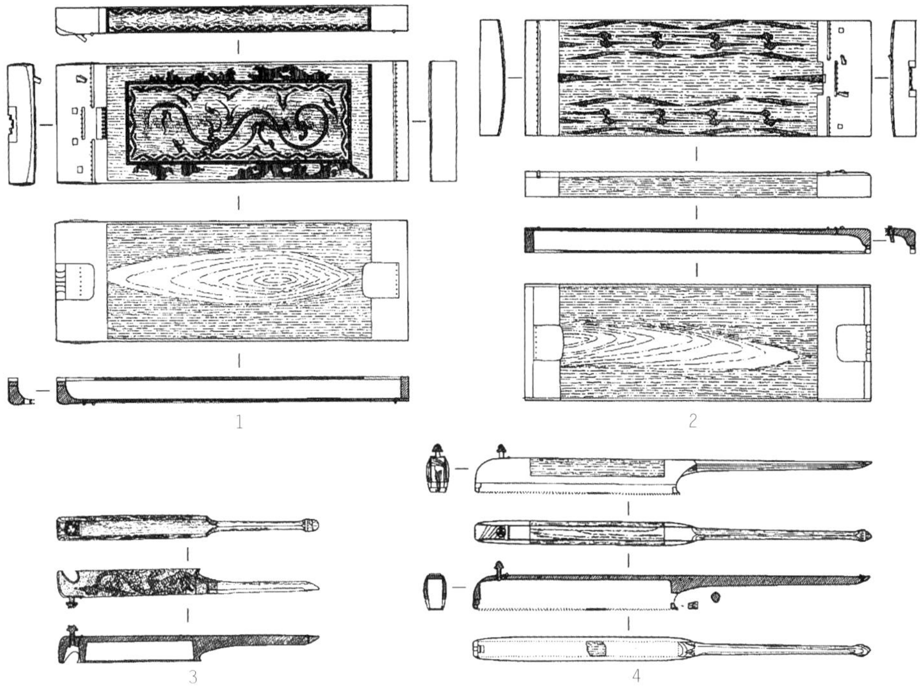

图三六 漆木器

1、2. 瑟(D:120、D:121) 3、4. 筑(C:71、C:72)

图三七 漆耳杯(B:701-2)底部铭文

图三八 漆耳杯(B:704-1)

图三九 漆耳杯(B:684-1)

图四〇　漆耳杯（B:689-6）

图四一　漆盘（C:86-1）

图四二　漆匜（B:194）

图四三　漆卮（B:67）

图四四　彩绘凤鸟卮（A:39）

图四五　漆盂（A:95）

Ⅰ型 2件。标本 D:66，长 92.8 厘米，宽 11.8 厘米，高 9 厘米（图三二，3；图四八；本书第 20 页）。几面呈长方形，下有两个小曲蹄足，造型精巧。通体髹黑漆，几面周缘朱绘两色鸟头纹，中间绘灰色云气纹，并用朱色双勾，蹄足绘朱色线条。

Ⅱ型　1件（B∶385）。长63厘米，宽11.2厘米，高36.5厘米（图三二，4；图四九；本书第19页）。几面两端凸起，中央下凹，两个束腰细方足，足下安平底座。通体髹黑漆，朱绘云气纹，几面朱绘细长三角纹。

黛砚　1件（C∶74）。砚盒木胎，方形。盒盖叠顶，子母口，盒身中凹，嵌入一块圆形砚石。砚石质地细润，略微鼓起，其上残存墨痕。盒身平面一角剜凿一凹槽，疑为置笔之用。长19.5厘米，宽18.5厘米，高12.4厘米（图四六，4；图五〇；本书第22页）。

坐具　1件（C∶73）。木胎。面为椭圆形，中间厚、边缘薄，中央有一方孔，与束腰圆柱底座铆接。通体髹黑漆。出土时与漆砚同置于一个竹笥内。长34.6厘米，宽14.8厘米，通高12厘米（图四六，5；图五一；本书第21页）。

瑟　4件。木质，长方形。形制近同，其中2件素面，另2件瑟面有纹饰。标本D∶120，首岳外侧可见一排25个弦孔，尾岳分成3段，中岳有7个弦孔，外、内岳各有9个弦孔。瑟尾立四枘。瑟面四周与两侧镶嵌硬木镂空的动物图案和三角、曲折纹。中间用绿松石镶嵌一条飞龙。此种装饰手法在汉代瑟中

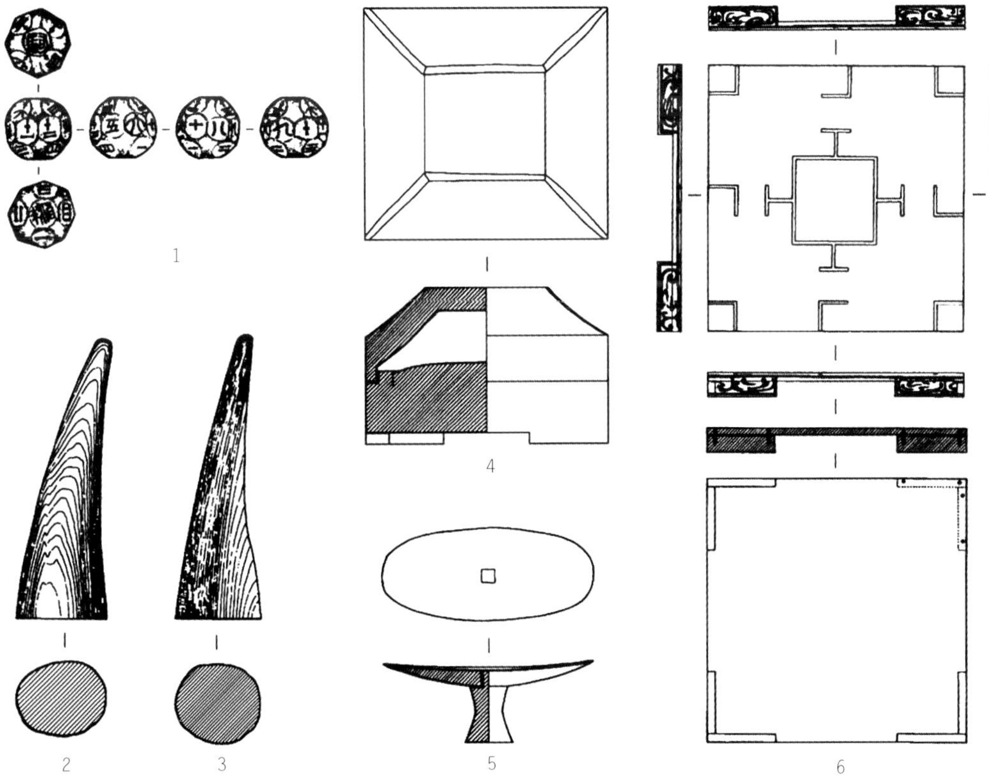

图四六　漆木器

1. 漆骰子（C∶104）　2、3. 木犀角（B∶420、C∶135）　4. 漆黛砚（C∶74）　5. 漆坐具（C∶73）　6. 漆博局盘（C∶108）

罕见。长 124.4 厘米，宽 41.6 厘米，通高 11.6 厘米（图三六，1；图五二；本书第 16 页）。标本 D:121，25 弦，4 枘。瑟面镶嵌用硬木制作的卷云纹。长 123.6 厘米，宽 39.6 厘米，通高 10.2 厘米（图三六，2）。

筑 3 件。皆整木剜制，为五弦筑。大头部分是共鸣箱，长条形，中空，底部镶嵌一薄板。箱体两侧呈弧形微鼓，宽于面板。首岳上有 5 道弦槽，外侧有一方孔，插立一蘑菇状弦枘。持握的筑柄细长，上棱下圆。尾端呈桃形，尾岳嵌其上。标本 C:71，共鸣箱两侧浅刻盘曲的飞龙，龙身饰朱色。通长 93.5 厘米，面宽 5.1 厘米，体宽 8.4 厘米，通高 13 厘米（图三六，3；图五三，上；本书第 17 页）。标本 D:107，共鸣箱两端髹黑漆。长 117.4 厘米，面宽 5.2 厘米，体宽 7.2 厘米，通高 16 厘米（图五三，下）。标本 C:72 形制与 D:107 相同。长 141 厘米，面宽 5.2 厘米，体宽 8.2 厘米，高 16.6 厘米（图三六，4；本书第 18 页）。

博局盘 2 件，形制略同。方形。中央方框，四周有曲道，皆刻浅槽。底座与局盘用竹钉连接。通体黑漆，曲尺形底座饰云气纹。标本 C:108，边长 43.2 厘米，高 4 厘米（图四六，6）。

骰子（茕） 2 件（C:34、104）。球形十八面体，木胎。通体髹黑漆，阴刻篆文，内填朱漆。每面分别阴刻“一”至“十六”字，剩余两面的一面刻“酒来”，相对一面刻“骄 ”字。直径 5.2 厘米（图四六，1；图五四；本书第 23 页）。

象牙 数量较多，多已残破。木质，象牙状，素面。长 75 ~ 94 厘米，根部径 16 ~ 18 厘米。

犀角 数量较多，多已残破。木质，犀角状，素面。长 21 ~ 24 厘米，根部径 7 ~ 7.5 厘米。标本 B:420，长 22.8 厘米，根部径 6 ~ 7.3 厘米（图四六，2）。标

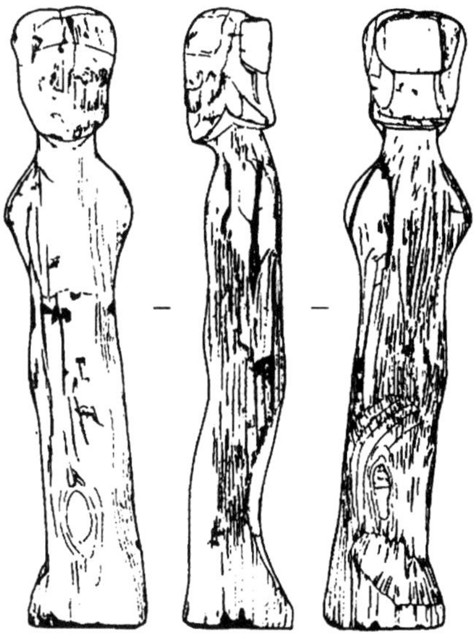

图四七 木立俑（E:27）

图四八 漆几（D:66）

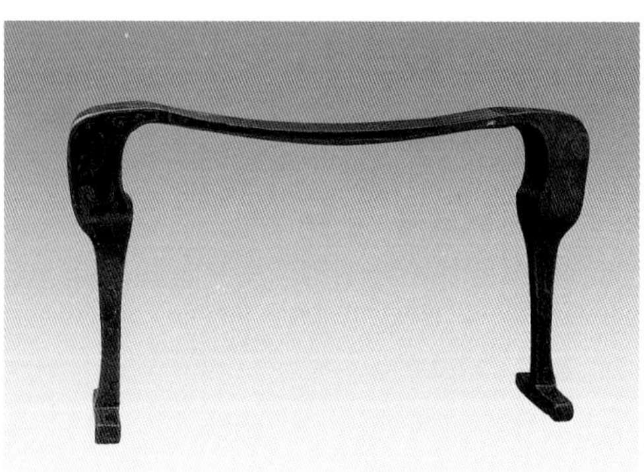

图四九 漆几（B:385）

图五〇　漆黛砚（C:74）

图五一　坐具（C:73）

图五二　漆木瑟（D:120）

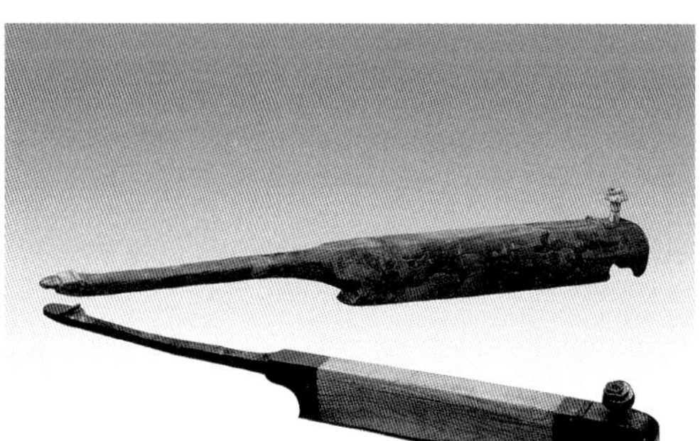

图五三　木筑（上：C:71　下：D:107）

本C:135，长23.2厘米，根部径7厘米（图四六，3）。

立俑　118件。用整木雕成，表面已腐损。标本E:27，高79.2厘米，宽15厘米（图四七）。

（四）角器

梳　1件（D:72-7）。长方形。背厚，背与齿根交界处浅雕波折纹。弧背以上用浅雕和透雕的手法，雕刻出3层累叠的波折纹。长9.1厘米，宽5.5厘米，背厚0.1～1.2厘米（图五五，1）。

篦　1件（D:72-8）。形状、纹饰与角梳相同，唯齿较密。长9.1厘米，宽6厘米，背厚0.1～1.2厘米（图五五，3）。

镊　1件（D:72-10）。长条形，有两个镊片，镊柄饰几何纹。长9.8厘米，宽1～1.4厘米（图五五，2）。

笫　1件（D:72-11）。笔管状，上细下粗，下端的编束已残。管长4.3厘米，直径0.6厘米（图五五，4）。

削　1件（D:72-9）。长16.6厘米（图五五，5）。

（五）木楬、签牌、封泥匣

在C（东藏室）、D（南藏室）、E（棺室）区分别清理出木楬、签牌、封泥匣等100余枚。大多残断，材质经鉴定为杉木。其中木楬均呈长方形，上圆下方，首部涂黑，有二穿用来系悬。木签牌呈长方形，下端两侧各有一缺口，用来系绳。封泥匣均为长方块，中间下凹以填泥，纵断面呈“凹”形。现将字迹较为清晰的介绍如下：

木楬　标本E:47，墨写隶书4行。“陛下所以赠物：青璧三，绀缯十一匹，熏缯九匹。”长17厘米，宽5厘米，厚0.3厘米（图五六）。

木楬　标本D:18，墨书6行：“青绪禅衣□□、□衣、绢绪禅衣三，□禅衣一，白绪禅衣六，绦禅衣一，相绪禅衣四□。凡廿六衣。王闼。”长10厘米，宽5.9厘米，厚0.3厘米（图五七）。

木楬　标本C:34-1，墨写隶书9行：“素练、白绮绪

图五四　漆骰子（C:34、104）

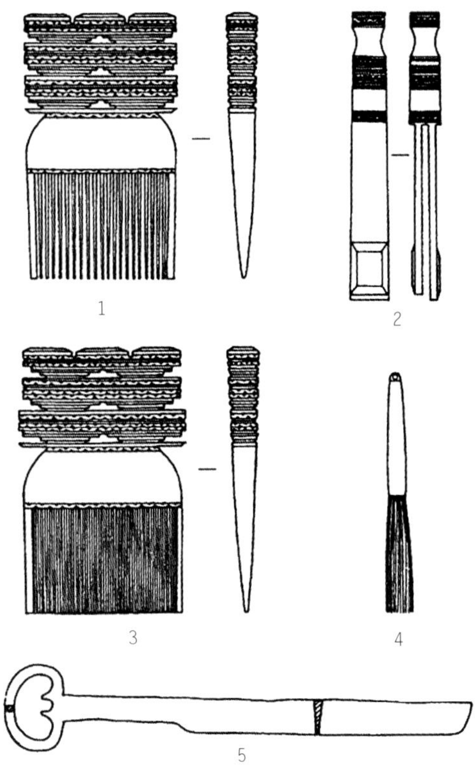

图五五　角器

1. 梳（D:72-7）　2. 镊（D:72-10）　3. 篦（D:72-8）
4. 笄（D:72-11）　5. 削（D:72-9）

布禅襦卌五，青绮複裯裙，练禅前袭四，青绮、红複要衣二，白绮禅纱裙二，缇合裙一，白绮、素禅裯裙六，练、帛、素禅裙六十六，布素、练、帛禅□廿，素禅裯直裙七，帛绵敝膝一。凡百五十五。故。第十一。”长 9.7 厘米，宽 6.2 厘米，厚 0.25 厘米（图五八）。

木楬　标本 C:4，墨写隶书：“白绮绣、沙绮、薰绮、薰绣、青縠複前袭九，白縠绣合前袭一，练、白绪禅前袭二，素绣沙縠绣、皂绪複骑衣三，□荃禅骑衣一，薰绮绣、沙绮绣合骑衣三，薰绮绣薰縠複襦二。凡廿一。故善。第十四。”长 9.8 厘米，宽 5.6 厘米，厚 0.25 厘米（图五九）。

木楬　标本 B:8，墨写隶书两行，为“髹杯二百”。长 8.5 厘米，宽 5.4 厘米，厚 0.3 厘米（图六○）。标本 B:575，墨书“髹画盂四”。长 7.8 厘米，宽 5 厘米，厚 0.3 厘米（图六一）。

木楬　标本 C:34-2，墨写隶书，为“炊绵絮一钧十斤。第百四”。长 11.3 厘米，宽 5.8 厘米，厚 0.4 厘米（图六二）。

木楬　标本 B:570，墨书“牛脯廿五束”。长 8 厘米，宽 5.5 厘米，厚 0.2 厘米（图六三）。

木楬　标本 D:117，墨书“瑟一”。长 9 厘米，宽 4.3 厘米，厚 0.3 厘米。

签牌　标本 C:V 5，墨书“人滔（瑫）五枚”。长 5.9 厘米，宽 2 厘米，厚 0.2 厘米（图六四）。

签牌　标本 D:82，墨书“陷（馅）疾（馔）一”。长 10.4 厘米，宽 2.4 厘米，厚 0.25 厘米（图六五）。

封泥匣　标本 D:98，匣中凹槽内封泥尚存，篆文“长沙后府”四字。长 5 厘米，宽 3 厘米，厚 1.2 厘米（图六六）。

（六）陶器

1. 礼器

鼎　9 件。泥质灰陶。浅弧盖，上有 3 个角纽状捉手。器身子口，有浅腹与深腹两种，圜底或平底，

图五六　木楬（E:47）

图五七　木楬（D:18）

图五八　木楬（C:34-1）

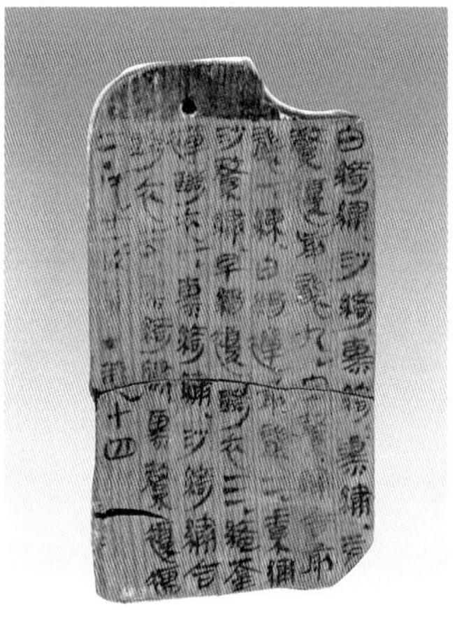

图五九　木楬（C:4）

图六〇　木楬（B:8）

图六一　木楬（B:575）

图六二　木楬（C:34-2）

图六三　木楬（B:570）

图六四　木签牌（C:Ⅴ5）

图六五　木签牌（D:82）

图六六　封泥匣（D:98）

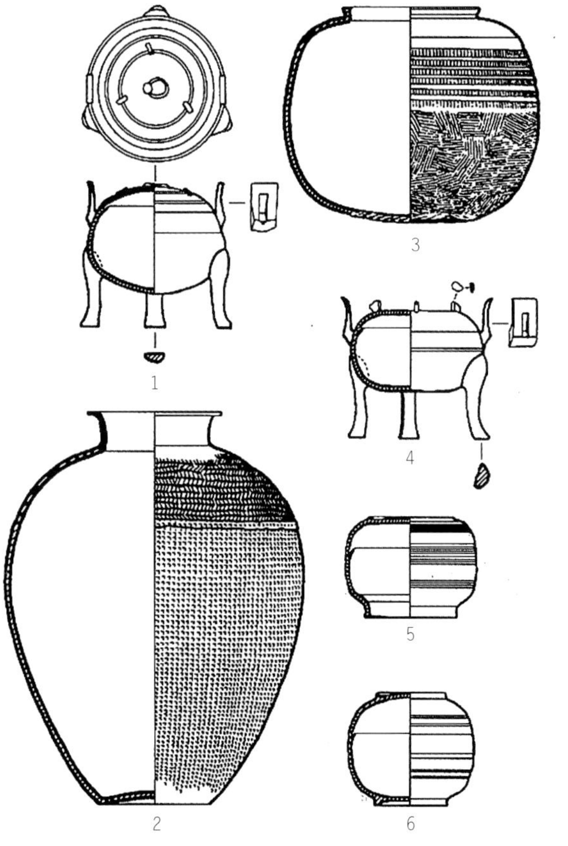

图六七　陶器

1、4. 鼎（WC1:14、31）　2. 硬陶大口罐（WC1:26）
3. 瓮（WC1:91）　5、6 盒（WC1:53、43）

三蹄足。个别的腹部饰凸弦纹。标本 WC1:14，高 21 厘米，腹径 20.5 厘米，足高 11.6 厘米（图六七，1）。标本 WC1:31，高 21.1 厘米，腹径 22.4 厘米，足高 11.5 厘米（图六七，4）。标本 WC1:36，高 20.4 厘米，腹 21.2 厘米，足高 11.6 厘米。

盒　7件。泥质灰陶。隆盖，圆形抓手，子母口。圈足分实圈足、假圈足两种。标本 WC1:43，高 16 厘米，口径 18.4 厘米，足径 10.8 厘米（图六七，6）。标本 WC1:53，高 14.7 厘米，口径 19.6 厘米，足径 13.9 厘米（图六七，5）。

2. 日用器

瓮　6件。泥质灰陶。圆唇，矮领，大口，圆腹，圜底。上腹饰间断绳纹，下腹用绳纹交错拍打。标本 WC1:91，高 30.8 厘米，口径 20 厘米，腹径 38 厘米（图六七，3）。标本 WC1:92，高 30.4 厘米，口径 19 厘米，腹径 40.2 厘米。

硬陶大口罐　24件。均为印纹硬陶，盘筑手制。喇叭口，束颈，深腹，平底内凹。器身肩部拍印席纹、茎叶纹，腹部拍印斜方格纹，肩腹结合处加补泥条，器表施黄褐色釉。标本 WC1:26，高 56.4 厘米，口径 20.4 厘米，腹径 43.8 厘米，底径 16.4 厘米（图六七，2）。标本 WC1:46，高 56.4 厘米，口径 23.2 厘米，腹径 46.8 厘米，足径 23.2 厘米。

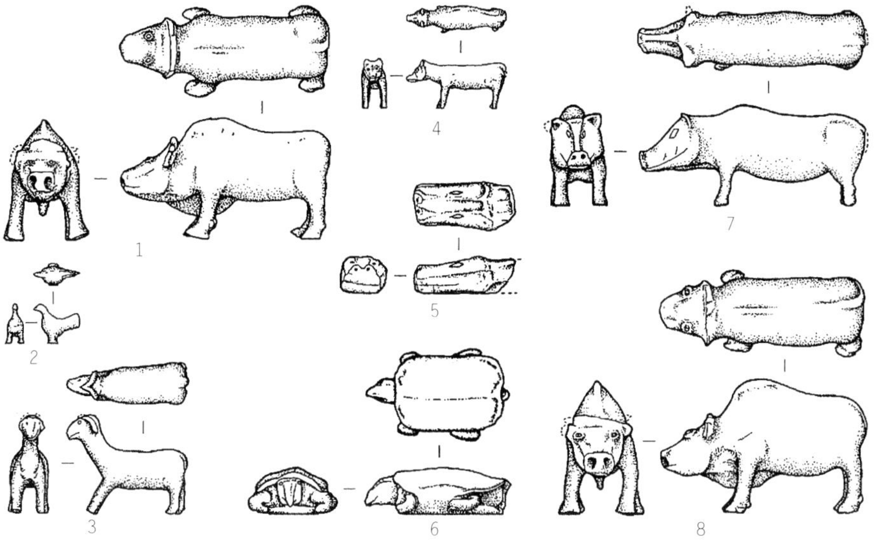

图六八　陶动物模型

1、8. 牛（WC3∶15、WC3∶39）2. 鸡（WC3∶42-3）3. 羊（WC3∶109）4. 狗（WC3∶60）5. 蛇头（WC3∶43）6. 鳖（WC3∶21）7. 猪（WC3∶34）

3. 动物模型

牛　28 件。泥质灰陶。火候较低。标本 WC3∶15，隆背，长 28 厘米，宽 12 厘米，高 16 厘米（图六八，1）。标本 WC3∶39，隆脊，长 29.6 厘米，宽 11.6 厘米，高 17.6 厘米（图六八，8）。

猪　57 件。泥质灰陶。标本 WC3∶19，长 34 厘米，宽 8 厘米，高 16 厘米。标本 WC3∶34，长 32 厘米，宽 7.6 厘米，高 13.2 厘米（图六八，7）。

羊　11 件。泥质灰陶。标本 WC3∶3-1，山羊。长 21.6 厘米，宽 6.8 厘米，高 12.8 厘米。标本 WC3∶109，长 16 厘米，宽 8 厘米，高 12.8 厘米（图六八，3）。

狗　3 件。泥质灰陶。标本 WC3∶60，长 13.6 厘米，宽 3.6 厘米，高 6.5 厘米（图六八，4）。

鸡　7 件。泥质灰陶。标本 WC3∶42-3，长 64 厘米，宽 2.84 厘米，高 5.2 厘米（图六八，2）。

鳖　11 件。标本 WC3∶21，长 19.8 厘米，宽 12.2 厘米，高 6.1 厘米（图六八，6）。标本 WC3∶9，长 18.4 厘米，宽 12.4 厘米，高 12 厘米。

蛇头　2 件。标本 WC3∶43，长 13.6 厘米，宽 6.4 厘米，高 4.9 厘米（图六八，5）。

四、结语

该墓虽经三次盗掘，但墓葬形制保存较为完整，出土金、玉、漆木、骨角及陶器等大量文物，总数超过3000件。在墓内的葬具和器物上发现了刻写的题记，并且清理出百余枚木楬，字数达2000字以上。这为我们推测墓主身份提供了重要资料。

该墓采用“题凑”之制，即由所谓的梓宫、便房、黄肠题凑、外藏椁等组成，属于汉代天子、诸侯王级别的高规格的葬制。根据该墓出土的“长沙后府”封泥、书写“陛下赠物”与“王祱”的木楬等材料，并与湖南长沙陡壁山曹嫘墓①、长沙象鼻嘴山一号汉墓②相比较，可以确认，该墓的墓主应为汉初吴氏长沙国的某一代王后。

随葬漆器上多处刻写“渔阳”的题记，按汉时制度，当为物主自属用品。有学者考证，墓主可能是汉皇室的某位公主，由于政治等方面的原因而适长沙王，“渔阳”乃墓主所食封邑之称③。

渔阳墓出土器物中虽没有发现明确的纪年物证，但从其出土的陶器、漆木器的形制来看，与马王堆一、三号墓④及沅陵侯吴阳墓⑤的出土器物相似。另据《汉书》记载，高祖五年（前202），“徙衡山王吴芮为长沙王，都临湘”。汉文帝后元七年（前157）因“无后国除”，前后传五世凡46年⑥。由此推测，渔阳墓的年代上限约在文帝时期，下限可至景帝初年。

该墓出土随葬器物中，值得一提的是20多件古乐器，包括实用器与模型器，器类有瑟、筑、筝、排箫、编磬等。尤其是出土了3件保存较为完整的五弦筑，这是我国音乐考古史上又一次重要发现⑦。长沙“渔阳”墓是保存较为完整的汉代诸侯王级别的墓葬，且出土文物丰富，它为研究汉代的埋藏制度、陵园布局、葬具名实、丧葬礼俗以及中国古代音乐史提供了重要的实物资料。

附记：本次发掘领队宋少华，参加人员有宋少华、邱东联、李鄂权、王立华、黄朴华、何旭红、肖静华、彭奇策、付星生，拓片张晓英、周自如、谈雪慧、汪力工、杨慧，绘图高铁、宋少华，摄影孙之常、易家敏等。

执笔：宋少华 李鄂权

（原载《文物》2010年第4期）

①长沙文化局文物组：《长沙咸家湖西汉曹嫘墓》，《文物》1979年第3期。

②湖南省博物馆：《长沙象鼻嘴一号西汉墓》，《考古学报》1981年第1期。

③黄展岳：《长沙望城坡西汉“渔阳”墓墓主推考》，《先秦两汉考古论丛》，科学出版社，2008年，第54页。

④湖南省博物馆、湖南省文物考古研究所：《长沙马王堆一号汉墓》，文物出版社，1973年；湖南省博物馆、湖南省文物考古研究所：《长沙马王堆二、三号汉墓·田野考古发掘报告》，文物出版社，2004年。

⑤湖南省文物考古研究所、怀化市文物处、沅陵县博物馆：《沅陵虎溪山一号汉墓发掘简报》，《文物》2003年第1期。

⑥《汉书·异姓诸侯王表第一》，另见《汉书·诸侯王表第二》。

⑦黄翔鹏：《秦汉相和乐器“筑”的首次发现及其意义》，《考古》1994年第8期；项阳、杨应鳣、宋少华：《五弦筑研究》，《中国音乐学》1994年第3期；项阳、宋少华：《五弦筑的码子、弓子及其相关问题》，《音乐研究》1996年第4期。

长沙“12·29”古墓葬被盗案移交文物报告

长沙市文物考古研究所

摘要：2008年底至2009年初，长沙发生“12·29”古墓葬被盗系列案，其中处于岳麓区及望城县交界范围内的11座被盗古墓被确认为西汉长沙国王室成员或贵族墓葬。案件破获后，公安部门向文物部门移交了一大批珍贵的文物，移交文物依质地可分为漆木器、金器、铜器、玉器、琉璃器、水晶器、琥珀器、陶器及滑石器等。该批文物中大部分应为长沙国王室成员墓葬中出土，这对于研究西汉长沙国王陵区的分布及历史有重要价值。

关键词：“12·29”古墓葬被盗系列案　移交文物　长沙国　王陵区

2008年底至2009年初，长沙发生“12·29”古墓葬被盗系列案，20余座古墓葬被盗，其中岳麓区及望城县交界范围内11座大型西汉古墓葬被盗（出于对古墓葬保密，11座古墓葬分别编号为M1～M11）。公安部门及文物部门联合侦办，破获了该起跨湘、鲁、赣等多省的古墓葬被盗案[①]。

案件破获后，公安部门向长沙市文物考古研究所移交被盗文物共计249件（套），据审讯记录，此次移交的249件（套）被盗文物中，除2件清代玉镯外，其余均出土于谷山周围的M5、M7、M8、M11（见表一，另以下出土地点明确的遗物均已标明，未标明者均为出土地点不明）。现将该批移交文物（除2件清代玉镯外）介绍如下。

一、移交文物

移交文物依质地可分为漆木器、金器、铜器、玉器、琉璃器、水晶器、琥珀器、陶器及滑石器等。

（一）漆木器

数量最多，共计140件。据盗墓分子供词，该批漆木器除剑盒外（标本140），其余均出土于M5。器形有耳杯、盘、剑盒等。大多保存完整，漆质光滑，富有亮泽。

①周慧雯：《“12·29”古墓葬被盗案件启示录》，《中国文物报》2009年8月7日。

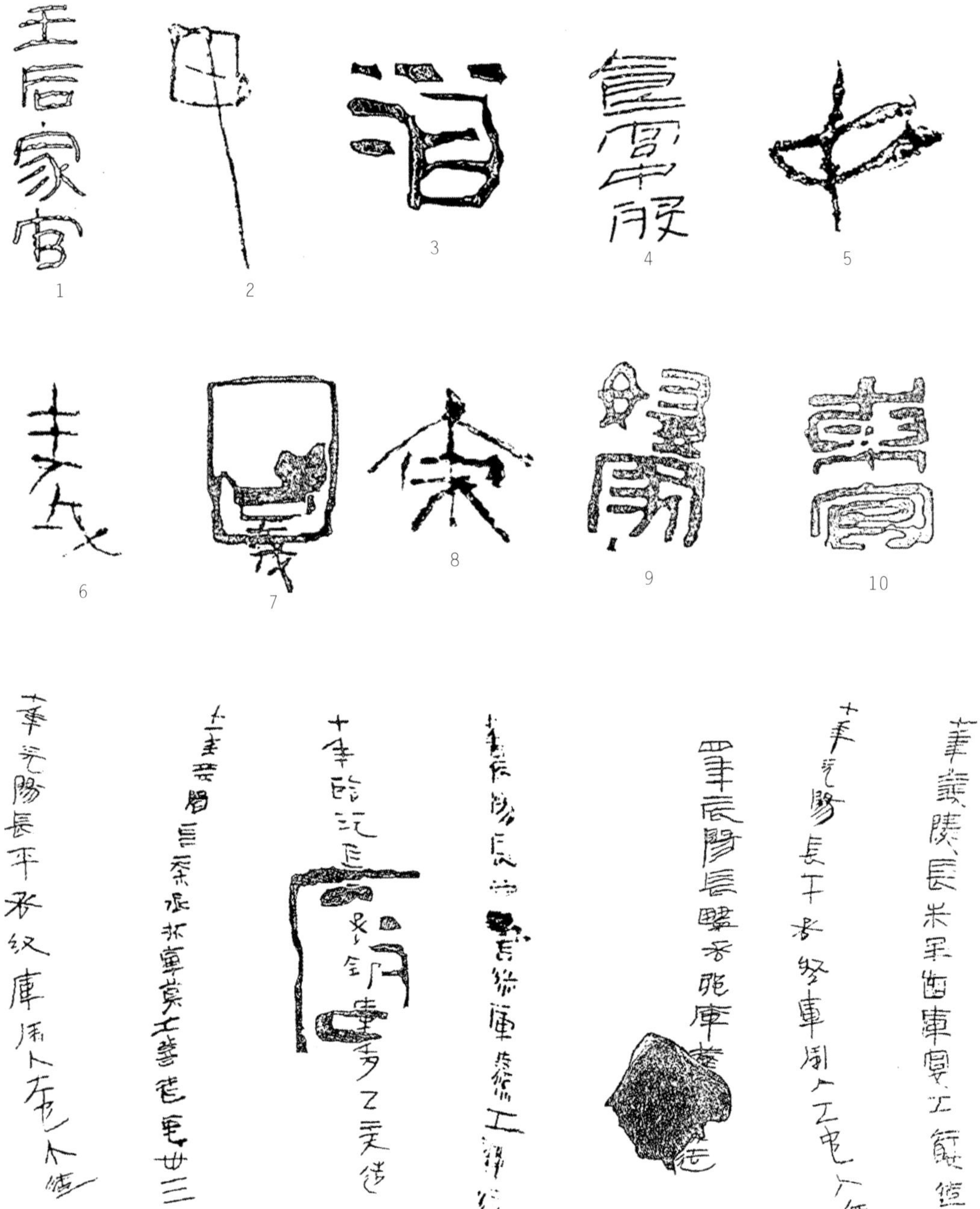

图一　漆器铭文

1. 标本 001 漆耳杯刻画铭文　2. 标本 015 漆耳杯刻画铭文　3. 标本 017 漆耳杯刻画铭文　4. 标本 020 漆耳杯刻画铭文　5. 标本 048 漆耳杯刻画铭文　6. 标本 112 漆耳杯刻画铭文　7. 标本 112 漆耳杯刻画、烙印铭文　8. 标本 116 漆耳杯刻画铭文　9. 标本 123 漆耳杯烙印铭文　10. 标本 124 漆耳杯烙印铭文　11. 标本 004 漆耳杯刻画铭文　12. 标本 010 漆耳杯刻画铭文　13. 标本 015 漆耳杯刻画、烙印铭文　14. 标本 036 漆耳杯刻画铭文　15. 标本 037 漆盘刻画、烙印铭文　16. 标本 039 漆盘刻画铭文　17. 标本 042 漆耳杯刻画铭文

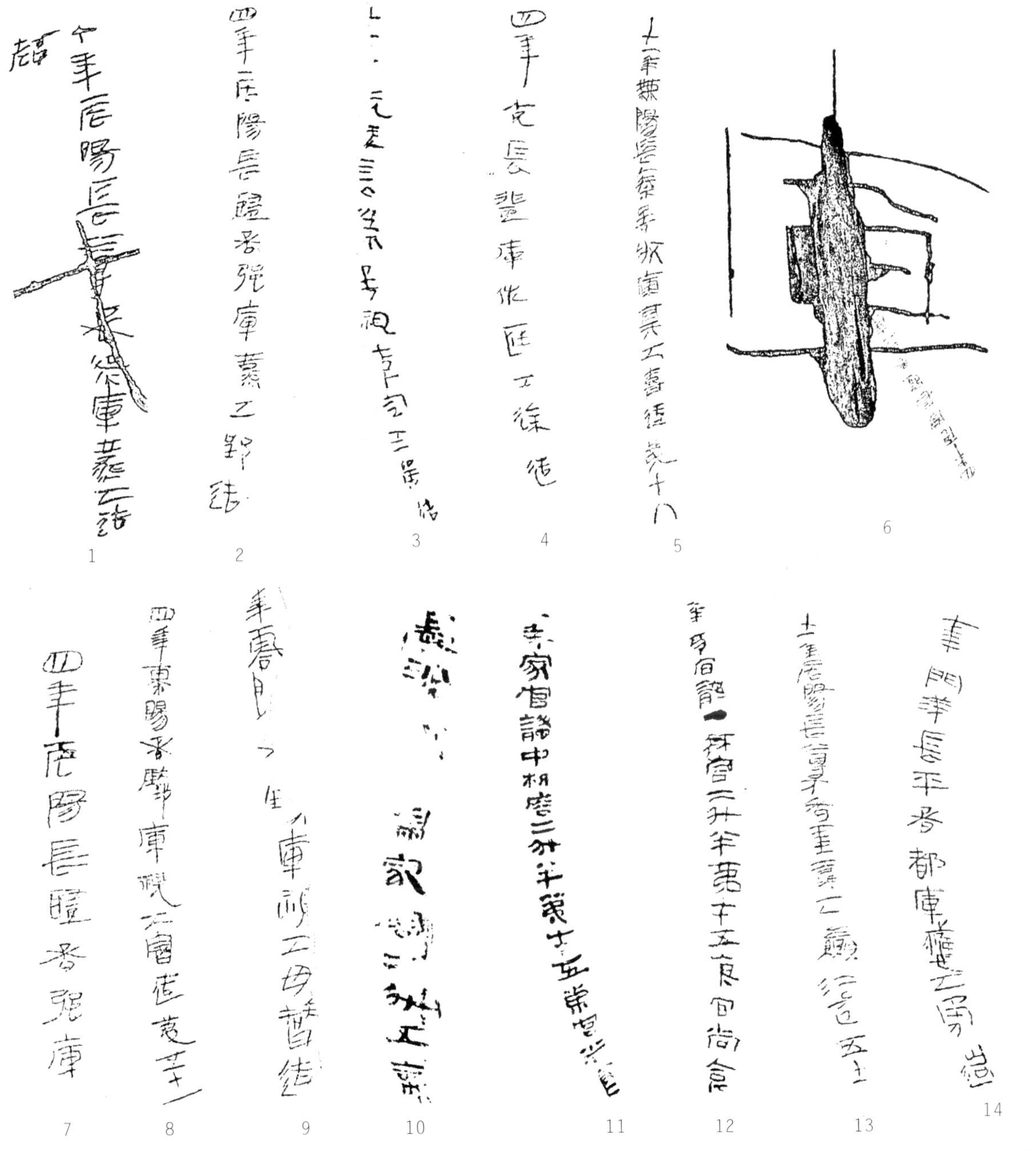

图二　漆器铭文

1. 标本 043 漆耳杯刻画铭文　2. 标本 044 漆耳杯刻画铭文　3. 标本 053 漆耳杯刻画铭文　4. 标本 106 漆盘刻画铭文　5. 标本 108 漆盘刻画铭文　6. 标本 109 漆盘刻画铭文　7. 标本 109 漆盘刻画铭文　8. 标本 111 漆耳杯刻画铭文　9. 标本 122 漆耳杯刻画铭文　10. 标本 123 漆耳杯朱漆书铭文　11. 标本 124 漆耳杯朱漆书铭文　12. 标本 124 漆耳杯刻画铭文　13. 标本 126 漆耳杯刻画铭文　14. 标本 133 漆盘刻画铭文

这批漆木器的最大特点是铭文较多，铭文方式可分漆书、刻画、烙印戳记等三大类（见表二）。其中漆书铭文的共 45 件，一般书写于耳杯和漆盘的外腹上部或器物内底，分朱漆铭文和黑漆铭文两种，其中外腹朱漆铭文有“门浅”“门浅库”“沅陵”“零阳”及记载纪年、职官名、器物名、容量、序号、来源等较复杂的铭文，如“十七年家官中杯容二升半第百卅八东官尚食”（标本 125），内底黑漆铭文仅单书一“零”字。刻画铭文的共 53 件，一般刻画于耳杯和漆盘口沿外背、外腹上端或外底正中，刻画文字细小，内容有“王后家官”“食官中般”“贞”“左”“上”“甲上”“□戊”“中”等，另还有记载纪年、职官名、库名、工匠名及序号等较为复杂的铭文，如“十一年辰阳长尊丞秃库燕工赢造第五十一”（标本 126）。烙印戳记的共 93 件，一般位于耳杯和漆盘外底正中或一端，内容有“长沙”“长沙郡仓”“仓”“东官”“奴家”等，从形制分析，应为某种金属印章类物品在漆器制作完后烙印戳记所成，由于烙印戳记深浅不一，所以大多文字不清，仅可见部分笔画，另少量烙印戳记部位残缺，呈一长方形缺。部分器物还存在不同铭文方式重叠的现象，可分为：刻画与烙印戳记重叠，如标本 015、标本 037、标本 112；刻画与漆书重叠，如标本 027；刻画与刻画重叠，如标本 043、标本 109 等。这也可看出不同铭文方式的先后顺序（图一、二）。

耳杯　111 件。杯口呈椭圆形，狭长，两侧有圆弧形耳，微上翘，平底。从胎质看，可分夹纻胎及木胎两种。长 16 ~ 18 厘米，宽 13 ~ 14 厘米，高 4.5 ~ 5.3 厘米。依据胎质及纹饰不同可分为三型。

A 型　3 件。夹纻胎，云气纹耳杯。全身髹黑色底漆，内底、内腹及外腹锥画云气纹及变形凤鸟纹，内口朱绘及刻画几何纹，双耳及外腹上端朱绘几何纹。铭文方式有刻画及烙印戳记两种（图三 ~ 图五）。

B 型　10 件。木胎，花草纹耳杯。全身髹黑色底漆，内底、内腹朱绘对称花草纹，内口有一朱漆带，外腹上部朱绘凤鸟纹，双耳朱绘几何纹。铭文方式有漆书、刻画及烙印戳记三种（图六 ~ 图一〇）。

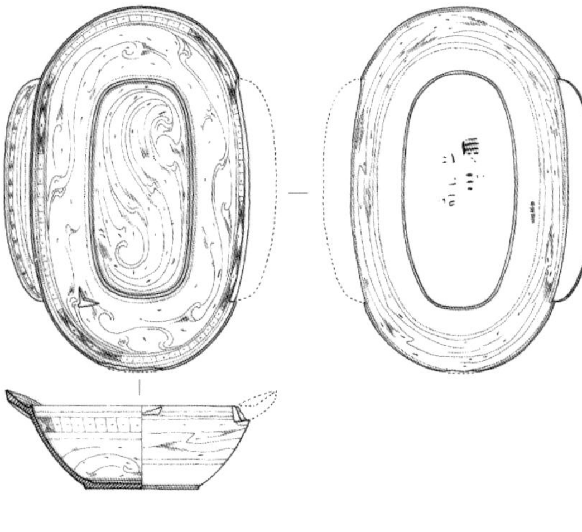

图三　A 型漆耳杯（标本 001）

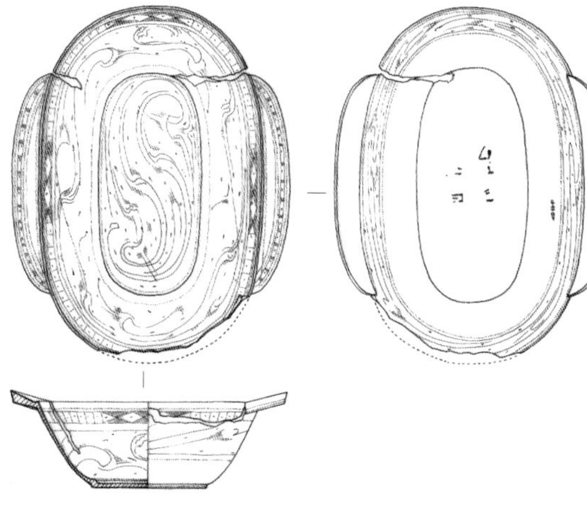

图四　A 型漆耳杯（标本 002）

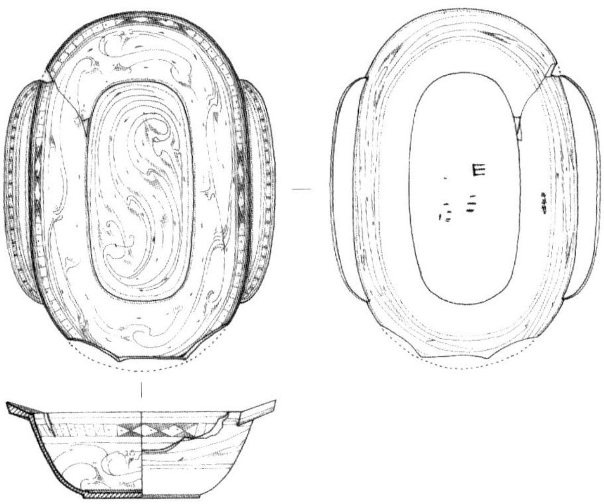

图五　A 型漆耳杯（标本 003）

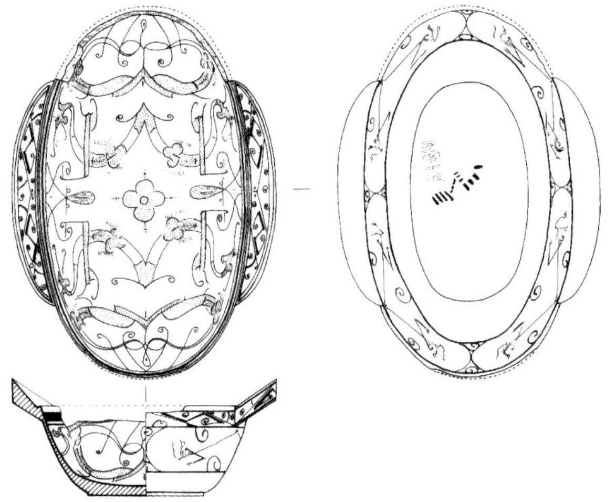

图六　B 型漆耳杯（标本 022）

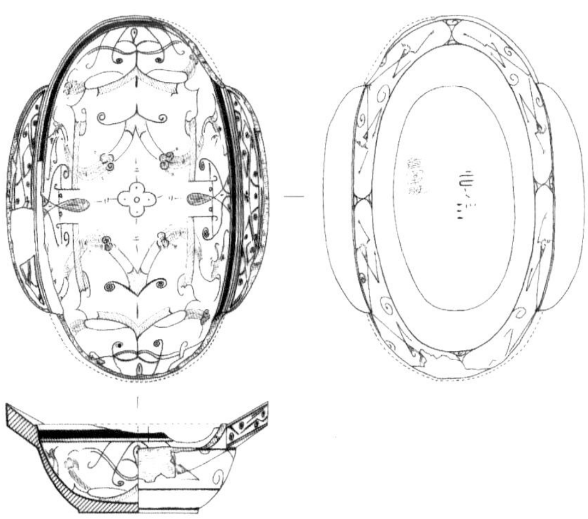

图七　B 型漆耳杯（标本 025）

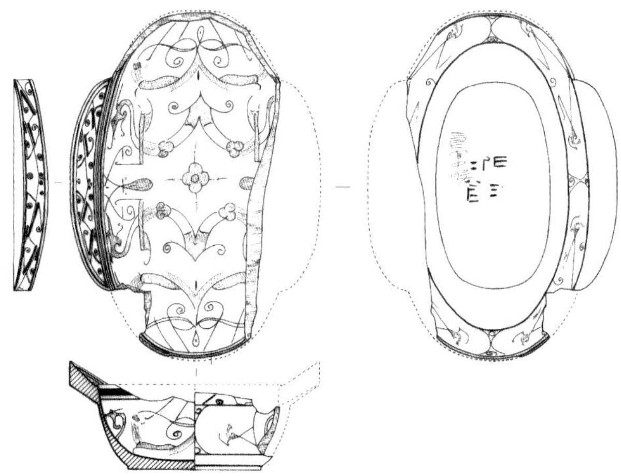

图八　B 型漆耳杯（标本 028）

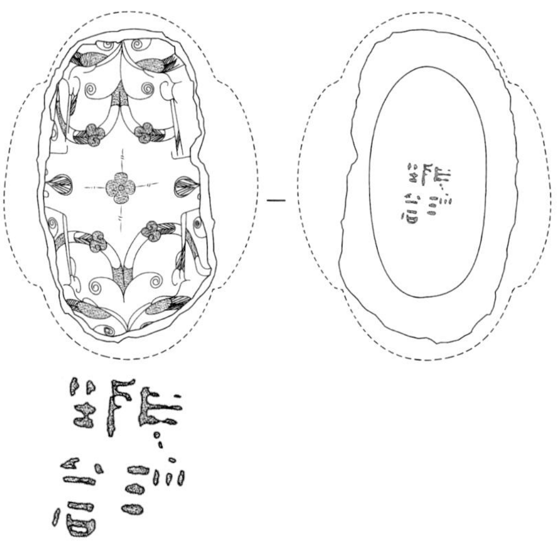

图九　B 型漆耳杯（标本 121）

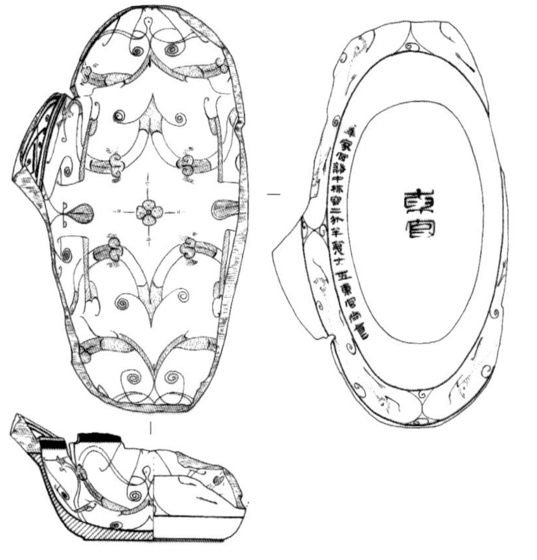

图一〇　B 型漆耳杯（标本 124）

C 型　98 件。木胎，素面。内腹髹红漆，其余部位均髹黑漆，无纹饰。铭文方式有漆书、刻画及烙印戳记三种（图一一 ~ 图一八）。

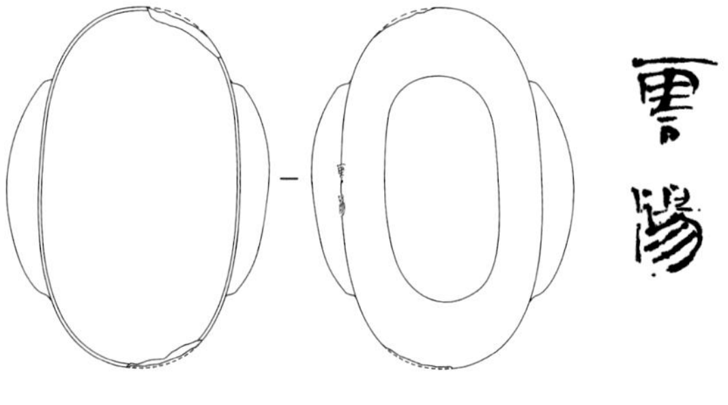

图一一　C 型漆耳杯（标本 006）

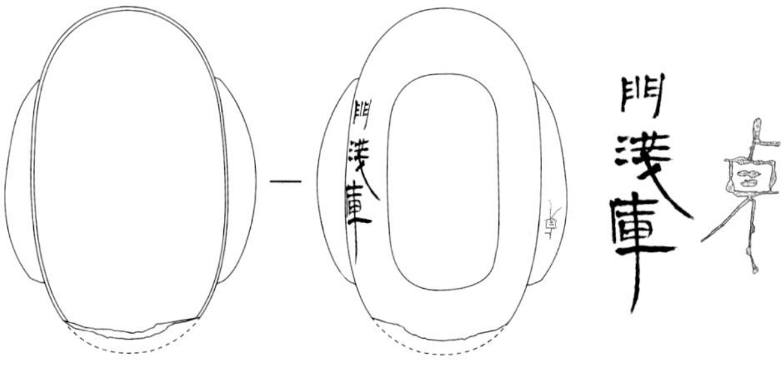

图一二　C 型漆耳杯（标本 007）

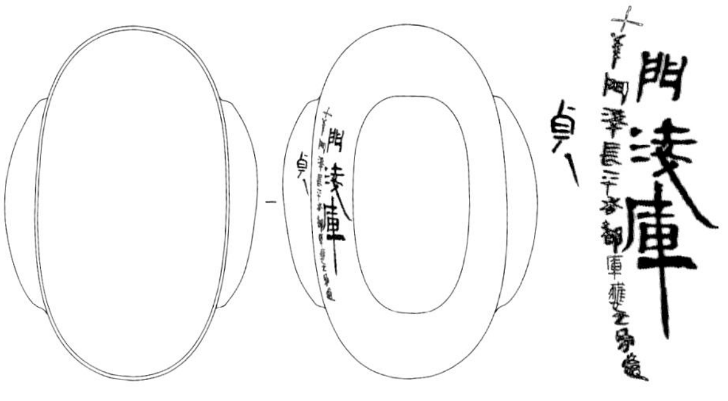

图一三　C 型漆耳杯（标本 009）

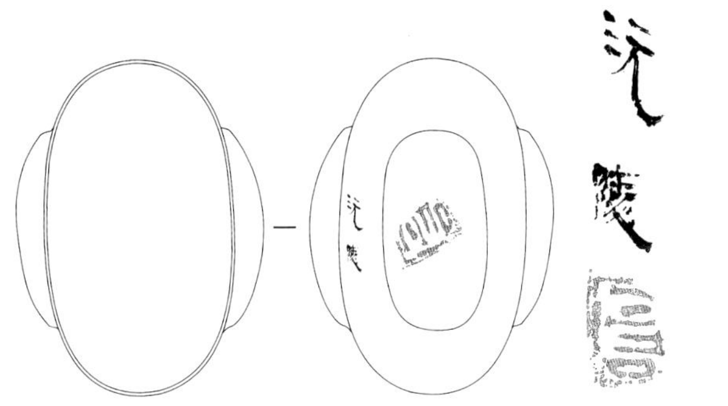

图一四　C 型漆耳杯（标本 016）

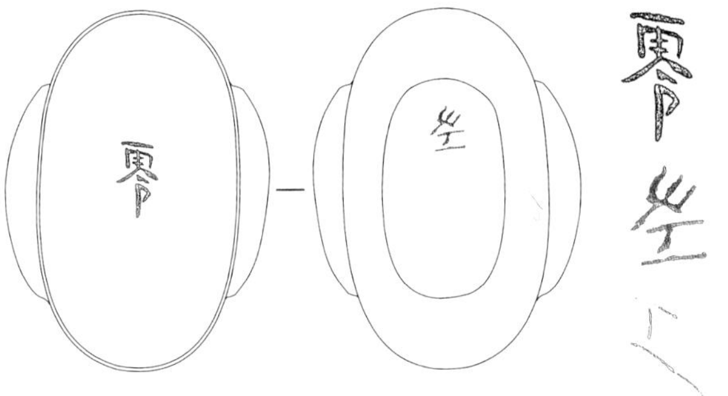

图一五　C 型漆耳杯（标本 029）

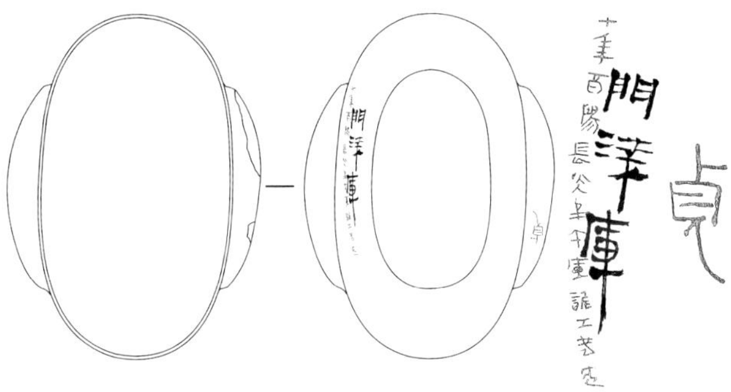

图一六　C 型漆耳杯（标本 032）

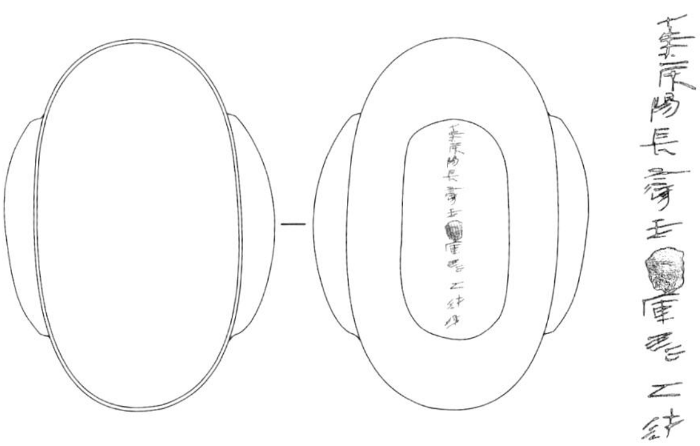

图一七　C 型漆耳杯（标本 047）

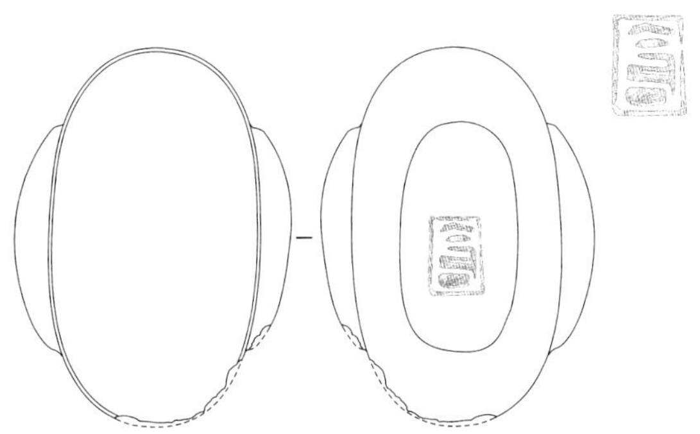

图一八　C 型漆耳杯（标本 064）

盘　28 件。大多保存完整，均为木胎，由整木雕成。依据形制大小可分二型。

A 型　1 件（标本 139）。大盘，仅存器底。内底髹黑色底漆，中部朱绘变形凤鸟纹，外绕一道朱绘几何纹，再外侧为两圈朱漆带夹一圈朱绘变形凤鸟纹。底径 39.8 厘米（图一九，1）。

B 型　27 件（标本 038）。小盘。形制相同，平沿，敞口，折腹，小平底。内腹髹红漆，内口至外底均髹黑漆，素面无纹。大多有朱漆、刻画及烙印戳记等铭文。口径 28 厘米，高 5 ~ 6 厘米（图一九，2）。

剑盒　1 件（标本 140）。盖残失，仅存盒身，长条槽状，为一整木雕成，两端略窄。外髹黑漆。长 76 厘米，中宽 11 厘米，内槽宽 6.4 厘米，高 5.6 厘米（图二〇）。

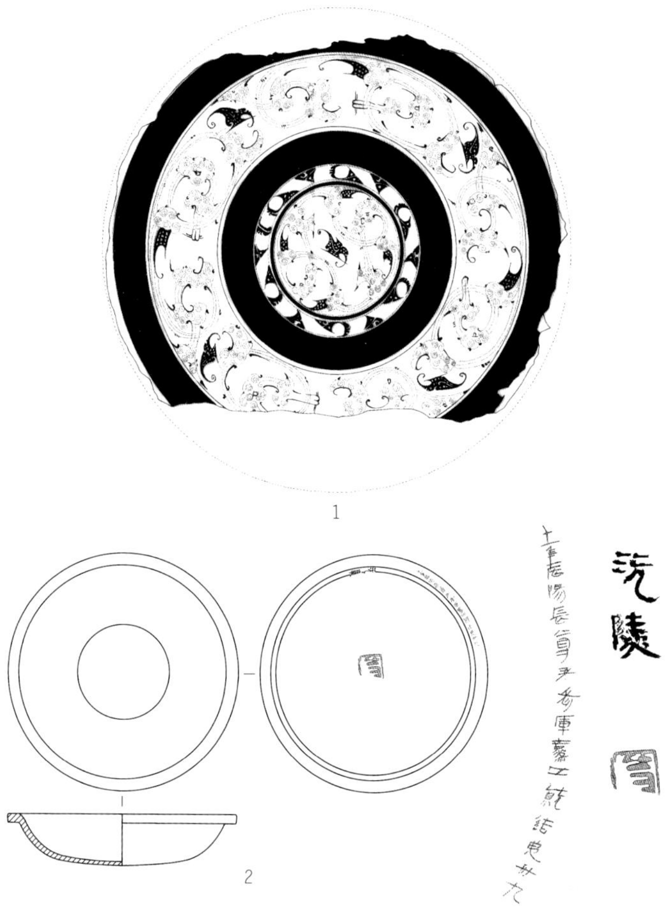

图一九　漆器

1. A 型漆盘（标本 139）　2. B 型漆盘（标本 038）

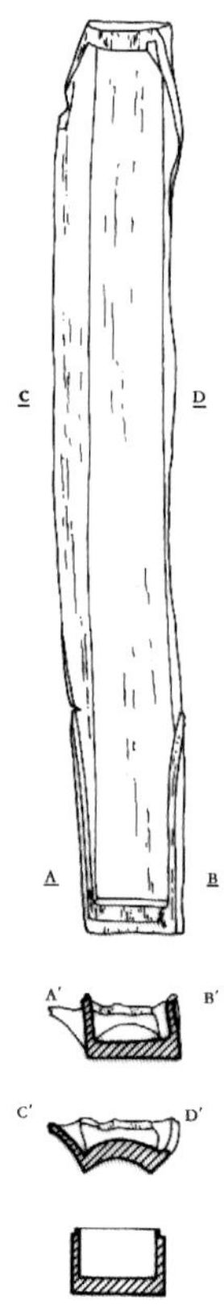

图二〇　剑盒（标本 140）

（二）金器

3 件。器形为印及挂饰。

印　2 枚。分别为“长沙王玺”和“长沙王印”。标本 141，金质，龟纽，龟首上翘，卧于印座之上，龟与印体融为一体，仅纽下有一圆穿，印面呈方形，印面阴刻篆文“长沙王玺”四字。边长 2.2 厘米，高 2.1 厘米，重 90 克（图二一）。据盗墓分子供词，该玺出土于 M7。真伪有待进一步鉴定。标本 142，金质，龟纽，龟呈站立状，龟首上翘，卧于印座之上，仅四爪掌面与印体融合，龟身下有一凹窝，印面阴刻篆文“长沙王印”四字。长 1.65 厘米，宽 1.6 厘米，高 1.65 厘米，重 32.5 克（图二二）。据盗墓分子供词，该印出土于 M11。真伪有待进一步鉴定。

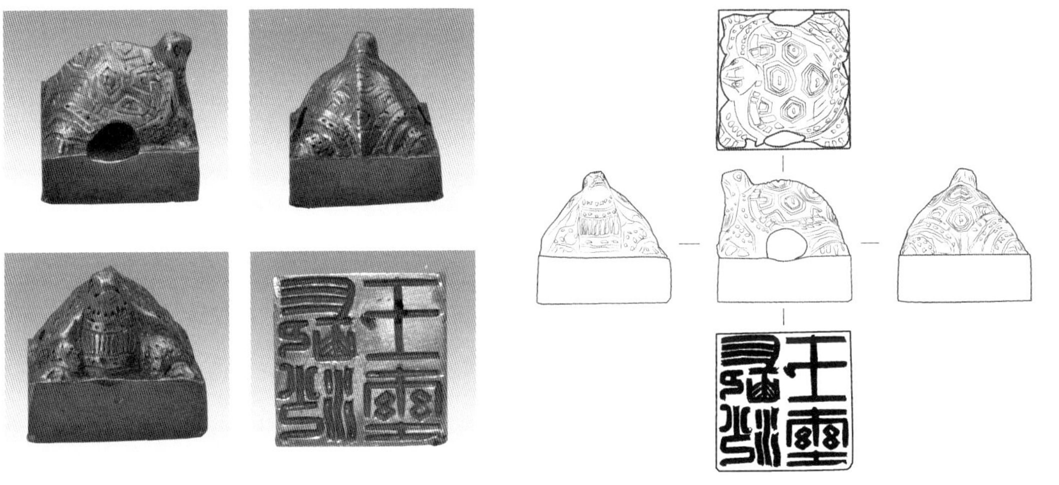

1　　2

图二一　金质长沙王玺（标本 141）

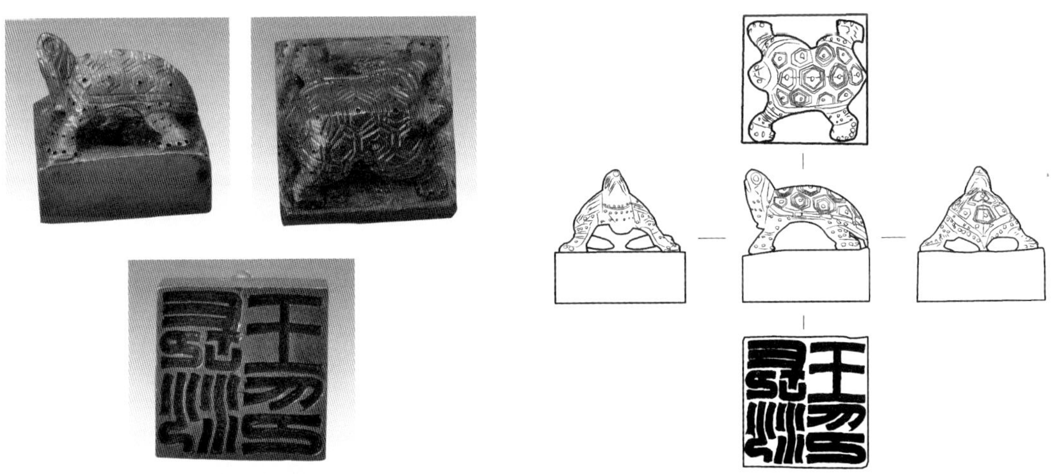

1　　2

图二二　金质长沙王印（标本 142）

挂饰　1件（标本143）。上有一环，环下悬挂金片镂空状配饰，主体纹饰为上下各一对凤鸟围绕中心花瓣呈缠绕状，花瓣及凤鸟身上有圆形凹槽，推测镶嵌绿松石之类的饰件，现残失。纹饰繁缛美观，做工精美。高7.3厘米，宽4.9厘米（图二三）。据盗墓分子供词，出土于M8。

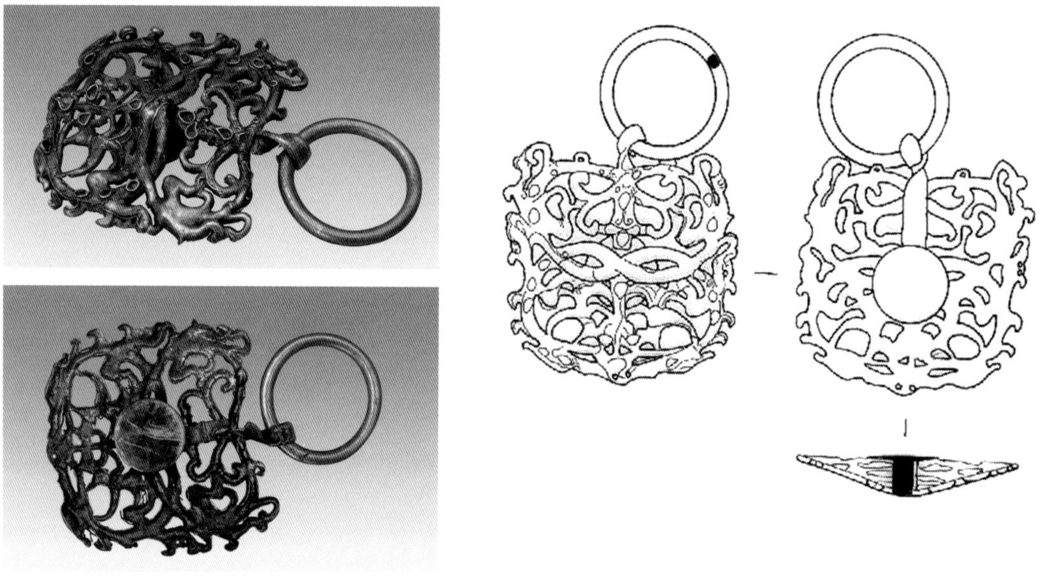

1　　2

图二三　金挂饰正、反面及线图（标本143）

（三）铜器

共49件（套）。器形有镇、带钩、镜、铺首衔环、剑、灯、瑟枘、秤盘、杵臼、案足、铜金饼及铜钱等。

镇　4件（标本144～147）。形制相同，每件分上下体套合，上体呈镂空伞状，为三个麒麟状怪兽托一莲花，三兽对称，前后相连，兽头向外。下体呈车軎状，下为饼形，中间凸出，边侧有三个凹槽，与上体三兽前爪下的凸榫相套合。标本144，底径7厘米，高5.9厘米（图二四，1）。据盗墓分子供词，均出土于M8。

带钩　1件（标本148）。钩如琵琶状，兽首，背部有一圆纽，腹较长，上腹鼓起呈弧形，端侧上部有两道凸弦纹。长10.7厘米，宽2.6厘米，高1.2厘米（图二四，2）。

镜　1件（标本149）。云雷连弧纹镜，四叶纹纽座，座外饰短斜线纹和窄带纹各一周，主纹为八内向连弧，弧内饰三线纹及三线飘带状纹，之外两周短斜线纹夹八组双重叠的三角雷纹和八个涡状云纹。直径20.8厘米，厚0.4厘米。据盗墓分子供词，出土于M11。

铺首衔环　1件（标本150）。铺首为龙首形，头顶为桃形，两角向内弯曲，鼻部外凸上翘，并衔一环，双目圆睁，眉框高凸，眉毛卷成旋涡状。高 8.8 厘米，宽 12.9 厘米，环外径 7.8 厘米（图二四，3）。据盗墓分子供词，出土于 M8。

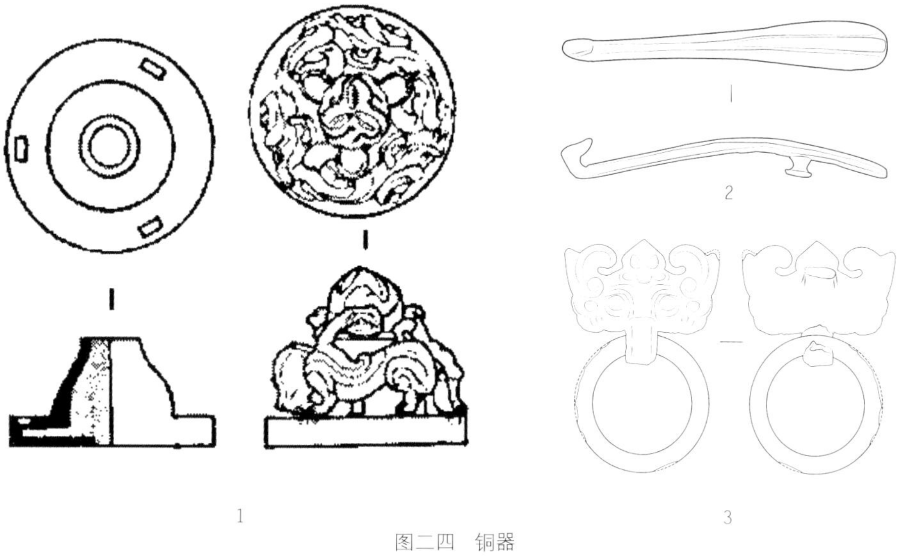

图二四　铜器

1. 铜镇（标本 144）　2. 铜带钩（标本 148）　3. 铜铺首衔环（标本 150）

剑　2 件（标本 151、152）。形制相同，饼形剑首，圆茎，中部有两圈凸箍，剑格呈“一”字形，剑脊凸起，从部内凹，剑身横截面呈凹菱形，锋部较尖。标本 151，长 63.2 厘米，宽 4.6 厘米；标本 152，长 33.2 厘米，宽 5 厘米（图二五）。据盗墓分子供词，均出土于 M11。

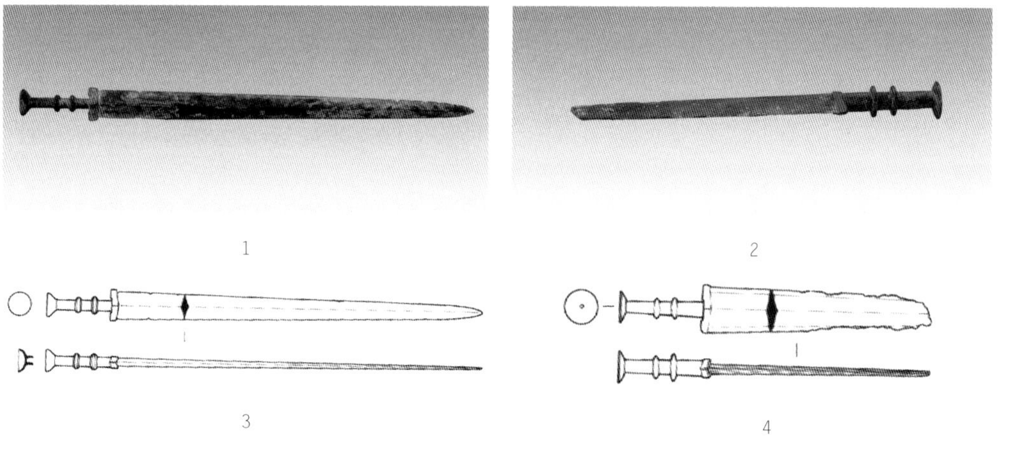

图二五　铜剑

1、3. 铜剑（标本 151）　2、4. 铜剑（标本 152）

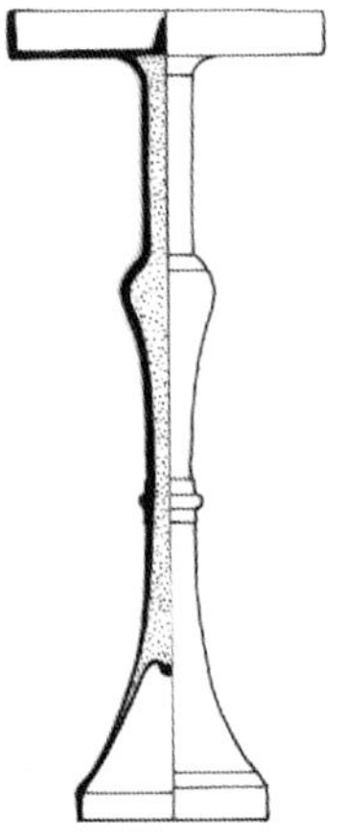

1　　2

图二六　A 型铜灯（标本 153）

灯　3 件。据盗墓分子供词，均出土于 M8。依据形制不同可分三型。

A 型　1 件（标本 153）。浅盘侈口，盘中央一芯，高竹节形柄，喇叭口座。盘径 21.6 厘米，座径 13.2 厘米，高 53 厘米（图二六）。

B 型　1 件（标本 154）。浅盘侈口，盘中央一芯，盘外腹下端附三足，上端较粗大，均残断。盘径 14.4 厘米，底径 13.2 厘米，残高 4.3 厘米（图二七，1、2）。

C 型　1 件（标本 155）。残损，约存 1/3，窄平沿，浅盘侈口，盘内等距离分布三个环形纽，纽下即为三个扁平状足，均残断。盘径 22.1 厘米，底径 18.3 厘米，残高 6.1 厘米（图二七，3）。

1

2

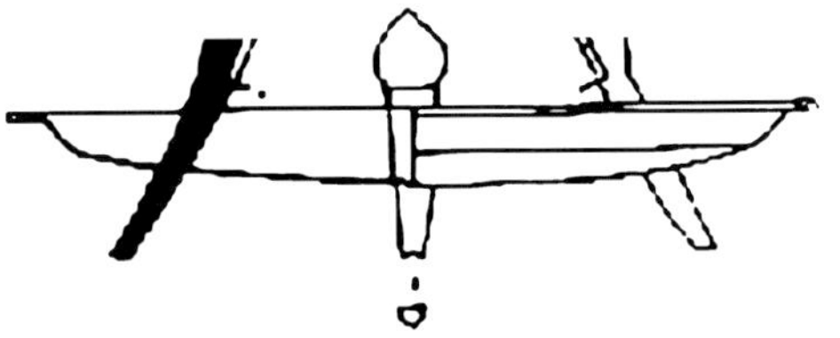

3

图二七　铜灯

1、2. B 型铜灯正、反面（标本 154）　3. C 型铜灯（标本 155）

瑟枘　2 件（标本 156、157）。形制相同，壶状，上为柱状圆角方形，内空，腹部凸出，呈梭形，短柄，呈箍状，上为喇叭状，内填充白色不明物，腹部饰正反相间浅三角形凹槽，用以镶嵌饰品，均残失，下腹部及圈足表面镶嵌较多绿松石珠，大部分残失，仅存数颗。标本156，宽4.4厘米，高6.6厘米（图二八）。据盗墓分子供词，均出土于M11。

图二八　铜瑟枘（标本156）

秤盘　1件（标本158）。碗状，圜底，体较薄，口沿下有四个对称小孔。口径4.5厘米，高1.15厘米（图二九）。

图二九　铜秤盘（标本158）

杵臼　1套（标本159）。含臼及杵。臼为直口，平沿，方唇，桶腹，内凹底，饼形底座，上腹部饰凸弦纹，并饰两个对称兽首纽，类似铺首衔环状。口径10.7厘米，底径10.6厘米，高16.5厘米。杵为棒状，横断面呈圆形，两端稍粗，端侧凸出呈球形，中部有三道凸弦纹。杵长29.9厘米，中径3厘米。据盗墓分子供词，均出土于M8。

案足　1件（标本160）。呈“人”字状，为木质案足外包铜，上端略呈倒桃形，下端呈大括号形，正面中部有两道凹弦纹。宽11.7厘米，高9厘米，厚1.7厘米（图三〇）。

图三〇　铜案足（标本160）

铜金饼　33件（标本216～248）。圆饼状，正面凸起，上饰7个“C”状卷云纹，其中5个在外，2个在内，边缘一周凹弦纹，底部内凹。直径6厘米，厚0.5厘米(图三五，1、2)。据盗墓分子供词，均出土于M8。

铜钱　579枚（标本161），均为“五铢”铜钱。钱文变化多样，“五”字中间两笔弯曲者较多；少量“五”字中间两笔较直；“金”字头一般为小正三角形，“金”字下端大多呈“米”字形状，个别内侧为四点；“朱”字上或下大多为方折，有部分为弧折，也有的“朱”字头两侧略向外敞；“金”字和“朱”字头平齐者较多，个别“朱”字头略高于“金”字头。外径2.4～2.5厘米，穿径1.1厘米（图三一）。据盗墓分子供词，均出土于M8。

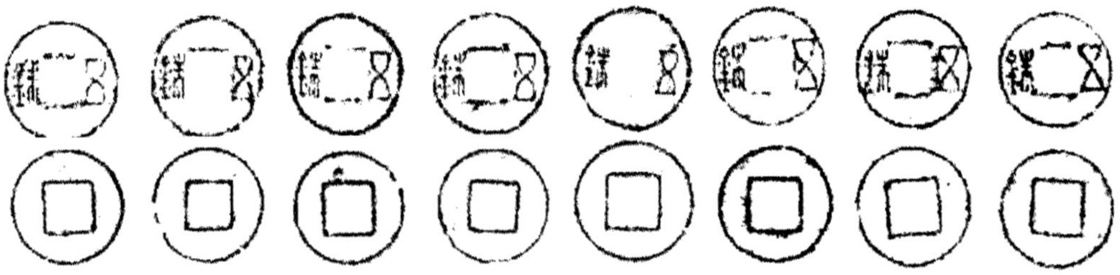

图三一　铜钱（标本 161）

（四）玉器

共 13 件。器形有印、剑格、剑璏、璧、璜、佩饰、带钩等。

印　1 件（标本 162）。为龟形印模。青玉，龟纽，龟呈蹲立状，龟首上翘，卧于印座之上，四爪掌面与印体融合，印面无字。边长 1.8 厘米，高 1.5 厘米（图三二，1）。据盗墓分子供词，出土于 M8。

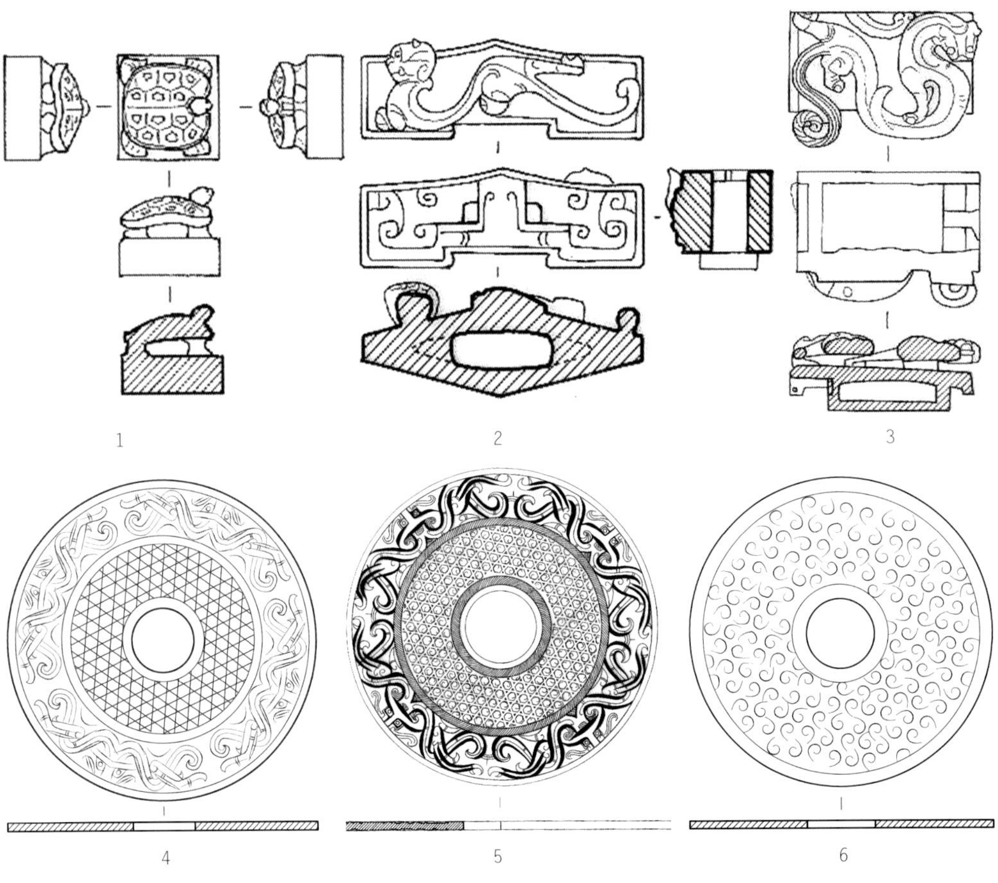

图三二　玉器

1. 玉印（标本 162）　2. 剑格（标本 163）　3. 剑璏（标本 164）　4. A 型玉璧（标本 165）　5. A 型玉璧（标本 166）　6. B 型玉璧（标本 167）

剑格　1件（标本163）。青玉，截面呈菱形，中间有菱形穿孔，正面边缘部分为一道凹弦纹，中部浮雕一弯曲爬行状龙纹，龙头略上翘，龙背面平直，背脊有一凹弦纹，格一侧正中有凹槽，龙头一侧正中为尖状凸出，长4.8厘米，宽1.95厘米，厚2.2厘米（图三二，2）。据盗墓分子供词，出土于M8。

剑璏　1件（标本164）。青玉，器呈长方形，两端内卷，长方形穿孔，底面平直。顶部浮雕一弯曲爬行状螭龙纹，龙头呈回首状，龙体部分伸出璏身之外。长4.9厘米，宽3.4厘米，厚2厘米（图三二，3）。据盗墓分子供词，出土于M7。

璧　5件。圆形。青玉，依据纹饰不同可分二型。

A型　2件（标本165、166）。龙纹璧。两面饰相同纹饰，每面阴刻弦纹分隔纹饰为内外两部分，外圈均为变形龙纹，内圈饰蒲纹。标本165，外径16厘米，内径3.2厘米，厚0.45厘米（图三二，4、5）。据盗墓分子供词，均出土于M8。

B型　3件（标本167～169）。云纹璧。两面饰相同纹饰，每面边缘及内侧各饰一周阴刻弦纹，弦纹之间饰谷纹。标本167，外径14.7厘米，内径3.5厘米，厚0.4厘米（图三二，6）。据盗墓分子供词，出土于M11。

璜　1件（标本170）。青黄玉，呈半璧状，中厚外薄。两面纹饰相同，内外边缘各饰一细凹弦纹，中间饰小圆圈纹。长13.8厘米，宽4.5厘米，厚0.25～0.4厘米（图三三，1）。据盗墓分子供词，出土于M7。

佩饰　3件。为鸡心佩，其中2件修复完整，1件残损。形制大体一致，体扁平，呈心形，上端尖状，中央有一圆孔，下端为圆形。标本172，一侧镂雕龙纹，一侧镂雕云纹，心形上端阴线雕成花蒂纹，下端浮雕盘曲龙纹。长8.3厘米，宽6.4厘米，厚0.4厘米。标本173，一侧镂雕龙纹，龙头伸至心形上端，一侧镂雕云纹，心形下端阴线雕成凤鸟纹。长6.7厘米，宽5.2厘米，厚0.6厘米（图三三，2）。标本

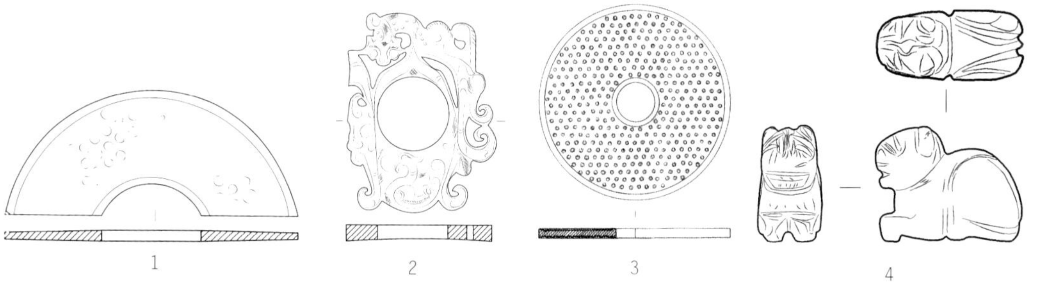

图三三　玉器、琉璃器及琥珀器

1. 玉璜（标本170）　2. 鸡心佩（标本173）　3. 琉璃璧（标本175）　4. 琥珀虎形饰（标本177）

174，仅存下端，阴线雕成花草纹。残长 3.6 厘米，宽 3.8 厘米，厚 0.4 厘米。据盗墓分子供词，均出土于 M7。

带钩　1 件（标本 171）。钩如琵琶状，鹅首，背部靠端侧上方有一圆纽，上腹鼓起呈弧形。长 6.7 厘米，宽 2.2 厘米。据盗墓分子供词，出土于 M7。

（五）琉璃器

2 件。器形有璧及管。

璧　1 件（标本 175）。圆形。豆黄色，模铸，两面饰相同纹饰，每面边缘及内侧各饰一圈阴刻弦纹，弦纹之间饰凸起谷纹。外径 12 厘米，内径 2.4 厘米，厚 0.6 厘米（图三三，3）。

管　1 件（标本 176）。长管状，中空，两端各饰一圈阴刻弦纹，弦纹之间饰凸起谷纹。长 13.1 厘米，直径 2.2 厘米。据盗墓分子供词，出土于 M7。

（六）水晶器

共 2 件（套）。器形有珠、管等。据盗墓分子供词，出土于 M7。

珠　14 件（标本 180）。珠状。略带浅蓝色，透明。中间有穿孔。大小不一，长 0.8 ~ 1.2 厘米，宽 0.6 ~ 1.2 厘米，厚 0.1 ~ 0.5 厘米。

管　1 件（标本 179）。管状，略带浅蓝色，透明。中间有穿孔。长 3 厘米，宽 1 厘米。

（七）琥珀器

2 件（标本 177、178）。形制相同，为琥珀虎形饰。橘黄色，呈蹲伏状，腹部有一穿孔，透明度强。标本 177，长 1.75 厘米，宽 0.8 厘米，高 1.35 厘米（图三三，4）。据盗墓分子供词，出土于 M7。

（八）陶器

共 10 件。均为泥质灰陶，器形有熏炉、鼎、鼎盖、勺及泥金饼。

熏炉　1 件（标本 187）。子口承盖，盖顶略平，中部有一鸟形纽，上残。口微敛，直壁，平底，喇叭形圈足。盖面刻画六组对称的弦纹、戳印纹及三角形图案相间分布，每个三角形中间各有一圆形镂孔，器身压印三角纹饰，圈足边缘有一圈凸弦纹。口径 11.6 厘米，柄径 2.4 厘米，圈足径 8.6 厘米，残高 14.2 厘米（图三四，1）。

鼎　4 件（标本 181 ~ 184）。据盗墓分子供词，出土于 M5。依据腹部、底部及足部形制不同可分为三型：

A 型　2 件。盖缺失，子母口，弧腹，下腹部弧内收，底略平。口外附一对长方形耳，微外撇，矮兽蹄足。腹部饰一道凸棱。标本 182，足上部刻画兽面纹。口径 15.2 厘米，腹径 19.9 厘米，总宽 22.4 厘米，高 12.1 厘米（图三四，2）。标本 184，口径 15.2 厘米，腹径 20.1 厘米，总宽 21.2 厘米，高 14 厘米（图三四，3）。

B 型　1 件（标本 183）。盖缺失，子母口，浅弧腹，圜底。口外附一对称长方形耳，略内收，高蹄足。

中腹饰一道凸棱。口径 14.4 厘米，腹径 18.2 厘米，总宽 20.3 厘米，高 14.4 厘米（图三四，4）。

C 型　1 件（标本 181）。子口承盖，盖为圆拱形，上置三个长方形纽。深弧腹，圜底。口外附对称长方形耳，弯曲外撇。矮蹄足，足外撇。腹部饰一道凸棱。口径 14 厘米，腹径 18.4 厘米，高 13.2 厘米（图三四，5）。

鼎盖　2 件（标本 185、186）。形制相同。拱形，口部近直，顶部有一环形纽，盖面饰 1 ~ 2 圈凹弦纹，并附三个圆形纽。标本 185，口径 19.6 厘米，高 6.4 厘米（图三四，6）。标本 186，口径 19.8 厘米，高 5.9 厘米（图三四，7）。

勺　1 件（标本 188）。勺柄部分残缺。勺平面形似箕，圆唇，弧折腹，平底。口长 8.7 厘米，口宽 8.5 厘米，残高 2.5 厘米（图三四，8）。

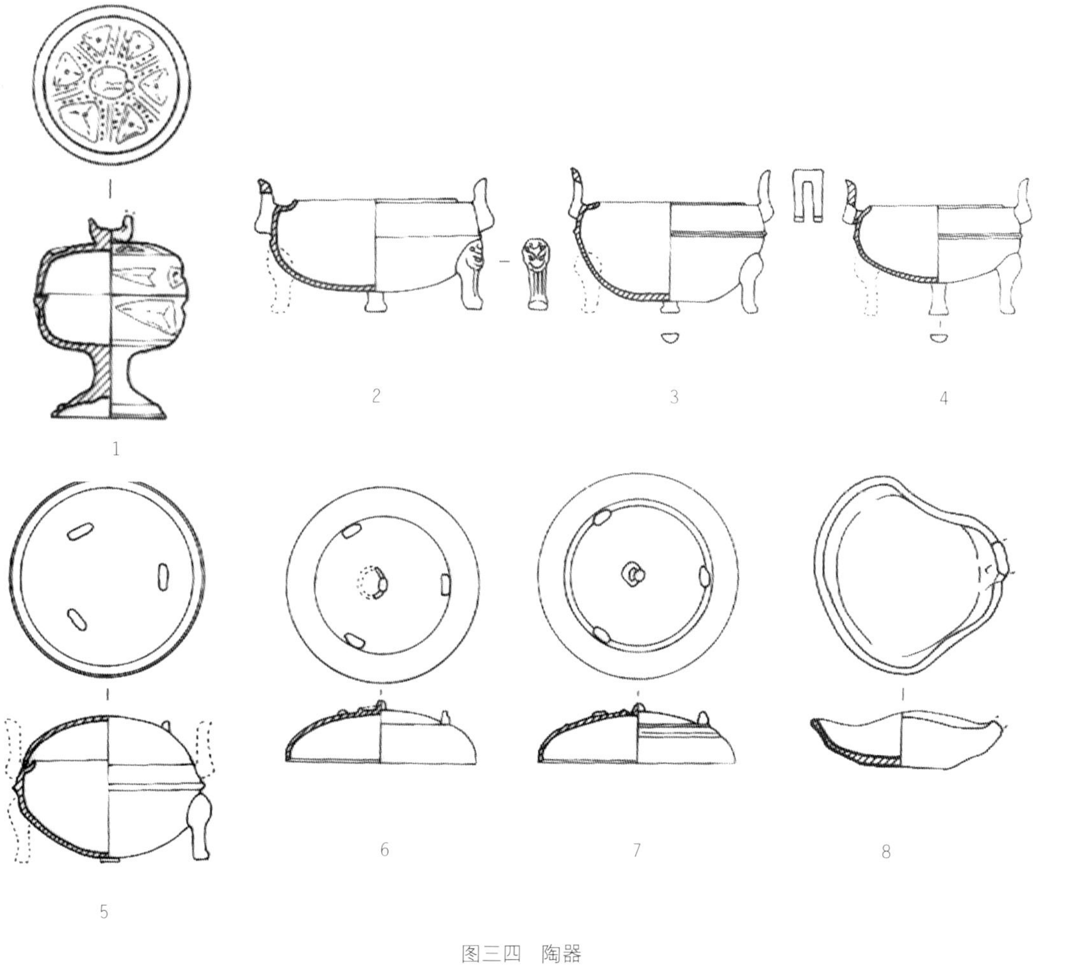

图三四　陶器

1. 熏炉（标本 187）　2. A 型鼎（标本 182）　3. A 型鼎（标本 184）　4. B 型鼎（标本 183）　5. C 型鼎（标本 181）　6. 鼎盖（标本 185）　7. 鼎盖（标本 186）　8. 勺（标本 188）

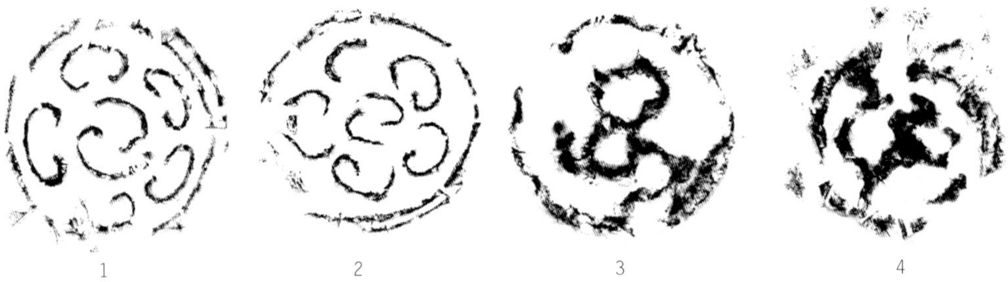

图三五　铜金饼及泥金饼拓片

1、2. 铜金饼拓片（标本 216、218）　3、4. 泥金饼拓片（标本 189-1、2）

泥金饼　2 枚（标本 189-1、2）。圆饼状，较薄，正面略凸起，底内凹，上饰错乱卷云纹。直径 6 厘米，厚 0.5 厘米（图三五，3、4)。

（九）滑石器

共 26 件。器形有圈足杯、桶形杯、盒、耳杯、磬、璧及碗等。

圈足杯　2 件（标本 190、191）。均残。形制相同，直口，圆唇，深腹，束腰，喇叭形假圈足。素面。标本 190，口径 5.2 厘米，腹径 5.3 厘米，底径 3.9 厘米，高 8.8 厘米（图三六，1）。据盗墓分子供词，出土于 M5。

桶形杯　2 件（标本 192、193）。直口，圆唇，桶形腹，平底。中腹附一拱形耳。标本 192，口径 10.6 厘米，底径 11.2 厘米，高 11 厘米（图三六，2）。

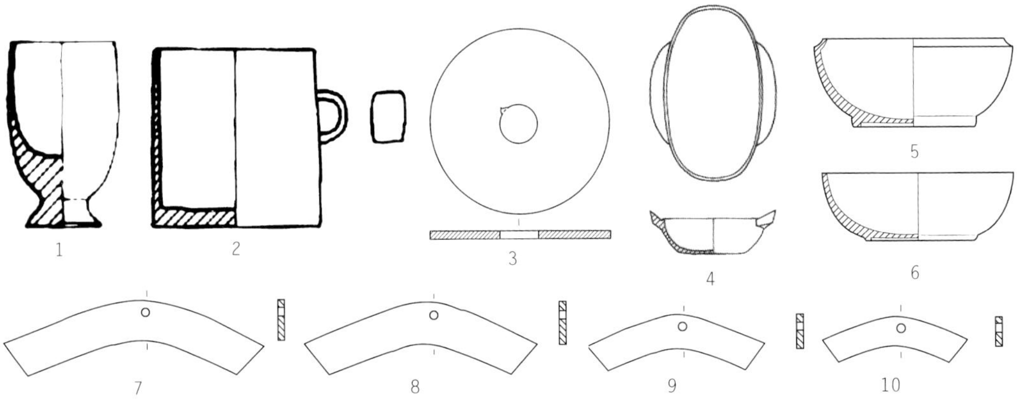

图三六　滑石器

1. 圈足杯（标本 190）　2. 桶形杯（标本 192）　3. 璧（标本 203）　4. 耳杯（标本 211）　5. 盒（标本 194）　6. 碗（标本 214）　7 ～ 10. 磬（标本 199 ～ 202）

盒　5 件（标本 194 ～ 198）。形制相同。盖均残缺。子母口，弧腹，圈足。素面。标本 194，口径 7.5 厘米，底径 5.2 厘米，高 3.6 厘米（图三六，5）。据盗墓分子供词，出土于 M5。

耳杯　3件（标本211～213）。杯口呈椭圆形，两侧有圆弧形耳，微上翘，平底。标本211，长13厘米，宽9.6厘米，高3.3厘米，底长8.8厘米，宽5.3厘米（图三六，4）。

磬　4件（标本199～202）。形制相同，由大至小，应为一套编磬。器体扁平，呈圆角曲尺状，顶部有圆形穿孔，打磨光滑，素面。标本199，长23.1厘米，宽3.6厘米，厚0.65厘米。标本200，长20.5厘米，宽3.6厘米，厚0.65厘米。标本201，长15.6厘米，宽3厘米，厚0.65厘米。标本202，长12.5厘米，宽2.6厘米，厚0.65厘米（图三六，7～10）。

璧　8件（标本203～210）。形制相同。均残缺。圆形，中间有圆孔，素面。标本203，外径16.8厘米，内径3.5厘米，厚0.8厘米（图三六，3）。

碗　2件（标本214、215）。形制相同，均残缺。口微侈，圆唇，弧腹，矮圈足。标本214，口径10厘米，底径5.75厘米，高3.5厘米（图三六，6）。

二、认识

1. 从墓葬规模、形制以及移交文物分析，该批被盗墓葬应属于长沙国王室成员墓。

经考古调查可知，该批被盗墓葬规模均较大，为一山一墓，墓穴凿于山体正中，上有大型封土堆。这与该区域内的长沙国王室墓形制特点一致。该区域自20世纪70年代至今，曾发掘了5座西汉长沙国王室成员墓葬，分别为位于咸家湖一带的陡壁山汉墓[①]、象鼻嘴一号墓[②]、渔阳王后墓[③]，位于望城县星城镇的风篷岭一号汉墓[④]、风盘岭汉墓[⑤]。王室墓葬的共同特点是形制巨大，为带墓道的“甲”字形或“中”字形墓，采用“黄肠题凑”葬制，部分还采用了金缕玉衣等汉代高等级丧葬形制。其中在M1、M3及M11盗洞周围就发现有被盗出土的墓室顶板及椁板残片等，与以往王室墓葬具相类。

从移交文物分析，此次移交被盗文物中，漆木器占大宗，据盗墓分子供词，该批漆木器除剑盒外均出土于M5，由以下两点可以印证这批漆木器当属王室成员墓葬所有。

首先是数量多。如此众多的漆耳杯及漆盘出土于同一墓葬，以往仅见于发掘过的王室墓葬中，漆器在汉代是十分昂贵的，制作成本很高，非普通官员及下层民众享用得起。由此可以直接证明墓葬的等级相当高。

---

①长沙市文物局文物组：《长沙咸家湖西汉曹𡟰墓》，《文物》1979年第3期。

②湖南省博物馆：《长沙象鼻嘴一号西汉墓》，《考古学报》1981年第1期。

③长沙市文物考古研究所、长沙市简牍博物馆：《湖南长沙望城坡西汉渔阳墓发掘简报》，《文物》2010年第4期。

④长沙市文物考古研究所、望城县文物管理局：《湖南望城风篷岭汉墓发掘简报》，《文物》2007年第12期。

⑤长沙市文物考古研究所、望城县文物管理局：《长沙望城风盘岭汉墓发掘简报》，《文物》2013年第6期。

其次是铭文记录等级较高。有代表地名的“沅陵”“零阳”等以及行政职官名的“零阳丞”“沅陵侯”“沅陵长”“门浅长”“临沅长”“酉阳长”“义陵长”“沅阳长”“辰阳长”“澧阳长”“潕阳长”，这些都为高等级职官称谓，可能代表漆器的产地或来源。另还有大量代表一定级别的机构名称，如“门浅库”“长沙郡仓”“仓”“东官”等，这些高等级的机构，当时在长沙也只有与长沙国王室才能相匹配。关于该批漆器的时代，推测可能为刘姓长沙定王发前后的器物[①]。

另从玉器来看，种类较多，器形有印、剑格、剑璏、璧、璜、佩饰、带钩等，玉质及制作工艺都十分精良。其中玉璧共5件，据盗墓分子供词，2件A型玉璧出土于M8，3件B型玉璧出土于M11。从全国范围看，玉璧在汉代诸侯王及其亲属的墓中出土很多[②]，从玉璧纹饰分析，A型龙纹玉璧与风篷岭汉墓A型玉璧形制非常相似，几乎如出一辙[③]。另3件鸡心佩形体较大，据盗墓分子供词，均出土于M7。比曹嫘墓及该区域窑圹山中小型汉墓出土的同类型器都大，充分显示出王者之气。从整体来看，长沙中小型汉墓出土玉器较少，与之相反，贵族墓葬却出土大量的玉器，而且规格、级别越高，玉器随葬也就越多，玉器也越精致[④]。

再将被盗墓葬与该区域内的桐梓坡、银盆岭、茶子山等地分布的大量西汉时期中小型汉墓相比[⑤]，无论墓葬规模，还是出土文物的类别和级别，均形成鲜明的对比，所以综合分析，基本可以确定该批被盗墓葬应属长沙国王室成员墓葬。

2. 由被盗地点及被盗文物看西汉吴姓及刘姓长沙国王陵的分布区域。

西汉长沙国从始封至国除，共历经吴姓长沙国和刘姓长沙国。

吴姓长沙国自西汉高祖五年（前202）刘邦徙封衡山王吴芮为长沙王始，至文帝后元七年（前157），历46年，五代五传，为文王吴芮—成王吴臣—哀王吴回—共王吴右—靖王吴著（产）。

刘姓长沙国自汉景帝二年（前155），封定王刘发为长沙王始，至建武十三年（37），其间废置17年，历175年，八代九传，为定王刘发—戴王刘庸—顷王刘附朐—剌王刘建德—炀王刘旦—孝王刘宗—缪王刘鲁人—刘舜—刘兴。

吴姓长沙国王陵区综合发掘过的曹嫘墓、象鼻嘴一号墓、“渔阳”王后墓以及调查的扇子山、狮子山等区域的墓葬分布情况，基本可以确认吴姓长沙国王陵区就分布在咸嘉湖及其周边区域。

①何旭红：《对长沙谷山被盗汉墓漆器铭文的初步认识》，《湖南省博物馆馆刊》第六辑，岳麓书社，2010年。

②卢兆荫：《秦、西汉玉器概述》，《湖南省博物馆馆刊》第三辑，岳麓书社，2006年。

③长沙市文物考古研究所、望城县文物管理局：《湖南望城风篷岭汉墓发掘简报》，《文物》2007年第12期。

④喻燕姣：《略论湖南出土的汉代玉器》，《湖南考古·2002》，岳麓书社，2004年。

⑤长沙市文物工作队：《长沙西郊桐梓坡汉墓》，《考古学报》1986年第1期。

刘姓长沙国王陵区最早被认为在湘江以东杨家山一带，因为该区域在新中国成立前曾发掘了一座被认为是刘姓长沙王后的墓葬，墓中所出漆盘有“杨主家般”及“今长沙王后家般”等铭文[①]，20 世纪 50 年代在距王后墓约 20 米处发掘的刘骄墓也出土有“杨主家般”铭文漆盘，字体与前相同[②]，所以是否有长沙国王后墓葬在此分布，资料欠详。另东郊柳家大山闵翁主墓、汤家岭张端君墓等也被认为是与长沙国王室相关的人物[③]。

对于刘姓长沙国王陵区的分布区域问题，随着 2006 年风篷岭一号墓发掘及调查发现的桃花岭汉墓[④]，加之此次谷山周围被盗的 9 座大型西汉墓葬，而重新成为考古工作者思考的问题，从已发掘的 5 座长沙国王室墓看，此类墓葬均采用“黄肠题凑”葬制。但杨家山一带已经发掘的墓葬均未出现“黄肠题凑”这样高等级葬制的墓葬，所以我们对杨家山一带为刘姓长沙国王陵区这一观点提出质疑。结合盗墓者供词，两枚长沙王金印及玺均出自该区域的两座墓葬中，如果情况属实，并结合以上对被盗随葬品时代的分析，可以初步推断刘姓长沙国王陵区就分布在谷山周围。至于吴姓和刘姓王陵区的具体分布范围、布局及墓葬分布情况等，还有待日后考古工作的进一步考证。

附记：移交漆器铭文由湖南省文物考古研究所张春龙先生隶定。中国文化遗产研究院李均明和胡平生先生也多次给予指导，在此一并致谢！

执笔：何　佳　雷永利
绘图：廖　微　高　铁
拍照：易家敏　莫　泽
拓片：肖静华

（本文原发表于《湖南省博物馆馆刊》第六辑，岳麓书社，2009 年。此次略有改动。）

①②中国科学院考古研究所：《长沙发掘报告》，科学出版社，1957 年，第 97 页。

③黎石生：《西汉长沙国王侯墓地及相关问题》，《考古耕耘录》，岳麓书社，1999 年。

④2006 年，长沙市文物考古研究所在距风篷岭一号汉墓东南约 300 米处，发现了该墓葬；2007 年 10 月～ 11 月，对该墓葬进行了重点勘探；2008 年 12 月 19 日，该墓葬遭盗掘。

表一 长沙“12·29”古墓葬被盗案中 11 座大型古墓葬被盗情况统计表

序号	编号	位置	盗洞情况	出土遗物
1	M1	岳麓区	山包顶部共 6 个盗洞，可分圆形和长方形两种，其中圆形盗洞直径为 2 ~ 4 米不等；长方形盗洞坑口长 1.5 ~ 3 米，宽 0.7 ~ 1.2 米不等；盗洞深浅不一，部分盗洞内还残留有木质椁板，部分已回填	不明
2	M2	岳麓区	山包顶部共 3 个盗洞，可分圆形和长方形两种，其中圆形盗洞直径为 2 ~ 4 米不等；长方形盗洞坑口长 1.5 ~ 2 米，宽 0.7 ~ 1 米不等；盗洞深浅不一，部分盗洞内还残留有木质椁板，部分已回填	不明
3	M3	岳麓区	在山包顶部共发现 2 个盗洞，其中 1 号盗洞为长方形，长 0.9 米，宽 0.7 米，深 1.2 米，部分回填；2 号盗洞为圆形，直径 1.1 米，深 1 米，部分回填	（漆器残片及红褐色陶残片）
4	M4	望城县	山包顶部有 1 个盗洞，长方形，长 1.2 米，宽 0.7 米。盗洞未伸入墓室	不明
5	M5	望城县	山包顶部有 3 个盗洞，其中 1 号盗洞为圆形，直径约 0.9 米，部分回填；2 号盗洞为方形盗洞，边长 1.2 米；3 号盗洞为圆形，直径 1.1 米	漆木器、滑石杯、滑石盒、陶鼎
6	M6	望城县	在山包顶部发现 1 个盗洞，为长方形，长 1.05 米，宽 0.7 米，距洞口 2.75 米处为圆形，口径 0.5 米，至底部略大，深 12.1 米	（4 块鎏金青铜器物残片）
7	M7	望城县	共发现 2 个盗洞，其中 1 号盗洞为圆形，直径 1 米，深 3 米，该盗洞现已被盗墓分子用水泥封闭；2 号盗洞为不规则长方形，宽 0.97 米，高 0.54 米	水晶管、鸡心佩（2 件）、琉璃管、水晶珠、琥珀虎形饰、剑璏、玉璜、玉带钩、长沙王玺
8	M8	望城县	在山包顶部发现 2 个盗洞，均为长方形，长 1 ~ 1.2 米，宽 0.6 ~ 0.8 米	铜铺首衔环、铜杵臼、铜灯、金挂饰、铜盘、铜金饼、“五铢”钱、A 型玉璧、玉印、玉剑格、铜镇
9	M9	望城县	在山包顶部发现 1 个盗洞，为长方形，长 1 米，宽 0.7 ~ 0.8 米	不明
10	M10	望城县	在山包顶部发现 2 个盗洞，其中 1 号盗洞为圆形，上方搭建木构支架，口径 1.1 米，距洞口 2.5 米处为长方形，深 14 米；2 号盗洞为长方形，长 1.2 米，宽 0.8 米，深 6 米	（硬陶罐残片、泥金饼残片、泥钱残片）
11	M11	望城县	该墓西北部发现 1 个盗洞，为圆形，直径 1 米，深 10 米，盗洞内外还残留有木质椁板残片，已伸至墓室	玉璧、铜剑、瑟枘、铜镜、长沙王印

注：出土遗物主要资料系公安机关根据审讯记录提供，出土遗物一栏括号内系考古人员在现场勘察时发现。

表二　长沙“12・29”古墓葬被盗案移交漆木器统计表

序号	名称	底漆色	主体纹饰	铭文（含位置及隶定铭文）			保存状况	尺寸（厘米）（长×宽-高）
				漆书	刻画	烙印戳记		
001	耳杯	杯内外侧均髤黑漆	云气纹		杯腹靠近底部刻画有“王后家官”	杯底正中烙印戳记“长沙□仓”	耳部及杯沿部分残损	15.5×10–4
002	耳杯	杯内外侧均髤黑漆	云气纹		杯腹靠近底部刻画有“王后家官”	杯底正中有烙印戳记，字迹不清	杯沿部分残损	11.6×12–4
003	耳杯	杯内外侧均髤黑漆	云气纹		杯腹靠近底部刻画有“王后家官”	杯底正中有烙印戳记，字迹不清	杯沿部分残损	15.5×12–4.5
004	耳杯	杯内腹髤红漆，其余部位均髤黑漆		杯外侧腹部朱漆书“门浅库”	杯腹靠近底部刻画有“七年，沅阳长平丞状库周人工它人造”，耳部与杯腹部相交处刻画有“贞”“上”		耳部及杯沿部分残损	18.4×13.8–5
005	耳杯	杯内腹髤红漆，其余部位均髤黑漆		杯外侧上腹部朱漆书“零阳”			耳部及杯沿部分残损	18.7×13.3–5.3
006	耳杯	杯内腹髤红漆，其余部位均髤黑漆		杯外侧上腹部朱漆书“零阳”			杯沿部分残缺	18.7×13.5–5.3
007	耳杯	杯内腹髤红漆，其余部位均髤黑漆		杯外侧腹部朱漆书“门浅库”	耳部下方刻画“贞”		杯沿部分残缺	18.1×13.6–5.3
008	耳杯	杯内腹髤红漆，其余部位均髤黑漆		杯内底朱漆书“零”		杯底一端烙印戳记“仓”字	基本完整	18.3×13.3–5.6
009	耳杯	杯内腹髤红漆，其余部位均髤黑漆		杯外侧腹部朱漆书“门浅库”	耳部与杯腹部相交处刻画有“七年，门浅长平丞都库应工勇造”，耳部下方刻画“贞”		基本完整	18.3×13.6–5.6
010	耳杯	杯内腹髤红漆，其余部位均髤黑漆		杯外侧腹部朱漆书“门浅库”	一耳部下方刻画“十一年，沅阳长秦丞状库奠工喜造第卅三”，一耳部下方刻画“贞”		基本完整	18.1×13.8–4.8
011	耳杯	杯内腹髤红漆，其余部位均髤黑漆		杯外侧上腹部朱漆书“零阳”			耳部及杯沿部分残损	18.6×13.7–5.3

续表二

序号	名称	底漆色	主体纹饰	铭文（含位置及隶定铭文）			保存状况	尺寸（厘米）（长 × 宽 – 高）
				漆书	刻画	烙印戳记		
012	耳杯	杯内腹髹红漆，其余部位均髹黑漆		杯外侧腹部朱漆书“门浅库”	耳部下方刻画有“贞”		基本完整	19 × 13.6–5.9
013	耳杯	杯内腹髹红漆，其余部位均髹黑漆		杯外侧上腹部朱漆书“零阳”			耳部及杯沿部分残损	18.4 × 13.7–5
014	耳杯	杯内腹髹红漆，其余部位均髹黑漆		杯外侧上腹部朱漆书“零阳”			基本完整	18.6 × 13.8–5.6
015	耳杯	杯内腹髹红漆，其余部位均髹黑漆			杯外侧腹部刻画“上”“甲”，杯底正中刻画“七年，临沅长丞□钔库□工[illegible]造”	杯底一端烙印戳记“仓”字	耳部及杯沿部分残损	18.6 × 13.7–5.8
016	耳杯	杯内腹髹红漆，其余部位均髹黑漆		杯外侧腹部朱漆书“沅陵”		杯底一端烙印戳记“仓”字	基本完整	18.8 × 13.6–5.3
017	耳杯	杯内腹髹红漆，其余部位均髹黑漆		杯外侧腹部朱漆书“门浅库”	杯外侧上腹部刻画“七年，门浅长平丞都库应工勇造”，一耳部下方刻画有“贞”，一耳部下方刻画有“酒”字		基本完整	18.8 × 13.7–5.5
018	耳杯	杯内腹髹红漆，其余部位均髹黑漆		杯外侧上腹部朱漆书“零阳”			耳部及杯沿部分残损	18.5 × 13.4–5.5
019	耳杯	杯内腹髹红漆，其余部位均髹黑漆		杯外侧上腹部朱漆书“零阳”			耳部及杯沿部分残损	18.5 × 13.9–5.2
020	耳杯	杯内外侧均髹黑漆	花草纹		杯底部刻画有“食官中般”	杯底正中烙印戳记“长沙□仓”	耳部及杯沿部分残损	17.4 × 12.6–4.8
021	耳杯	杯内腹髹红漆，其余部位均髹黑漆		杯外侧上腹部朱漆书“门浅库”	杯外侧上腹部刻画有“七年，门浅长平丞都库应工勇造”，耳部下方刻画有“贞”		耳部及杯沿部分残损	18.5 × 13.7–5.4
022	耳杯	杯内外侧均髹黑漆	花草纹		杯底部刻画有“食官中般”		耳部及杯沿部分残损	16.9 × 12.3–5.4
023	耳杯	杯内腹髹红漆，其余部位均髹黑漆			杯外侧上腹部刻画有“七年，酉阳长光丞午库谁工武造”	杯底正中有烙印戳记，字迹不清	基本完整	18.7 × 13.6–4.9

续表二

序号	名称	底漆色	主体纹饰	铭文（含位置及隶定铭文）			保存状况	尺寸（厘米）（长×宽－高）
				漆书	刻画	烙印戳记		
024	耳杯	杯内腹髹红漆，其余部位均髹黑漆		杯外侧一面上腹部朱漆书“门浅库”，一面朱漆书“门浅”	耳部下方刻画有“贞”		耳部微残损	18.6×13.2–5.3
025	耳杯	杯内外侧均髹黑漆	花草纹		杯底部刻画有“食官中般”	杯底正中烙印戳记“长沙”	耳部及杯沿部分残损	16.7×12.2–5
026	耳杯	杯内腹髹红漆，其余部位均髹黑漆		杯外侧上腹部朱漆书“门浅库”	杯外侧上腹部刻画有“七年，门浅长平丞都库应工勇造”，耳部下方刻画有“贞”		耳部及杯沿部分残损	18.7×13.9–5.4
027	耳杯	杯内腹髹红漆，其余部位均髹黑漆		杯外侧腹部朱漆书“门浅库”	杯外侧上腹部刻画有“七年，沅阳长平丞状库周人工它人造”，耳部下方刻画有“贞”		耳部及杯沿部分残损	17.5×13.2–4.9
028	耳杯	杯内外侧均髹黑漆	花草纹		杯底部刻画有“食官中般”	杯底正中烙印戳记“长沙□仓”	耳部及杯沿部分残损	15×10.7–5.3
029	耳杯	杯内腹髹红漆，其余部位均髹黑漆		杯内底黑漆书“零”	杯底部一端刻画有“左”字，杯外侧上腹部刻画有“上”字	杯底部一端有烙印戳记，字迹不清	耳部及杯沿部分残损	18.1×13–5.4
030	耳杯	杯内腹髹红漆，其余部位均髹黑漆		杯内底黑漆书“零”		杯底部一端有烙印戳记，已残失	耳部及杯沿部分残损	18.6×13.7–5.6
031	耳杯	杯内腹髹红漆，其余部位均髹黑漆		杯外侧上腹部朱漆书“沅陵”		杯底部一端有烙印戳记，字迹不清	基本完整	18.1×13.3–5.2
032	耳杯	杯内腹髹红漆，其余部位均髹黑漆		杯外侧腹部朱漆书“门浅库”	杯外侧上腹部刻画有“七年，酉阳长光丞午库谁工武造”，耳部下方刻画有“贞”		耳部及杯沿部分残损	18.3×13.5–5.3
033	耳杯	杯内腹髹红漆，其余部位均髹黑漆		杯外侧上腹部朱漆书“零阳”			耳部及杯沿部分残损	18.5×13.6–5.1

续表二

序号	名称	底漆色	主体纹饰	铭文（含位置及隶定铭文）			保存状况	尺寸（厘米）（长×宽－高）
				漆书	刻画	烙印戳记		
034	耳杯	杯内腹髹红漆，其余部位均髹黑漆		杯外侧上腹部朱漆书“零阳”			耳部及杯沿部分残损	18.7×14–5
035	耳杯	杯内腹髹红漆，其余部位均髹黑漆		杯内底黑漆书“零”			耳部及杯沿部分残损	18×13.6–5.2
036	耳杯	杯内腹髹红漆，其余部位均髹黑漆			杯底部刻画有“十年，辰阳长尊□□库燕工□造”	杯底部有烙印戳记，字迹不清	耳部及杯沿部分残损	18.2×11–5.1
037	盘	盘内腹髹红漆，外侧、口沿及内底均髹黑漆			盘底部刻画有“四年，辰阳长竖丞强库燕工□造”	盘底正中有烙印戳记，已残失	盘口沿部分残损	28–5.5
038	盘	盘内腹髹红漆，外侧、口沿及内底均髹黑漆		盘口沿下方朱漆书“沅陵”	盘口沿下方刻画“十一年，辰阳长尊丞□库燕工就造第卅九”	盘底中间烙印戳记“仓”字	基本完整	27.9–5.8
039	盘	盘内腹髹红漆，外侧、口沿及内底均髹黑漆			盘口沿下与盘腹部相交处刻画有“十年，沅阳长平丞状库周人工它人造”	盘底中间有烙印戳记，字迹不清	盘口沿及内壁部分残损	27.9–6
040	盘	盘内腹髹红漆，外侧、口沿及内底均髹黑漆		盘口沿下与盘腹部相交处朱漆书有“沅陵”		盘底中间烙印戳记“仓”字	盘口沿部分残损	27.9–5
041	盘	盘内腹髹红漆，外侧、口沿及内底均髹黑漆				盘底正中烙印戳记“仓”字	盘口沿部分残损	27.9–5.9
042	耳杯	杯内腹髹红漆，其余部位均髹黑漆		杯内底黑漆书“零”	杯外侧上腹部刻画有“七年，义陵长朱丞齿库宴（或悺）工愈造”，杯腹部刻画有“上”		耳部及杯沿部分残损	18.3×13.5–5.3
043	耳杯	杯内腹髹红漆，外侧、口沿及底部均髹黑漆			杯底部中间刻画有“七年，辰阳长尊丞延库燕工造”“超”	杯底正中有烙印戳记，字迹不清	基本完整	18.4×13.9–5.2
044	耳杯	杯内腹髹红漆，其余部位均髹黑漆			杯外侧腹部刻画有“四年，辰阳长竖丞强库燕工郢造”		基本完整	19×13.7–5.5

续表二

序号	名称	底漆色	主体纹饰	铭文（含位置及隶定铭文）			保存状况	尺寸（厘米）（长 × 宽 – 高）
				漆书	刻画	烙印戳记		
045	耳杯	杯内腹髹红漆，其余部位均髹黑漆		杯内底黑漆书“零”	杯腹部刻画有“上”	杯底正中有烙印戳记，字迹不清	耳部及杯沿部分残损	18.2 × 13.7–5.3
046	耳杯	杯内腹髹红漆，其余部位均髹黑漆		杯外侧上腹部朱漆书“零阳”			耳部及杯沿部分残损	18.6 × 12–5.1
047	耳杯	杯内腹髹红漆，其余部位均髹黑漆			杯底部中间刻画有“七年，辰阳长尊丞⧄库燕工[illegible]造”	杯底正中有烙印戳记，字迹不清	杯沿部分残损	18.7 × 13.2–5.4
048	耳杯	杯内腹髹红漆，其余部位均髹黑漆			杯腹部刻画有“上”“甲”，一耳部下方刻画“中”（或“廿”）	杯底正中烙印戳记“仓”字	耳部及杯沿部分残损	18.7 × 13.8–5.2
049	耳杯	杯内腹髹红漆，其余部位均髹黑漆		杯内底黑漆书“零”		杯底一端有烙印戳记，字迹不清	耳部及杯沿部分残损	18.5 × 14–5.3
050	耳杯	杯内腹髹红漆，其余部位均髹黑漆		杯内底黑漆书“零”		杯底一端有烙印戳记，字迹不清	耳部及杯沿部分残损	18.4 × 13.8–5.3
051	耳杯	杯内腹髹红漆，其余部位均髹黑漆		杯内底黑漆书“零”		杯底一端有烙印戳记，字迹不清	耳部及杯沿部分残损	18.6 × 13.6–5.4
052	耳杯	杯内腹髹红漆，其余部位均髹黑漆		杯内底朱漆书“零”	杯腹部刻画有“上”字	杯底一端有烙印戳记，字迹不清	基本完整	18.6 × 13.9–5.1
053	耳杯	杯内腹髹红漆，其余部位均髹黑漆		杯外侧腹部朱漆书“沅陵”	杯腹部刻画有“十⧄，⧄【沅陵长系】丞视库□工□造”	杯底正中烙印戳记“仓”字	耳部残缺，杯沿部分残损	18.9 × 10.3–3.4
054	耳杯	杯内腹髹红漆，其余部位均髹黑漆				杯底正中烙印戳记“仓”字	基本完整	18.8 × 13.7–5.4
055	耳杯	杯内腹髹红漆，其余部位均髹黑漆				杯底正中烙印戳记“仓”字	耳部及杯沿部分残损	18.9 × 13.6–5.2
056	耳杯	杯内腹髹红漆，其余部位均髹黑漆				杯底正中有烙印戳记，已残失	耳部及杯沿部分残损	18.8 × 14–5.2
057	耳杯	杯内腹髹红漆，其余部位均髹黑漆				杯底正中烙印戳记“仓”字	杯沿部分残缺	18.6 × 13.9–5.4

续表二

序号	名称	底漆色	主体纹饰	铭文（含位置及隶定铭文）			保存状况	尺寸（厘米）（长×宽–高）
				漆书	刻画	烙印戳记		
058	耳杯	杯内腹髹红漆，其余部位均髹黑漆				杯底正中烙印戳记“仓”字	耳部及杯沿部分残损	18.3×13.7–5.3
059	耳杯	杯内腹髹红漆，其余部位均髹黑漆					耳部及杯沿部分残缺	18.5×13–4.9
060	耳杯	杯内腹髹红漆，其余部位均髹黑漆				杯底正中烙印戳记“仓”字	基本完整	19×13.5–5.4
061	耳杯	杯内腹髹红漆，其余部位均髹黑漆				杯底正中有烙印戳记，字迹已无存	耳部及杯沿部分残损	18.5×13.2–5.3
062	耳杯	杯内腹髹红漆，其余部位均髹黑漆				杯底正中烙印戳记“仓”字	耳残缺，杯沿部分残损	19.1×12.1–5
063	耳杯	杯内腹髹红漆，其余部位均髹黑漆				杯底正中有烙印戳记，字迹不清	耳部残缺，杯身开裂	18.2×13.3–5.4
064	耳杯	杯内腹髹红漆，其余部位均髹黑漆				杯底正中烙印戳记“仓”字	耳部及杯沿部分残缺	18.7×13.2–5.3
065	耳杯	杯内腹髹红漆，其余部位均髹黑漆				杯底正中烙印戳记“仓”字	基本完整	18.4×13.3–4.9
066	耳杯	杯内腹髹红漆，其余部位均髹黑漆				杯底正中烙印戳记“仓”字	耳残缺，杯沿部分残损	18.6×13.5–5.1
067	耳杯	杯内腹髹红漆，其余部位均髹黑漆				杯底正中烙印戳记“仓”字	耳部及杯沿部分残损	18.2×13.4–5
068	耳杯	杯内腹髹红漆，其余部位均髹黑漆				杯底正中烙印戳记“仓”字	基本完整	18.4×13.3–5.3
069	耳杯	杯内腹髹红漆，其余部位均髹黑漆				杯底正中有烙印戳记，已残失	基本完整，杯身有裂纹	18.9×13.3–5.2
070	耳杯	杯内腹髹红漆，其余部位均髹黑漆			杯内底有一刻画符号	杯底正中有烙印戳记，已残失	耳部及杯沿部分残损	18.7×13.6–5.5
071	耳杯	杯内腹髹红漆，其余部位均髹黑漆				杯底正中烙印戳记“仓”字	杯壁开裂，杯底部分残损	19.1×14–5

续表二

序号	名称	底漆色	主体纹饰	铭文（含位置及隶定铭文）			保存状况	尺寸（厘米）（长×宽－高）
				漆书	刻画	烙印戳记		
072	耳杯	杯内腹髹红漆，其余部位均髹黑漆				杯底正中有烙印戳记，字迹不清	耳部及杯沿部分残损	18.8×13.4–5.3
073	耳杯	杯内腹髹红漆，其余部位均髹黑漆				杯底正中有烙印戳记，已残失	耳部及杯沿部分残损，底部有残损	18.5×13.5–5
074	耳杯	杯内腹髹红漆，其余部位均髹黑漆				杯底正中有烙印戳记，字迹不清	耳部及杯沿部分残损	18.8×13.1–5.1
075	耳杯	杯内腹髹红漆，其余部位均髹黑漆				杯底正中有烙印戳记，字迹不清	耳部及杯沿部分残损	18.5×13.2–5.3
076	耳杯	杯内腹髹红漆，其余部位均髹黑漆				杯底正中烙印戳记“仓”字	耳部及杯沿部分残损	18.4×13.2–5.5
077	耳杯	杯内腹髹红漆，其余部位均髹黑漆				杯底正中烙印戳记“仓”字	耳部及杯沿部分残损	18.7×13.1–5.3
078	耳杯	杯内腹髹红漆，其余部位均髹黑漆				杯底正中烙印戳记“仓”字	杯沿部分残损	18.4×13.8–5.2
079	耳杯	杯内腹髹红漆，其余部位均髹黑漆				杯底正中烙印戳记“仓”字	耳部及杯沿部分残损	19×13.8–4.9
080	耳杯	杯内腹髹红漆，其余部位均髹黑漆				杯底正中有烙印戳记，字迹不清	耳部及杯沿部分残损	18.7×13.7–5.4
081	耳杯	杯内腹髹红漆，其余部位均髹黑漆				杯底正中烙印戳记“仓”字	耳部及杯沿部分残损	18.7×13.7–5.3
082	耳杯	杯内腹髹红漆，其余部位均髹黑漆				杯底正中烙印戳记“仓”字	耳部及杯沿部分残损	18.9×13.9–5.1
083	耳杯	杯内腹髹红漆，其余部位均髹黑漆				杯底正中有烙印戳记，字迹不清	基本完整	18.4×13.6–4.9
084	耳杯	杯内腹髹红漆，其余部位均髹黑漆				杯底正中有烙印戳记，字迹不清	耳部及杯沿部分残损	18.5×13.6–4.8
085	耳杯	杯内腹髹红漆，其余部位均髹黑漆				杯底正中有烙印戳记，已残失	耳部及杯沿部分残损，底部有残损	18.4×13.4–5.3

续表二

序号	名称	底漆色	主体纹饰	铭文（含位置及隶定铭文）			保存状况	尺寸（厘米）（长×宽－高）
				漆书	刻画	烙印戳记		
086	耳杯	杯内腹髹红漆，其余部位均髹黑漆				杯底正中烙印戳记“仓”字	杯沿部分残损	19×13.6–5.3
087	耳杯	杯内腹髹红漆，其余部位均髹黑漆				杯底正中有烙印戳记，字迹不清	杯沿部分残损	18.5×13.8–5.3
088	耳杯	杯内腹髹红漆，其余部位均髹黑漆				杯底正中有烙印戳记，字迹不清	耳部及杯沿部分残损	18.8×13.7–5.1
089	耳杯	杯内腹髹红漆，其余部位均髹黑漆				杯底正中有烙印戳记，字迹不清	杯沿部分残损	18.8×13.6–5.3
090	耳杯	杯内腹髹红漆，其余部位均髹黑漆				杯底正中烙印戳记“仓”字	基本完整	18.5×13.9–5.5
091	耳杯	杯内腹髹红漆，其余部位均髹黑漆				杯底正中烙印戳记“仓”字	杯沿部分残损	18.3×13.7–5.2
092	耳杯	杯内腹髹红漆，其余部位均髹黑漆				杯底正中有烙印戳记，字迹不清	耳部及杯沿部分残损	19×14.1–5.4
093	耳杯	杯内腹髹红漆，其余部位均髹黑漆				杯底正中烙印戳记“仓”字	基本完整	18.9×13.7–5.4
094	耳杯	杯内腹髹红漆，其余部位均髹黑漆				杯底正中烙印戳记“仓”字	耳部及杯沿部分残损	18.8×13.7–5.3
095	盘	盘内腹髹红漆，外侧、口沿及内底均髹黑漆				盘底正中烙印戳记“仓”字	盘口沿部分残损	27.9–5.6
096	盘	盘内腹髹红漆，外侧、口沿及内底均髹黑漆				盘底正中烙印戳记“仓”字	盘口沿部分残损	27.8–5.7
097	盘	盘内腹髹红漆，外侧、口沿及内底均髹黑漆				盘底正中烙印戳记“仓”字	基本完整	28.1–6
098	盘	盘内腹髹红漆，外侧、口沿及内底均髹黑漆				盘底正中烙印戳记“仓”字	基本完整	28.1–5.5

续表二

序号	名称	底漆色	主体纹饰	铭文（含位置及隶定铭文）			保存状况	尺寸（厘米）（长×宽-高）
				漆书	刻画	烙印戳记		
099	盘	盘内腹髹红漆，外侧、口沿及内底均髹黑漆				盘底正中有烙印戳记，字迹不清	盘口沿部分残损	28.1–5.6
100	盘	盘内腹髹红漆，外侧、口沿及内底均髹黑漆				盘底正中有烙印戳记，字迹不清	盘口沿部分残损	27.6–5.1
101	盘	盘内腹髹红漆，外侧、口沿及内底均髹黑漆				盘底正中烙印戳记“仓”字	基本完整	27.6–4.8
102	盘	盘内腹髹红漆，外侧、口沿及内底均髹黑漆				盘底正中有烙印戳记，字迹不清	盘口沿部分残损	27.7–5.7
103	盘	盘内腹髹红漆，外侧、口沿及内底均髹黑漆					盘口沿部分残损	27.9–5.5
104	盘	盘内腹髹红漆，外侧、口沿及内底均髹黑漆			盘底部中间刻画有“贞”字		基本完整	28–5.8
105	盘	盘内腹髹红漆，外侧、口沿及内底均髹黑漆			盘底部中间刻画有“贞”字		盘口沿部分残损	28–5
106	盘	盘内腹髹红漆，外侧、口沿及内底均髹黑漆			盘口沿下方刻画有“四年，充长登库佐匠工徐造”	盘底正中有烙印戳记，字迹不清	基本完整	27.6–5.7
107	盘	盘内腹髹红漆，外侧、口沿及内底均髹黑漆			盘口沿下方与盘腹部相交处刻画有“十一年，沅阳长秦丞状库奠工□造”	盘底正中有烙印戳记，字迹不清	盘口沿部分残损	27.9–5.6
108	盘	盘内腹髹红漆，外侧、口沿及内底均髹黑漆			盘口沿下方与盘腹部相交处刻画有“十一年，沅阳长秦丞状库奠工喜造第十八”	盘底正中有烙印戳记，字迹不清	盘口沿部分残损	27.9–5.8

续表二

序号	名称	底漆色	主体纹饰	铭文（含位置及隶定铭文）			保存状况	尺寸（厘米）（长×宽–高）
				漆书	刻画	烙印戳记		
109	盘	盘内腹髹红漆，外侧、口沿及内底均髹黑漆			盘底部中间刻画有“库”“贞”字样，盘底部刻画有“四年，辰阳长竖丞强库……”	盘底正中有烙印戳记，字迹不清	盘口沿部分残损	27.9–5.9
110	盘	盘内腹髹红漆，外侧、口沿及内底均髹黑漆			盘底部中间刻画有“七年，辰阳长尊丞烝库燕工中造”	盘底正中有烙印戳记，字迹不清	盘身有裂痕	28.2–5.7
111	耳杯	杯内腹髹红漆，其余部位均髹黑漆		杯内侧底部黑漆书“零”	杯外侧腹部刻画有“四年，零阳丞[illegible]库视工[illegible]造第五十一”	杯底正中有烙印戳记，字迹不清	耳部及杯沿部分残缺，腹部有裂痕	18.7×13.7–5.3
112	耳杯	杯内腹髹红漆，其余部位均髹黑漆			杯底部、上腹部均刻画有“□戊”	杯底正中烙印戳记“仓”字	耳部分残损	18.8×13.8–5.5
113	耳杯	杯内腹髹红漆，其余部位均髹黑漆			杯底中部刻画有“七年，辰阳长尊丞延库燕工[illegible]造”	杯底正中有烙印戳记，字迹不清	杯沿部分残损	18.7×13.9–5.5
114	耳杯	杯内腹髹红漆，其余部位均髹黑漆		杯内侧底部黑漆书“零”		杯底一端有烙印戳记，字迹不清	耳部及杯沿部分残损	18.5×13.4–6.2
115	耳杯	杯内腹髹红漆，其余部位均髹黑漆		杯内侧底部黑漆书“零”	杯腹部刻画有“上”字	杯底一端有烙印戳记，字迹不清	耳部及杯沿部分残损	19×14–5.5
116	耳杯	杯内腹髹红漆，其余部位均髹黑漆			杯腹部刻画有“充”字，填朱漆		耳部及杯沿部分残损	16×12–5.4
117	耳杯	杯内腹髹红漆，其余部位均髹黑漆			杯耳部下方刻画有“充”字		耳部及杯沿部分残损	15.8×11.5–5.3
118	耳杯	杯内腹髹红漆，其余部位均髹黑漆		杯内侧底部黑漆书“零”			耳部及杯沿部分残损	11×9.2–3.3
119	耳杯	杯内腹髹红漆，其余部位均髹黑漆				杯底一端有烙印戳记“□中□”	残缺一耳	17.4×10.8–5
120	耳杯	杯内外侧均髹黑漆	花草纹			杯底一端有烙印戳记，字迹不清	耳部及杯沿部分残损	16.6×9.6–3.5
121	耳杯	杯内外侧均髹黑漆	花草纹			杯底一端有烙印戳记“长沙□仓”	耳部及杯沿部分残损	14.2×8.2–2.2

续表二

<table>
<tr><th rowspan="2">序号</th><th rowspan="2">名称</th><th rowspan="2">底漆色</th><th rowspan="2">主体纹饰</th><th colspan="3">铭文（含位置及隶定铭文）</th><th rowspan="2">保存状况</th><th rowspan="2">尺寸（厘米）
（长 × 宽 – 高）</th></tr>
<tr><th>漆书</th><th>刻画</th><th>烙印戳记</th></tr>
<tr><td>122</td><td>耳杯</td><td>杯内腹髹红漆，其余部位均髹黑漆</td><td></td><td>杯内侧底部黑漆书“零”</td><td>杯腹部刻画有“⍁年，零【阳丞】□库视工毋[illegible]造”</td><td>杯底一端有烙印戳记，字迹不清</td><td>耳部及杯沿部分残损</td><td>14.1 × 9.8–4</td></tr>
<tr><td>123</td><td>耳杯</td><td>杯内外侧均髹黑漆</td><td>花草纹</td><td>杯外侧腹部靠近底部朱漆书“长沙□[illegible]家容二升五龠”</td><td></td><td>杯底正中烙印戳记“奴家”</td><td>耳部及杯沿部分残损</td><td>13.7 × 8.2–3</td></tr>
<tr><td>124</td><td>耳杯</td><td>杯内外侧均髹黑漆</td><td>花草纹</td><td>杯外侧腹部靠近底部朱漆书“⍁七年家官[illegible]中杯容二升半第七五东官尚食”</td><td>杯外侧腹部靠近底部刻画“⍁七年家官[illegible]中杯容二升半第七五东官尚食”</td><td>杯底正中烙印戳记“东官”</td><td>耳部及杯沿部分残损</td><td>17.8 × 10.5–5.7</td></tr>
<tr><td>125</td><td>耳杯</td><td>杯内外侧均髹黑漆</td><td>花草纹</td><td>杯外侧腹部靠近底部朱漆书“十七年，家官[illegible]中杯容二升半第百卌八东官尚食”</td><td>杯腹部刻画有“……第百卌八……食”</td><td>杯底正中烙印戳记“东官”</td><td>耳部及杯沿部分残损</td><td>19.5 × 11.6–5.6</td></tr>
<tr><td>126</td><td>耳杯</td><td>杯内腹髹红漆，其余部位均髹黑漆</td><td></td><td></td><td>杯耳部下方与腹部相交处刻画有“十一年，辰阳长尊丞秃库燕工羸造第五十一”</td><td>杯底正中烙印戳记“仓”字</td><td>耳部及杯沿部分残损</td><td>18.6 × 11.2–5.2</td></tr>
<tr><td>127</td><td>耳杯</td><td>杯内腹髹红漆，其余部位均髹黑漆</td><td></td><td></td><td></td><td>杯底正中有烙印戳记，字迹不清</td><td>耳部及杯沿部分残损</td><td>16.7 × 12–5.1</td></tr>
<tr><td>128</td><td>耳杯</td><td>杯内外侧均髹黑漆</td><td>花草纹</td><td></td><td></td><td>杯底烙印戳记“长沙”</td><td>仅余部分杯身残片</td><td>11.2 × 9.1–2.8</td></tr>
<tr><td>129</td><td>耳杯</td><td>杯内腹髹红漆，其余部位均髹黑漆</td><td></td><td></td><td></td><td></td><td>基本完整</td><td>18.5 × 13.6–5.1</td></tr>
<tr><td>130</td><td>耳杯</td><td>杯内腹髹红漆，其余部位均髹黑漆</td><td></td><td></td><td></td><td>杯底正中烙印戳记“仓”字</td><td>基本完整</td><td>18.5 × 13.8–5</td></tr>
</table>

续表二

序号	名称	底漆色	主体纹饰	铭文（含位置及隶定铭文）			保存状况	尺寸（厘米）（长 × 宽 – 高）
				漆书	刻画	烙印戳记		
131	耳杯	杯内腹髹红漆，其余部位均髹黑漆		杯内底黑漆书“零”		杯底一端有烙印戳记，字迹不清	杯沿部分有裂痕	18.8 × 13.5–5.2
132	耳杯	杯内腹髹红漆，其余部位均髹黑漆					杯底部有残损	19 × 13.9–5.1
133	盘	盘内腹髹红漆，外侧、口沿及内底均髹黑漆			盘口沿下方刻画有“七年，门浅长平丞都库应工勇造”		基本完整	28–5.7
134	盘	盘内腹髹红漆，外侧、口沿及内底均髹黑漆			盘底部中间刻画有“四年，辰阳长竖丞强库工冣造”		基本完整	28.1–5.6
135	盘	盘内腹髹红漆，外侧、口沿及内底均髹黑漆					盘口沿部分残损变形	27.6–5.9
136	盘	盘内腹髹红漆，外侧、口沿及内底均髹黑漆					基本完整	28–5.5
137	盘	盘内腹髹红漆，外侧、口沿及内底均髹黑漆		盘口沿下方与盘腹部相交处残留一朱漆书“□阳”			盘口沿及腹部分残损	27.7–5.8
138	盘	盘内腹髹红漆，外侧、口沿及内底均髹黑漆				盘底正中有烙印戳记，字迹不清	仅存盘底及部分口沿	26–5.2
139	盘	内底髹黑色底漆	凤鸟纹				仅存器底	底径 39.8 厘米
140	剑盒	内底髹黑色底漆					盖残失，仅存盒身	长 76 厘米，中宽 11 厘米，内槽宽 6.4 厘米，高 5.6 厘米

湖南望城风篷岭汉墓发掘简报

长沙市文物考古研究所
望城县文物管理局

摘要：风篷岭汉墓位于长沙市望城县星城镇银星村，2006 年 3 月至 10 月，长沙市文物考古研究所与望城县文物管理局联合对其进行了抢救性考古发掘。该墓是一座大型竖穴岩坑木椁墓，出土陶器、铜器与铜钱、漆（木）器、玉器、水晶器、金器、鎏金器、银器、铁器、丝织品等。根据出土器物推测墓主的下葬年代在西汉武帝元狩五年（前 118）至东汉光武帝建武十三年（37）之间，墓主为此期间某位长沙王的王后。该墓为研究汉代诸侯王葬制等提供了重要的考古资料。

关键词：风篷岭　汉墓　长沙王后　葬制

2005 年 12 月底，在长沙市望城县星城镇银星村一座名为“风篷岭”的山上进行开发建设时，发现了一座大型竖穴岩坑木椁墓（编号为风篷岭 M1）。该墓东距湘江约 2 公里，往南约 3.2 公里为西汉三石戍城址，再往南约 6 公里的咸嘉湖一带为较密集的西汉前期长沙国王陵区，20 世纪 70 年代至 90 年代在此处曾发掘了陡壁山 M1①、象鼻嘴 M1②、古坟垸 M1③等。风篷岭 M1 位于湘江一级阶地向丘陵过渡的地带，东面地势开阔平坦，西、南、北三面丘陵起伏（图一）。2006 年 3 月至 10 月，长沙市文物考古研究所与望城县文物管理局联合对风篷岭 M1 进行了抢救性考古发掘，现将发掘情况简报如下。

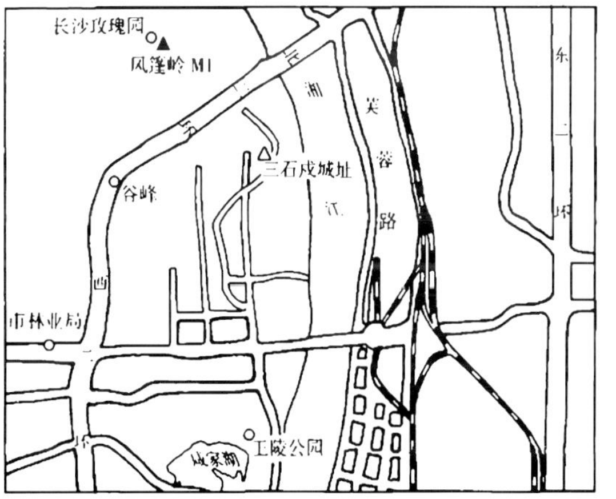

图一　墓葬位置示意图

①长沙市文化局文物组：《长沙咸家湖西汉曹𡟰墓》，《文物》1979 年第 3 期。

②湖南省博物馆：《长沙象鼻嘴一号西汉墓》，《考古学报》1981 年第 1 期。

③长沙市文物考古研究所发掘资料。宋少华、李鄂权：《长沙西汉王室墓的发掘概述》，中国考古学会第九次年会资料。

一、墓葬形制

风篷岭 M1 为带墓道的竖穴岩坑木椁墓，平面呈"中"字形，方向 347°。在发现之前，墓葬上部已被推掉，残长 30.3 米，残宽 14.6 米，残深 3.26 米。整座墓葬由墓道、墓坑、题凑、椁室和套棺等组成（图二；图三）。

（一）填土与盗洞

填土是从他处运来的黄褐色黏土，经过夯筑，夯层厚薄不一。填土中掺杂有大量卵石和少量炭屑，卵石直径为 0.5 ~ 5 厘米。

图二　风篷岭汉墓全景照（由南向北摄）

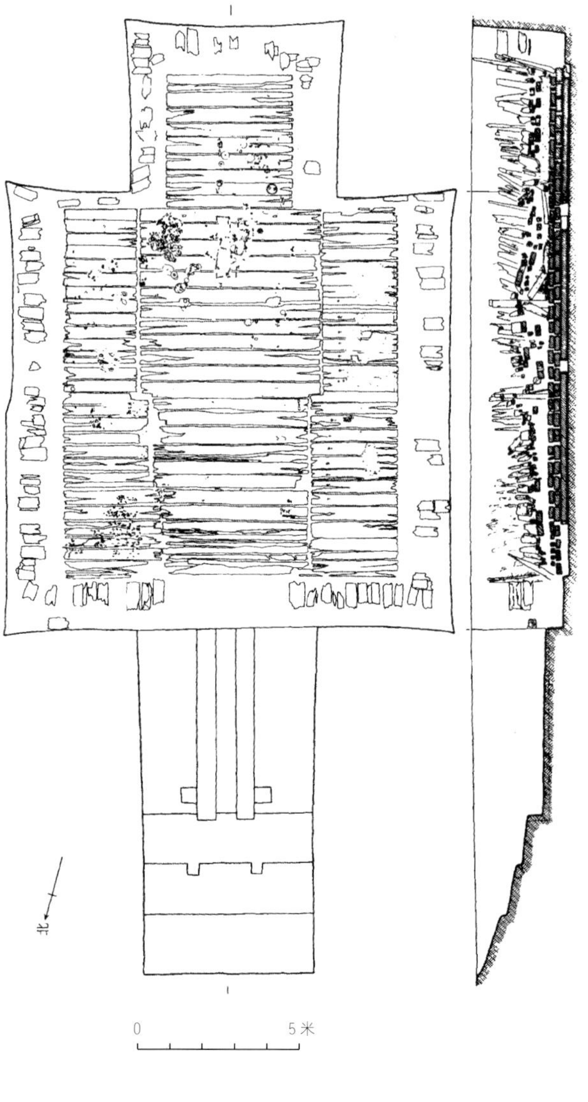

图三　墓葬平、剖面图

在填土中发现2个盗洞，编号为D1、D2。D1位于墓坑南部，洞口平面呈长方形，长2.26米，宽1.7～1.9米，往下收缩直抵棺室西北角，出土1片金缕玉衣片和6件青瓷器，青瓷器有碗、钵、双沿坛。

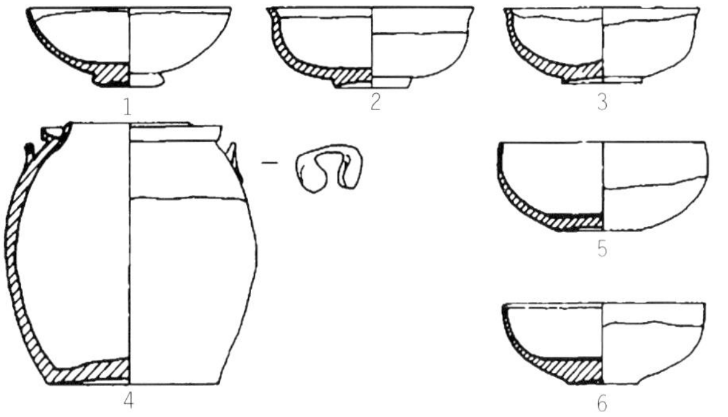

图四 D1出土青瓷器

1～3. 碗（M1D1∶5、1、6） 4. 双沿坛（M1D1∶3） 5、6. 钵（M1D1∶4、2）

碗 3件。敞口，弧腹，圆饼状足，釉层脱落。标本M1D1∶5，红胎。口径16.6厘米，底径5.8厘米，高5.8厘米（图四，1）。标本M1D1∶1，灰胎。口径16.2厘米，底径6厘米，高6厘米（图四，2）。标本M1D1∶6，红胎。口径15.8厘米，底径6.4厘米，高5.6厘米（图四，3）。

钵 2件。灰胎。口微敛，圆唇，腹部略鼓，平底内凹。标本M1D1∶4，内底饰一圈弦纹，钵内侧及外口沿下方施青釉。口径16.5厘米，底径6.3厘米，高6.6厘米（图四，5）。标本M1D1∶2，口沿内下方有一道细凸棱，内底有一圈浅凹槽。口径16厘米，底径5.4厘米，高6厘米（图四，6）。

双沿坛 1件（M1D1∶3）。灰胎。敛口，圆唇，溜肩，肩部附两个对称环耳，中腹微鼓，下腹内收，平底内凹。口径8.8厘米，底径13.8厘米，腹径19.4厘米，高19厘米（图四，4）。

从D1的出土器物分析，D1的年代应为隋唐时期。

D2位于墓坑东北角，洞口平面呈不规则形，长径2.1米，短径1.2米，往下收缩直抵东列前室，出土有鎏金铜羊镇、硬陶罐等，应为墓中原有遗物。D2的年代不详。

（二）墓道与墓坑

墓道位于墓坑北壁正中，为斜坡台阶式。墓道上口已遭破坏，残长11米，残宽5.6～5.9米，墓道下端口残深2.72米，高出墓坑底部约0.54米。在墓道北端残余3级台阶，从上到下分别宽约1.9米、1.6米、1.6米，台阶面均向坑内倾斜。其中第二级台阶有两处方形缺口，均向南开口，东西并列，各长0.36～0.4米，宽0.36米，深约0.25米，两处方形缺口间距为1.7米。在第三级台阶至墓道下端口有两道与墓道方向一致的平行沟槽，各长约6.1米，宽约0.6米，深0.1～0.7米，相距0.65米，推测与当时向墓坑内运送棺椁等葬具材料或建造墓葬时拟搭建某一木构建筑有关。在两道沟槽北端的外侧分别有一个长方形浅坑，东西相对，各长0.5～0.55米，宽0.5米，深0.1米。

墓坑平面呈“凸”字形，竖穴式。6个角的位置略向外突出，使得墓壁略弯曲，棺室尤甚。墓坑口部已遭破坏，残长19.3米，残宽14.6米，残深3.26米，总面积约280平方米。墓壁较垂直，为黄褐色粉砂岩层，有多处塌损。墓坑底部经过夯打，有7条平行的南北向枕木沟，中间3条较长，各长16.3米，宽0.3

米，深 0.2 米；东西两侧各 2 条，各长 11.9 米，宽 0.3 米，深 0.2 米，东西对称。

（三）题凑

题凑位于墓坑壁与木构椁室外壁之间，除墓道下端口和中列前室之间缺失外，基本围绕椁室一周，平面略呈“凸”字形。题凑木枋共有 111 根，均为长方形，长短粗细不一，一般长约 0.8 米，最长者 1 米；横断面为正方形，边长 0.2 ~ 0.4 米。经检测，题凑木枋为楠木。题凑朽蚀严重，保存较差，木枋多呈空心状。题凑的结构不甚规整，垒砌木枋 1 ~ 3 层不等，且高低不平，方向不一，有多处以较纯的黄色填土代替。因此推测当时建造墓葬时，题凑木枋是在建造椁室之后才摆放的，而且摆放时没有密集垒砌，而是与填土混合构筑，较为随意。现将四周题凑木枋的垒砌情况分述于下。

北面题凑分为东西两段，墓道下端口未见垒砌。东段题凑共有题凑木 12 根，其中 11 根为南北向，紧靠东列前室北壁作一列配置，单层或二层叠置；1 根为东西向，单独置于墓坑壁南侧。西段题凑共有题凑木 16 根，紧靠西列前室北壁作一列配置，均为南北向，多作二层叠置。

东面题凑可分为三段。北段共有题凑木 28 根，紧靠东列诸室东壁，均为东西向，多单层排列，少数为二或三层叠置。中段共有题凑木 3 根，紧靠东列后室南壁，均为东西向，单层摆放。南段共有题凑木 16 根，紧靠棺室东壁，基本作二层叠置，其中 10 根为东西向，4 根为南北向，北端转角处 2 根为东北至西南向倾斜。

南面题凑紧靠棺室南壁，有题凑木 8 根，其中 7 根为南北向，1 根为东西向，单层或二层排列，高低不一。

西面题凑可分为三段。南段有题凑木 4 根，紧靠棺室西壁，均为东西向。中段有题凑木 4 根，紧靠西列后室南壁，均为东西向。北段有题凑木 20 根，紧靠西列诸室西壁，均为东西向，多为单层排列，但高低不一，北侧两处为三层叠置。

题凑的各个转角处，或与某段相接题凑同向放置，如北面与东面题凑的转角；或采用垂直双向上下交错叠置的方式，如西面与北面题凑的转角。

（四）椁室

椁室构筑于题凑所围的内部空间，平面呈“凸”字形，长 16.5 米，宽 11.5 米。整个椁室木结构由枕木、底板、墙板、立柱、门和顶板等部分构建。椁室内部各分室以墓道和棺室一线为中轴线，分作东、中、西三列配置，平面均为长方形。中列分为前室、中室和后室（即棺室），东、西两列也各分为前、中、后三室，总计 9 间。出土时椁室顶板受压断裂，木结构大部分坍塌，墓室空间基本被塌落的填土充满。填土之下，在枕木和底板木上不规则分布有一层极薄的青灰色膏泥，浸染到部分墙板和顶板。现将椁室木结构及各分室情况分述如下。

1. 椁室木结构

（1）枕木

墓坑底部枕木沟内放置方形枕木，枕木上端略高于墓底。中间 3 条枕木沟内各放置 4 根枕木，由北向南依次长约 1.65 米、5.2 米、4.8 ~ 5 米、4.5 米。东、西两侧 4 条枕木沟内各放置 3 根枕木，由北向南依次长约 1.9 米、4.8 ~ 5.2 米、4.6 ~ 4.8 米。各枕木宽约 0.24 米，高 0.22 米。枕木两侧有少量填土，起加固作用。出土时，枕木均有不同程度的朽坏，有的地方仅存枕木痕迹。在中列西边的 87 号枕木上发现刻字“”，88 号枕木上发现刻字“南”，均位于枕木南端表面。

经检测，枕木为楠木。

（2）底板

枕木上铺设两层东西向木枋，作为底板。

下层底板木枋分作东、中、西三列，其中中列有木枋 33 根，东列有木枋 24 根，西列有木枋 24 根。中列底板分为南、北两部分，椁室底板为南部，共有木枋 9 根，各长约 4.75 米，两端有竖置木枋的压痕，各宽约 0.22 米；由墓道下端口至椁室前为北部，共有木枋 24 根，各长约 4.3 米。东、西两列木枋各长约 3.55 米，出土时各自向外的端头朽坏较严重。从保存较好的木枋看，木枋的外端头有较明显的压痕，宽约 0.2 米。下层底板各木枋的宽度不一，多数约为 0.4 米，较宽者 0.56 米，较窄者 0.3 米；厚度则较一致，约为 0.22 米。从中列底板由南向北第 10 根木枋（即中列北部第 1 根木枋）开始，依次在木枋中部偏西发现刻有“十”、“十一”、“十二”、“十三”、“十四”、“十六”、“十九”、“廿一”、“廿二”、“廿四”、“廿五”、“廿七”等数字编号。这些数字编号与中列底板各木枋由南向北排列的位置是一致的，其中缺位数字的位置也有木枋，只是木料已朽坏，没有发现刻字。

上层底板木枋也分作东、中、西三列，其中中列有木枋 33 根，东列有木枋 21 根，西列有木枋 28 根。中列底板分为南、中、北三部分，椁室底板为南部，共有木枋 9 根，各长约 4.15 米；中列中室底板为中部，共有木枋 12 根，各长约 5.9 米；中列前室底板为北部，共有木枋 12 根，各长约 5.1 米。东列底板分为南、北两部分，东列中、后室底板为南部，共有木枋 14 根，各长约 2.5 米；东列前室底板为北部，共有木枋 7 根，均置于东列前室南部，各长约 2.86 米。西列底板分为南、北两部分，西列中、后室底板为南部，共有木枋 14 根，各长约 2.5 米；西列前室底板为北部，共有木枋 14 根，各长约 2.86 米。上层底板各木枋的宽度不一，中列底板一般较宽，约为 0.5 米，东、西两列底板一般较窄，约为 0.4 米。各木枋的厚度较一致，约为 0.18 米。中列底板由南向北第 8、9 根木枋西端分别刻有数字编号“八”和“九”。从中列底板由南向北第 13 根木枋（即中列中部第 4 根木枋）开始，依次在各木枋东端发现刻有“东十三”、“东十四”、“□十五”、“□十六”、“东廿六、”“东廿七”等数字编号。东列底板由南向北第 4 根和第 5 根木枋上分别刻有数字“四”和“五”。从西列底板由南向北第 8 根木枋开始，依次刻有“西八”、“西九”、“西十”、“西十一”、“西十二”、“西十三”、“西十四”、“西十六”、“西十七”、“西十八”、“西十九”、“西廿”、“西廿一”、“西廿二”、“□廿三”等数字编号。与下层底板所刻编号一样，这些数字编号与其所在位置是一致的，其中缺位数字的位置也有木枋，只是木料已朽坏，没有发现刻字。

经检测，底板木为楠木。

（3）墙板

墙板由竖置于底板上的木枋紧密排列而成。根据墙板所在的位置，可以将其分为椁室外围墙板和椁室内部墙板，外围墙板即椁室最外层的墙板，主要起区隔椁室与题凑的作用；内部墙板则位于椁室木结构中间，主要起区隔椁室内各分室的作用。

椁室外围墙板分为内外两层。外层墙板环绕椁室一周，平面呈“凸”字形。墙板木枋残存最高 2.3 米，横截面为长方形，长、宽均介于 0.2 米至 0.3 米之间。墙板木枋底部置于下层底板的外端头上，内侧紧靠上层底板外端头，外侧紧靠题凑部分。出土时往往上端头朽坏严重，呈尖刺状，几乎无一完整，其中北部残存 29 根，东面残存 30 根，西面残存 34 根，东南段残存 10 根，西南段残存 6 根，棺室东、南、西三面分别残存 9 根、9 根、5 根。内层墙板则位于棺室东、南、西三面，东列中、后室的东面以及东列后室的南面，西列中、后室的西面以及西列后室的南面，即在这些位置的外围外层墙板内侧增加一层较薄的墙板组成双层墙板。内层墙板的底部置于上层底板边缘的凹槽中，其中南北向的凹槽均位于上层底板的外端头，东西向的凹槽则位于东列后室、西列后室及棺室最南端木枋的南部边缘。这些凹槽连成一个整体，规格一致，宽约 0.09 米，深 0.02 米，距上层底板边缘 0.04 米。出土时，内层墙板朽坏较严重，判断其高度应当为顶板至底板凹槽的距离，宽度从残断的情况看，应与外层墙板相当，厚度应即凹槽的宽度，为 0.09 米。

椁室内部各墙板则大部分置于上层底板上，墙板木枋残存最高 2.14 米，横截面为长方形，长、宽均介于 0.2 米至 0.3 米之间。南北向墙板共 4 段，各置于东、中列或西、中列上层底板的接合处，墙板底部分别搭在两边底板的内端头，一边搭一半，无榫卯结构，其中东列前室西侧北段墙板因无上层底板，所以木枋底部直接置于下层底板上；东西向墙板共 2 段，各置于东、西两列上层底板南、北两部分的相接处，无榫卯结构。出土时，分隔三列前室的东、西两条南北向墙板各残存木枋 9 根和 10 根；分隔三列中、后室的东、西两条南北向墙板各残存木枋 15 根和 11 根；分隔三列前室和中室的两条东西向墙板各残存木枋 12 根和 13 根。有的位置的墙板虽已倒塌，但在底板上留下了较为明显的压痕。

经检测，墙板木为楠木。

（4）立柱

中列中室正中东、西两侧各设一方形立柱，相距 2.66 米。立柱高约 1.87 米，宽约 0.3 米，厚约 0.2 米。立柱底部平置于底板上，出土时底部各有一个方形压痕。二立柱顶部各有一个高 0.04 米，直径 0.08 米的榫头，上面又各有一厚约 0.1 米的薄板，薄板下部为卯眼，互相套合。薄板可能起固定立柱上端的作用。

经检测，立柱为楠木。

（5）门

椁室各分室均设置有门相通。门的形制可分为两类：第一类为墙板木枋间所留缺口，无门楣、门柱、门槛及门扉等结构；第二类为设置有门柱、门扉等结构的门。

第一类共有 7 个。中列前室通向东、西两列前室各设一门，均位于东西两侧枋墙的北端，东西对称，东侧门宽约 1.9 米，西侧门宽约 1.2 米。中列中室通向东、西两列中室各设一门，均位于东西两侧枋墙的北端，东西对称，东侧门宽约 1.3 米，西侧门宽约 0.8 米。中列中室通向西列后室设有一门，位于中列中室西壁南端，门宽约 0.7 米。西列中室通向西列后室开设一门，两室相接处仅残存 2 根厚约 0.1 米的立木枋相隔，门残宽约 2.1 米。东列中室通向东列后室开设一门，两室相接处仅残存数根朽坏倒地的木枋，门的宽度不详。

第二类共有 2 个，均设置于中列中室，即分别通向中列前室的北门和中列后室（棺室）的南门。中列中室北门仅存一片残门扉和底板上的榫眼及榫槽，门柱已腐朽不存。北门位于中列上层底板由南向北第 21 根木枋上，北侧左右相对各有一方形凹痕，各长约 0.2 米，宽 0.18 ~ 0.2 米，深约 0.02 米，相距 3.16 米，当为门柱所压。两凹痕的北侧又各有一条左右相对的长方形榫槽，各长 1.24 ~ 1.34 米，宽约 0.08 米，深约 0.03 米，相距 2.2 米，当为门两侧隔板下端所在。榫槽北面的东西两侧各有一段木枋墙，东侧有木枋 3 根，西侧有木枋 6 根。门扉残甚，形状不规则，经检测为楠木。南门的形制略同于北门，位于中列上层底板由南向北第 10 根木枋上，南侧左右相对各有一个较小的长方形榫眼，各长 0.13 ~ 0.16 米，宽约 0.08 米，深约 0.03 米，相距 2.9 米，当为门柱下端枘部插入的位置。在榫眼的外围还有一长方形凹痕，各长约 0.28 米，宽 0.18 米，深约 0.03 米，当为两门柱的压痕。出土时，东侧门柱倾倒于棺室内，残高 1.8 米，宽 0.28 米，厚 0.18 米。两榫眼的南侧又各有一条左右相对的长方形榫槽，长 1.82 ~ 1.86 米，宽约 0.08 米，深约 0.03 米，相距 2.2 米，当为门两侧隔板底部所在。榫槽南面的东西两侧各有一段木枋墙，分别有木枋 3 根。门扉共有 2 扇，梓木，均残，厚约 0.06 米，配一对鎏金铜铺首衔环。

（6）顶板

顶板位于椁室木结构的最上层，由东西向的木枋并排横铺在墙板顶端而成，未见榫卯结构。顶板木的长度与三列椁室的宽度相等；宽一般为 0.4 米，最宽者 0.5 米，最窄者 0.2 米；厚度较为一致，约 0.2 米。出土时，均受压坍塌断裂。

顶板木基本与上层底板木相对应，也作三列分布。各椁室分室顶板木枋的数量及长度为：东列前室共有顶板木枋 15 根，各长约 2.86 米；东列中室共有顶板木枋 11 根，各长约 2.5 米；东列后室共有顶板木枋 4 根，各长约 2.5 米；西列前室共有顶板木枋 14 根，各长约 2.86 米；西列中室共有顶板木枋 12 根，各长约 2.5 米；西列后室共有顶板木枋 4 根，各长约 2.5 米；中列前室共有顶板木枋 13 根，各长约 5.1 米；中列后室（棺室）共有顶板木枋 9 根，各长约 4.15 米。中列中室的顶板较为特殊，共发现 20 根木枋，各长约 5.9 米，根据倒塌情况看，两立柱之北共有 5 根木枋，之南有 15 根木枋，且重叠放置。根据墓室的长度推算，该室顶部木枋有至少二层放置的情况。因此，可以推测，在两立柱之北顶板木枋可能为单层放置，在两立柱之南则分为二层放置。在中列中室的顶板上发现有刻画的数字编号，由南向北的 75 号顶板东端刻有“五”字、74号顶板东端刻有“六”字、70号顶板东端刻有“九”字。

经检测，顶板木为楠木。

2. 椁室各分室

（1）东列前室

位于椁室的东北角，室内南北长5.6米，东西宽2.8米，面积约15.7平方米。该墓室北、东、南三面均封闭，西面北端开设一门，与中列前室相通。清理时，在墓室北部发现大量的陶器碎片，经修复为陶罐。在墓室南部，发现有数件漆木器残件以及大片的漆皮，周围散布有若干“五铢”铜钱。

（2）东列中室

位于东列室中间，室内南北长4.1米，东西宽2.2米，面积约9平方米。该墓室北、东两面封闭，西面北端开设一门，与中列中室相通，南面中部开设一门，与东列后室相通。随葬器物较丰富，其中以漆器为最多，主要分布在墓室西北部和中部。在一些漆器上发现有“厨”（本书第182页）、“宜酒食”（本书第161页）、“永巷果般”（本书第179页）、“中永巷”（本书第179页）等字样。该墓室内还出土有铜镞、铜器残件、铜钱及石蜡等。

（3）东列后室

位于东列室最南部，室内南北长1.4米，东西宽2.2米，面积约3.1平方米。该墓室东、南、西三面封闭，仅北面开设一门，与东列中室相通。该墓室出土有“五铢”铜钱、铜环和漆器残件等，在中部底板上发现有两个三角形的器物压痕。

（4）西列前室

位于椁室的西北角，室内南北长5.6米，东西宽2.8米，面积约15.7平方米。该墓室北、西、南三面均封闭，东面北端开设一门，与中列前室相通。在该墓室中部发现大量漆皮，伴有若干金箔饰片、铁器残件和鎏金扣饰，在墓室南部发现3件木质马足残件，判断为车马器残件。

（5）西列中室

位于西列室中间，室内南北长4.1米，东西宽2.2米，面积约9平方米。该墓室北、西两面封闭，东面北端开设一门，与中列中室相通，南面中部开设一门，与西列后室相通。在墓室中部发现长条形漆器痕迹以及数件鎏金泡饰，判断为某种乐器，还发现有丝织品的痕迹。

（6）西列后室

位于西列室最南部，室内南北长1.4米，东西宽2.2米，面积约3.1平方米。该墓室西、南两面封闭，北面开设一门，与西列中室相通，东面开设一门，与中列中室相通。未发现随葬器物。

（7）中列前室

位于东、西两列前室之间，室内南北长5.6米，东西宽4.8米，面积约26.9平方米。该墓室北面与墓道相接，由竖立的木枋墙隔开，没有发现门的痕迹，东、西两面各开设一门，分别通向东列前室和西列前室，南面开设一门与中列中室相通。出土有陶器残片、鎏金铜饰件、铜弩机、铁器残件及漆器残片等。

（8）中列中室

位于椁室正中，室内南北长 5.8 米，东西宽 5.8 米，面积约 33.6 平方米。该墓室东面开设一门通向东列中室，西面开设两门分别通向西列中室和西列后室，南、北两面各设一门，分别通向中列前室和后室。该墓室的东北部随葬器物较少，仅发现 1 件铜器残件；西北部及西侧立柱周围主要分布有漆器和少量小件铜、铁器；东侧立柱以东和墓室东南部是随葬器物的主要分布区域，放置有鼎、锺、壶、盉、甑、钵、灯等铜器和耳杯、盘、盒、笥、豆等漆木器；墓室中南部则分布有漆案、漆奁和铜镜等。

（9）中列后室

位于墓葬最南部，室内南北长 4.4 米，东西宽 3.9 米，面积约 17.2 平方米，为棺室所在。该墓室北部通过门与中列中室相连，门的形制如前所述。东、南、西三面均由内、外两层墙板封闭。出土时，在棺室的西北部散落有金缕玉衣片、金丝和 5 件水晶珠。由于正处于盗洞 D1 的底端位置，因此推测玉衣是被盗墓者整体拖出漆棺的。玉衣片损毁较多，仅数片可修复。玉衣的下面为塌土，塌土下紧贴底板处散落 19 件金饼。在金饼旁发现 1 件铜盘、1 件漆奁和 2 件漆方盒，其中铜盘内放置 1 件木梳。在棺室北部偏西发现 1 件飞禽足铜灯，在西南部发现 1 件残玉盒及少量丝织物。另外，发现有铜带钩和数件不明器形的漆器。

（五）套棺

棺位于中列后室的正中位置，由内外两层套棺组成，呈南北向摆放。由于椁室顶板塌陷，套棺被压碎。出土时，两套棺均已腐朽解体，仅残存少量木板和木枋，但棺的漆皮保存尚好，可以借此判断棺的结构。内外棺均由底板、侧板、档板和盖板组成。从残存的情况看，外棺长约 3.2 米，残宽 1.08 米，外髹黑漆，内髹赤红色漆；内棺长 2.78 米，宽 0.5 米，外髹暗棕红色漆，内髹赤红色漆，均为素面。残存的棺上还有若干榫眼的痕迹，表明棺使用榫卯结构制作。在棺的北部靠近前档板处发现 2 件玉璧和 1 件玉圭。经检测，内外棺板均为梓木。

棺内尸骨腐蚀严重，形体已不存。出土时，大约可以看出一具人体骨骼分布在金缕玉衣的东南侧，但身体的具体部位已无法确认，仅在内棺中部发现 1 颗门牙和 2 截趾骨。根据玉璧、玉圭的摆放位置推测，墓主的头向应向北。

二、随葬器物

风篷岭 M1 出土器物数量较多，按质地可分为陶器、铜器与铜钱、漆（木）器、玉器、水晶器、金器、鎏金器、银器、铁器、丝织品等。现将其中较重要的器物介绍如下。

（一）陶器

9件，主要出土于东列前室，均为罐。

罐　9件。形制相同。泥质灰陶。斜沿内凹，敞口，尖唇，束颈，圆肩，鼓腹，平底内凹。标本M1:1-1，口沿内侧有4道浅凹槽，肩部上方刻画有“中”字和一残缺字符，腹部饰细网格纹。口径15.6厘米，腹径29厘米，底径14厘米，高30.4厘米（图五，1）。标本M1:1-2，肩部有刻画字符。口径14.8厘米，腹径29厘米，底径14.8厘米，高30.8厘米（图五，2；图六）。

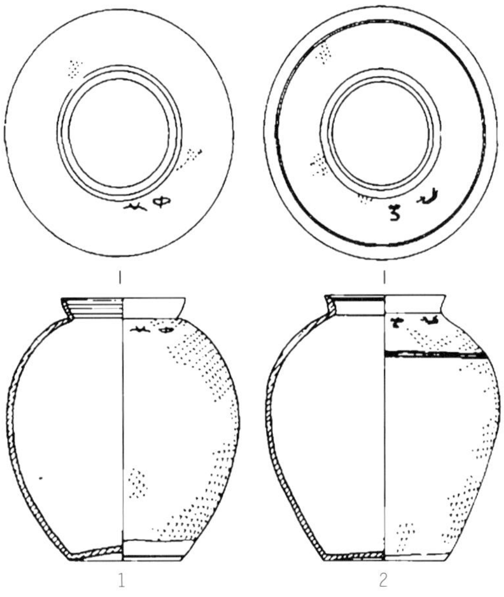

图五　陶罐

1.M1:1-1　2.M1:1-2

图六　陶罐（M1:1-2）

（二）铜器与铜钱

铜器　共28件，主要出土于中列中室，有鼎、锺、壶、盉、甗、盘、钵、勺、灯、镜、羊镇、带钩、弩机、削、衔环铺首、环等。

鼎　2件。残。盖微隆，有3个半环形纽。子口承盖，双椭圆形对称附耳，鼓腹，圜底，3个粗且短的蹄足。腹部饰一道凸弦纹。标本M1:95，口沿处刻有一圈铭文，阴文篆书，为“□一□二有盖并重十七斤八两长沙□□□”。盖径23.2厘米，口径21.6厘米，足高9.3厘米（图七，1；图八，1）。

图一〇　铜锺（M1:87）

图一一　B型Ⅲ式铜灯（M1:90）

图一二　铜镜（M1:120）

图一三　铜羊镇

部分为斜三角形，“金”字内侧大多呈“圭”形，个别呈“米”字形，“米”字内两点有的略呈小三角形；“朱”字上或下有的方折，有的弧折；有的“金”字头和“朱”字头平齐，有的“朱”字头略高于“金”字头。磨廓五铢的“铢”字较模糊，“五”字向内弯曲，“五”字和“铢”字仅剩内侧一小部分。分二型。

A型　98枚。外缘有廓，穿外上下有廓，字迹规整，钱体较大。直径2.4～2.5厘米，穿径1.1～1.2厘米（图一四）。

B型　65枚。磨廓，字迹不规整，钱体较小。直径1.9～2.2厘米，穿径1.1厘米（图一五）。

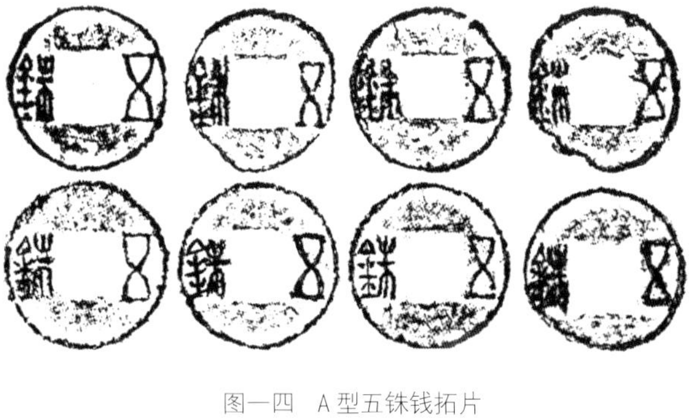

图一四　A型五铢钱拓片

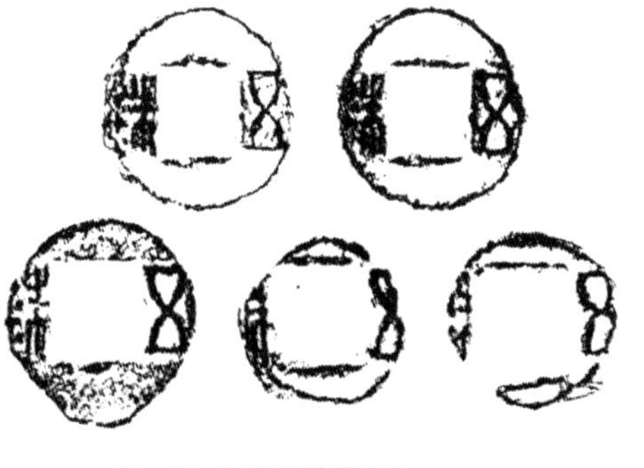

图一五　B型五铢钱拓片

（三）漆（木）器

61 件，主要出土于东列中室和中列中室，有盒、豆、碗、盆、盘、耳杯、器盖、马足等。

盒　4 件。分四型。

A 型　1 件（M1:144）。夹纻胎。方形，底已朽。盒身外髹黑漆，内髹朱漆。口沿、中部、底部均有银扣加固，已脱落，银扣间贴饰两周动物纹金箔，有雀、虎、凤、鹿等，大部分已脱落。盖顶中央嵌柿蒂纹金箔，中心有一圆形小孔（原应镶嵌有玛瑙珠类饰物），盖肩部贴一周动物纹金箔，多已脱落。边长 4 厘米，残高 5 厘米（本书第 149 页）。

B 型　1 件（M1:145）。夹纻胎。长方形，平底。盒身外髹黑漆，盒身口沿、中部、底部均有银扣加固，已脱落，银扣间贴饰两周动物纹金箔，有凤、虎、兔、马、飞鸟等 20 余个，多已脱落。盖顶中央嵌柿蒂纹金箔，叶片中部和盖顶中央各有一圆形小孔（原应镶嵌有玛瑙珠类饰物），盖肩部贴云气纹金箔。器底髹红褐色漆，素面无纹。长 8 厘米，宽 3.6 厘米，高 6.7 厘米（图一六，2；图一八 ~ 图二〇；本书第 150 页）。

C 型　1 件（M1:127）。夹纻胎。椭圆形。器身残破，可复原。盒身外髹黑漆，内髹朱漆。外盒口沿、中部、底部各饰一周银扣。内盒口沿饰一周金扣，中部、底部各饰一周银扣。扣间贴两组动物纹金箔，多已脱落。盖顶中央嵌柿蒂纹金箔，叶片中部和盖顶中央各有一圆形小孔（原应镶嵌有玛瑙珠类饰物），盖肩部贴云气纹金箔。长径 6.6 厘米，短径 3.5 厘米，残高 8 厘米。

D 型　1 件（M1:82）。夹纻胎。球形。残存盒身。子母口。口沿较薄，腹至底器壁逐渐增厚。器身通体髹褐色底漆。内壁残存有旋涡纹、细线纹。外腹朱绘凤纹，两凤背向而立，一足支地，一足上伸，头部上昂，两头间有两个尾羽变形的旋涡纹，与两尾间的一个旋涡纹呈倒“品”字排列。腹上下部各朱绘三周弦纹。口径 13 厘米，腹径 13.6 厘米，残高 6.2 厘米（图一六，3）。

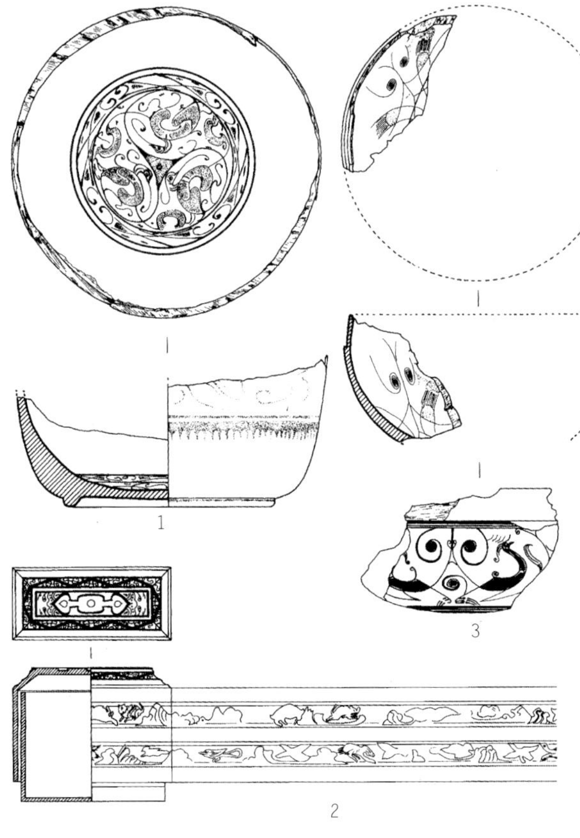

图一六　漆器

1. 碗（M1:81）　2. B 型盒（M1:145）　3. D 型盒（M1:82）

豆　2件。残。木胎，斫制。形制相同。柄上粗下细，横截面呈椭圆形，座底平。柄上部及下部髹朱漆，中部髹黑漆。底座满髹黑色底漆。底座近柄处朱绘粗、细弦纹各一道，边缘以一道粗弦纹和两道细弦纹饰边，两组弦纹中部朱绘一周蔓草纹，底面素面无纹。标本M1:114，柄残高14厘米，座径15.2厘米，座高4.2厘米（图一七）。

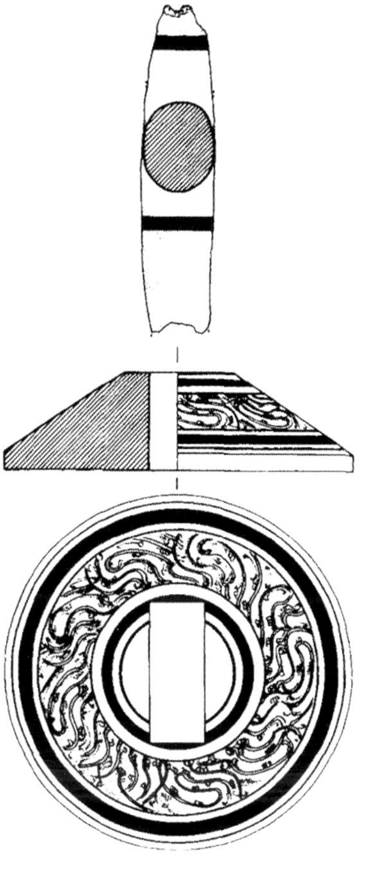

图一七　漆豆（M1:114）

碗　1件（M1:81）。残。木胎。弧腹，平底，矮圈足。内壁与内底髹赭红色底漆，因浸泡大部分已变成褐色。内底用黑漆绘三周弦纹，弦纹内用黑漆绘三组凤鸟纹、云气纹及菱形几何纹，尾部曲线向中间聚集成一个弧线三角形，中心绘一圆圈。外壁及外底髹酱褐色底漆。外壁上部饰云气纹，中部有一道弦纹及一道锯齿形纹饰带，腹与圈足结合部朱绘一周弦纹，外底素面无纹。底径10.6厘米，残高7.5厘米（图一六，1）。

盆　1件（M1:13）。残。夹纻胎。敞口，宽平沿，方唇，浅腹。口沿及外壁髹黑色底漆，盆内腹髹朱漆，大部分已脱落。外沿刻画两周细弦纹，内沿近唇部刻画一组菱形纹、几何纹、细弦纹。口沿上刻画几何纹、细弦纹等。残高4.8厘米（图二四，1）。

盘　31件。形制相同，均为小盘。夹纻胎。平沿，敞口，硬折腹，小平底。底漆以赭红色漆和酱褐色漆为主，彩绘装饰的风格可分为4种，各择一件标本介绍。标本M1:106-1，口沿、内壁上部、内底及外壁髹酱褐色底漆，内壁其余部分髹深褐色漆。沿面朱漆绘两道弦纹，弦纹间朱绘云气纹；内壁上部及外壁折沿下方各有一条带状纹饰，为云气纹和四点纹，之间用竖线分隔。内底边缘绘两道弦纹，中间朱绘云气纹。盘外满施酱褐色底漆，素面无纹。外壁下腹部朱书“张妊（或‘姬’）榜槊”4字竖式隶书款。口径11.5厘米，底径6.1厘米，高2.2厘米（图二一，1；图二五；图二六；本书第144～145页）。标本M1:30-1，胎已腐朽，残存盘内壁漆皮和盘外腹少量漆皮。口沿、内壁上部和内底心髹赭红色底漆。内壁髹褐色底漆。沿面绘一道弦纹。内壁上下各绘一道赭红色弦纹，弦纹内朱绘云气纹、圆点纹。内底以黑漆弦纹为边饰，内用黑漆绘三组凤纹，首尾相连，尾部曲线向中间聚集成一个弧线三角形，其中两只凤鸟的尾线有中断，内饰黑点，三组凤纹间朱绘圆点纹、云气纹和“E”形纹。口径11.8厘米，底径6.9厘米（图二一，2）。标本M1:18，胎已腐朽，残存盘内漆皮。口沿、内壁上部和内底心髹酱褐色底漆。内壁上下各朱绘两周弦纹，弦纹内朱绘云气纹、“E”形纹。内底以一周黑色弦纹为边饰，内用黑漆绘三组三足独角龙纹，龙头高昂，龙眼圆睁，

图一八　B 型漆盒（M1:145）

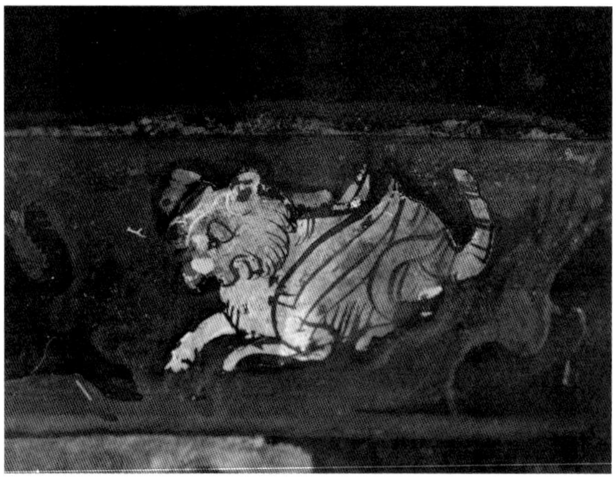

图一九　B 型漆盒（M1:145）上的金箔

图二〇　B 型漆盒（M1:145）上的金箔

龙身健硕，三条龙尾相连成三角形，三角形内黑漆绘一圆珠，构成三龙戏珠图案。龙纹之间用黑漆绘云气纹。口径 12.2 厘米，底径 6.8 厘米（图二一，3；图二七）。标本 M1:30-2，胎已腐朽，残存盘内漆皮。口沿、内壁上部和内底心髹赭红色底漆，内壁髹酱褐色漆。整体素面无纹。口径 18 厘米，底径 12.2 厘米（图二二）。

耳杯　18 件。形制基本一致。木胎。椭圆形。口沿两侧新月形耳微上翘。其中 4 件较完整，器外壁下腹部与底结合处朱书“长沙王后家杯”六字竖式隶书款。标本 M1:106-2，耳、内壁上部和内底心髹酱褐色底漆，耳面边缘、内壁上部与内底心边缘均饰圆点纹和竖线纹。内壁髹赭红色底漆。耳侧面与口沿外沿有两道弦纹，弦纹间饰两排圆点纹。口长径 17.3 厘米，宽径 11 厘米（加耳 13.5 厘米），底长径 9.2 厘米，宽径 4.3 厘米，通高 4.8 厘米（图二三，1；图二八；图二九；本书第 147 ~ 148 页）。标本 M1:106-3，残。外壁和内壁上部髹酱褐色底漆，内壁下部髹赭红色底漆，素面无纹。残高 4.1 厘米（图二三，2）。

器盖　1 件（M1:77）。残。木胎，斫制。盖面较平。通体髹黑漆。盖顶部素面无纹，侧面上下部各朱绘两道弦纹，最上一道较粗，弦纹间用双波折纹分隔成若干三角形，三角形内各绘有一花草纹，相邻的两个花草纹上下颠倒。直径 15 厘米，残高 2 厘米（图二四，2）。

马足　3 件。残。木胎，斫制。形制相同，形似马足。通体髹黑漆。标本 M1:159，表面已腐朽，纹饰不清。残高 36.8 厘米（图二四，3）。

图二一　漆盘

1. M1∶106-1　2. M1∶30-1　3. M1∶18

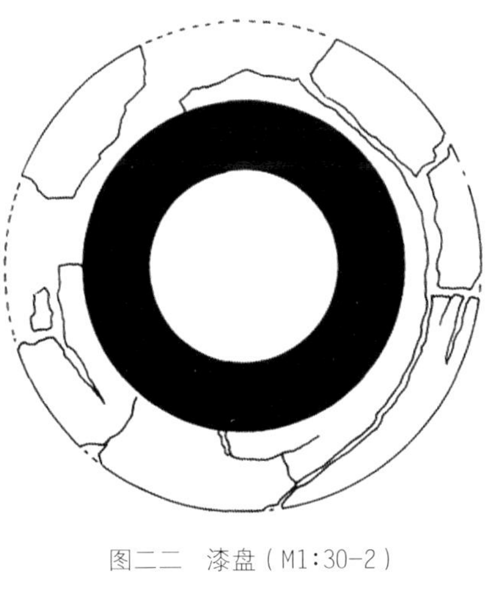

图二二　漆盘（M1∶30-2）

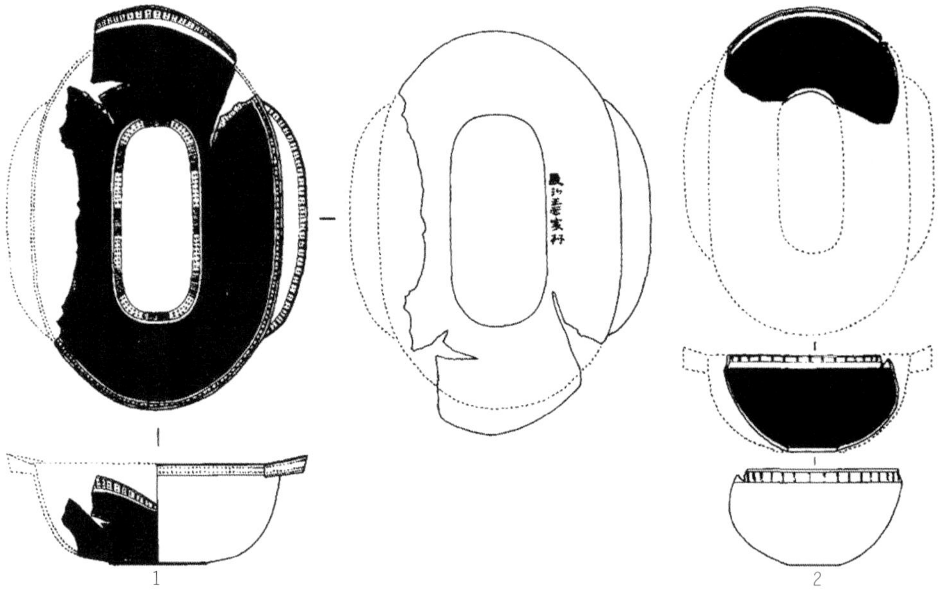

图二三　漆耳杯

1. M1:106-2　2. M1:106-3

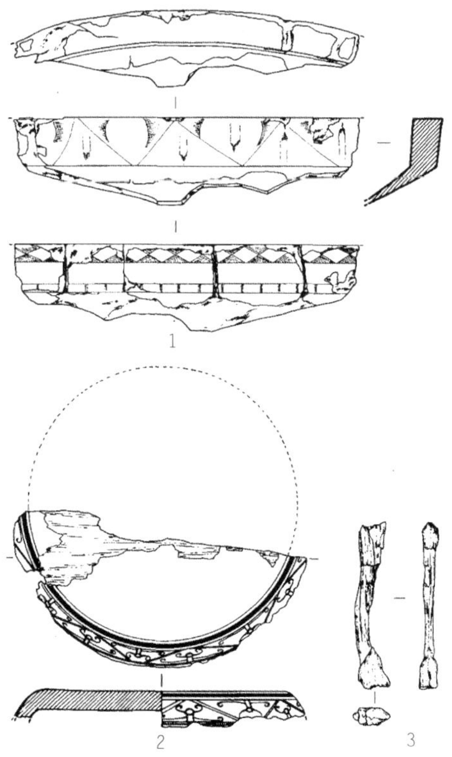

图二四　漆器

1. 盆（M1:13）2. 器盖（M1:77）3. 马足（M1:159）

图二五　漆盘（M1:106-1）

图二六　漆盘（M1:106-1）底部

图二七　漆盘（M1:18）

图二八　漆耳杯（M1:106-2）底部

图二九　漆耳杯（M1:106-2）朱书款

（四）玉器

4件（套），有璧、圭、金缕玉衣。

璧　2件。出土于中列后室。圆形。青玉。两面饰相同纹饰，每面阴刻弦纹分隔纹饰为内外两部分，外圈为变形龙凤纹。分二型。

A型　1件（M1:134）。直径较大。内圈阳刻菱形纹。直径28.15厘米，孔径3.4厘米，厚0.6厘米（图三〇；图三二）。

B型　1件（M1:132）。直径较小。内圈阴刻涡纹。直径17.3厘米，孔径5.3厘米，厚0.4厘米（图三一，1；图三三）。

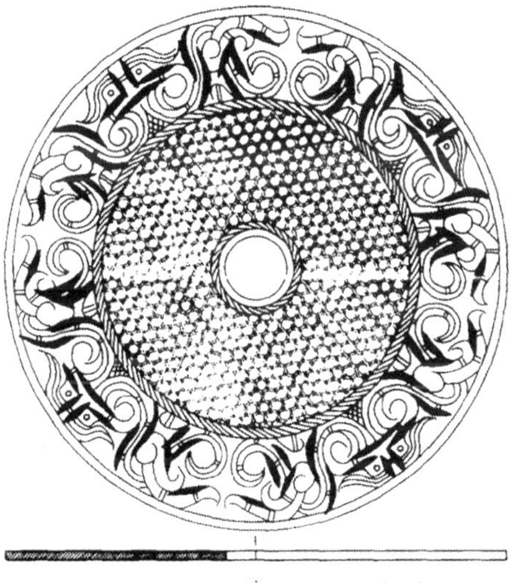

图三〇　A型玉璧（M1:134）（1/4）

圭　1件（M1:133）。出土于中列后室。青玉。上端呈三角形，下端呈梯形，底部有一圆孔。长18.5厘米，宽7厘米，厚0.9厘米（图三一，3；图三四）。

金缕玉衣　1套。残存玉衣片32片和少量金缕、云母薄片（M1:136、138）。出土于中列后室西北部。由于尸骨从漆棺中被拖出，残损严重。玉衣片因土沁而呈现白色和土黄色，长方形，一面阴刻几何纹，内贴金箔片或云母薄片，四角有的有穿孔，有的无穿孔。出土时部分玉衣片以金缕相连，玉衣片下粘连有极薄的云母片。玉衣片可分二型。

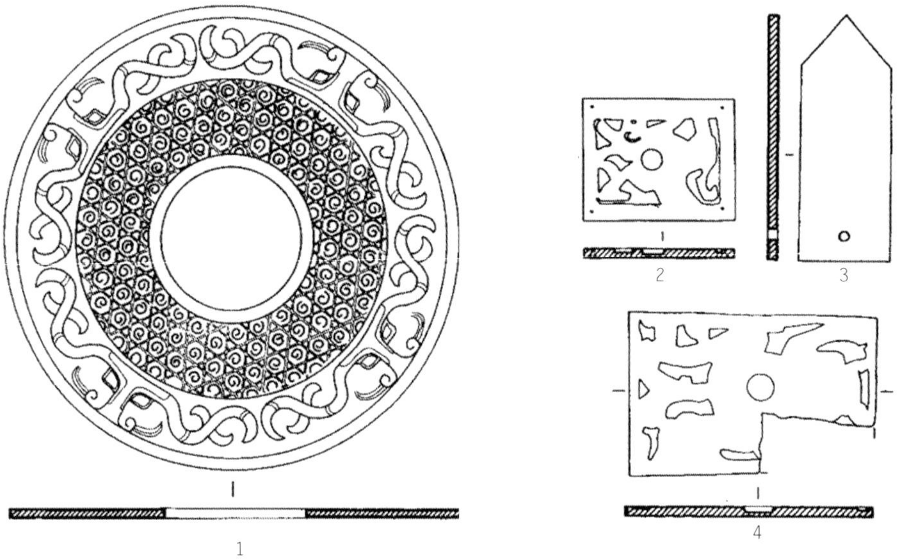

图三一　玉器

1.B 型璧（M1∶132）　2.A 型玉衣片（M1∶136-1）　3. 圭（M1∶133）　4.B 型玉衣片（M1∶136-2）

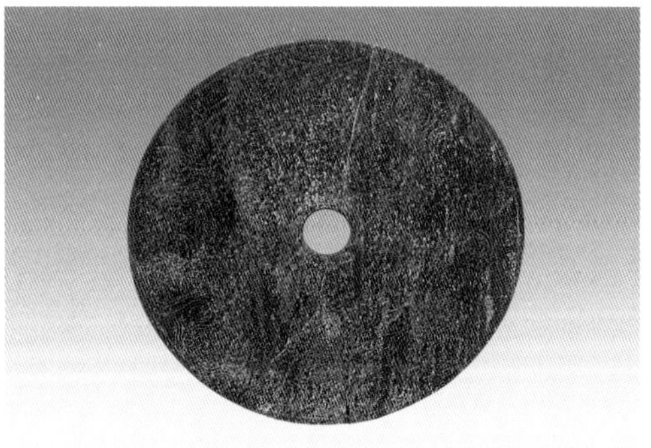

图三二　A 型玉璧（M1:134）

图三三　B 型玉璧（M1:132）

图三四　玉圭（M1:133）

图三五　A 型玉衣片（M1:136-1）

A 型　25 件。小长方形。四角有穿孔，用以穿金丝线。标本 M1:136–1，长 5.7 厘米，宽 4.6 厘米，厚 0.4 厘米（图三一，2；图三五）。

B 型　11 件。大长方形。呈土黄色，四角无穿孔。标本 M1:136–2，长 9.4 厘米，宽 6.2 厘米，厚 0.4 厘米（图三一，4）。

（五）水晶器

5 件，出土于中列后室西北部，均为珠。

珠　5 件（M1:141）。略带浅蓝色，透明。中间有穿孔。出土时与玉衣片在一起，可能是玉衣片上的装饰品。长 0.4 ~ 0.8 厘米，宽 0.4 ~ 0.6 厘米（图三六）。

（六）金器

19 件，出土于中列后室，均为饼。

饼　19 件（M1:143）。正面略凸起，有滴铸所产生的不规则空洞；背面内凹，表面有冰裂纹，刻画有“V”形标记。直径 6 厘米，厚 0.5 厘米，每件重 250.5 克，即汉制一斤（图三七）。

图三六　水晶珠（M1:141）

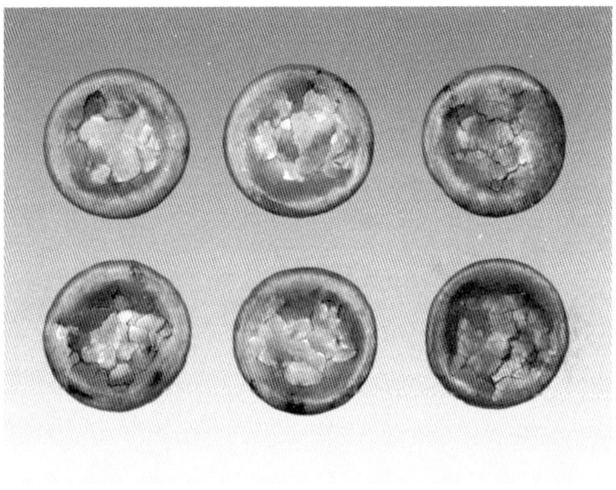

图三七　金饼（M1:143）

三、结语

风篷岭 M1 是长沙地区继陡壁山 M1、象鼻嘴 M1、古坟垸 M1 之后发掘的又一座大型竖穴岩坑木椁墓。该墓虽被盗，但墓葬形制较完整，出土器物较丰富，为研究汉代诸侯国王室葬制等提供了极为重要的考古资料。

（一）墓葬年代

风篷岭 M1 出土了 163 枚五铢钱。《史记 · 平准书》：“其明年……有司言三铢钱轻，易奸诈，乃更请诸郡国铸五铢钱，周郭其下，令不可磨取镕焉。”[①]《汉书·武帝纪第六》：“（元狩）五年春三月甲午……罢半两钱，行五铢钱。”[②]因此，该墓下葬年代的上限为武帝元狩五年（前 118）。风篷岭 M1 出土“长沙王后家杯”漆耳杯，说明墓主为某代长沙王王后。据《后汉书·光武帝纪第一下》“（建武十三年二月）丙辰，诏曰：‘长沙王兴、真定王得、河间王邵、中山王茂，皆袭爵为王，不应经义。其以兴为临湘侯、得为真定侯、邵为乐成侯、茂为单父侯’”[③]的记载，长沙王王位至东汉光武帝建武十三年（37）取消，因此该墓下葬年代的下限为东汉光武帝建武十三年（37）。

（二）墓主身份

风篷岭 M1 出土书有“长沙王后家杯”的漆耳杯 4 件、书有“张姃（或‘姬’）槃槃”的漆盘 3 件，说明墓主就是某代长沙王王后“张姃（或‘姬’）”。根据该墓墓主的下葬年代在西汉武帝元狩五年至东汉光武帝建武十三年之间，按《汉书·诸侯王年表第二》“长沙定王发”条在此期间的长沙王有戴王刘庸（嗣于元朔元年，即公元前 128 年）、顷王刘鲋鮈（嗣于天汉元年，即公元前 100 年）、剌王刘建德（嗣于始元四年，即公元前 83 年）、炀王刘旦（嗣于黄龙元年，即公元前 49 年）、孝王刘宗（嗣于初元四年，即公元前 45 年）、缪王刘鲁人（嗣于永光二年，即公元前 42 年）、刘舜（嗣于居摄二年，即公元 7 年；始建国元年，即公元 9 年，“贬为公，明年废”）、刘兴（约在建武二年即公元 26 年，复封；建武十三年，即公元 37 年，废）[④]，因此，“张姃（或‘姬’）”应是上述 8 位长沙王中的某位长沙王的王后。

（三）葬制

《汉书·霍光传》：“光薨……赐……梓宫、便房、黄肠题凑各一具，枞木外藏椁十五具。”[⑤]苏林注曰：“以柏木黄心致累棺外，故曰黄肠。木头皆向内，故曰题凑。”[⑥]风篷岭 M1 的题凑木枋经检测为楠木，望城坡古坟垸 M1 的题凑木枋经检测亦为楠木，且其上刀刻铭文“丙（渔）阳是（题）凑广一尺……广□尺八寸”[⑦]。因此，风篷岭 M1 并非黄肠题凑制，实为文献记载的自战国至汉代一直采用的题凑制。

风篷岭 M1 出土的金缕玉衣是在长沙国王室墓葬中首次发现，说明西汉中晚期长沙国也同样实行金缕玉衣制。

① ［汉］司马迁：《史记》，中华书局，1959 年，第 1428—1429 页。
② ［汉］班固撰，［唐］颜师古注：《汉书》，中华书局，1964 年，第 179 页。
③ ［南朝宋］范晔撰，［唐］李贤等注：《后汉书》，中华书局，第 61 页。
④ ［汉］班固撰，［唐］颜师古注：《汉书》，中华书局，1964 年，第 413 页。
⑤ ［汉］班固撰，［唐］颜师古注：《汉书》，中华书局，1964 年，第 2948 页。
⑥ ［汉］班固撰，［唐］颜师古注：《汉书》，中华书局，1964 年，第 2949 页。
⑦ 长沙市文物考古研究所、长沙简牍博物馆：《湖南长沙望城坡西汉渔阳墓发掘简报》，《文物》2010 年第 4 期。

附记：袁家荣研究员、何强副研究员、宋少华研究员、方北松研究员为此次发掘工作的顾问。在发掘过程中得到湖南省文物局、湖南省文物考古研究所、长沙市文化局、长沙市文物局、长沙玫瑰园房地产开发公司、望城县公安局的大力支持，在此一并致谢！

领　　队：何旭红
执行领队：黄朴华
发　　掘：马代忠　何　佳　李云辉　龙伟清　凌　浩
雷永利　赵晓华　张景尧　师　磊　肖静华
张竹青　彭奇策　余长庚　黄永光　张成云
曾德刚　何竞红　刘　欣　万　坤
摄　　影：易家敏　黄朴华　何　佳
绘　　图：高　铁
拓　　片：谈雪慧　杨　慧　张晓英
执　　笔：何旭红　赵晓华　马代忠　何　佳
张景尧　师　磊　雷永利　黄朴华

（原载《文物》2007 年第 12 期。本次略有修改）

汉长沙王世系年表

吴氏长沙王			
公元纪年	汉帝纪年	谥号、姓名	在位时间
公元前 202 年	高祖五年	文王吴芮，前为衡山王	数月
公元前 201—前 194 年	高祖六年至惠帝元年	成王吴成	8 年
公元前 193—前 187 年	惠帝二年至吕后元年	哀王吴回	7 年
公元前 186—前 179 年	吕后二年至文帝前元元年	恭王吴右	8 年
公元前 178—前 157 年	文帝前元二年至文帝后元七年	靖王吴著，“无后，国除”	22 年
刘氏长沙王			
公元纪年	汉帝及王莽纪年	谥 号	在位时间
公元前 155—前 129 年	景帝前元二年至武帝元光六年	定王刘发，景帝庶子	27 年
公元前 128—前 101 年	武帝元朔元年至武帝太初四年	戴王刘庸	28 年
公元前 100—前 84 年	武帝天汉元年至昭帝始元三年	顷王刘鲋鮈	17 年
公元前 83—前 50 年	昭帝始元四年至宣帝甘露四年	剌王刘建德	34 年
公元前 49—前 47 年	宣帝黄龙元年至元帝初元二年	炀王刘旦	3 年
公元前 45—前 43 年	元帝初元四年至元帝永光元年	孝王刘宗，刘旦弟	3 年
公元前 42—公元 6 年	元帝永光二年至孺子（刘婴）居摄元年	缪王刘鲁人	49 年
公元 7—9 年	孺子（刘婴）居摄二年至王莽始建国元年	刘舜，“（刘舜）贬为公，明年废”	3 年
约公元 26—37 年	约东汉光武帝建武二年至光武帝建武十三年	刘兴，“其以兴为临湘侯”	约 10 年

“12·29”案追缴漆器文字编

凡 例

一、本编收录“12·29”案追缴漆器（凡70件）、长沙市博物馆部分征集漆器（凡7件）上的烙印、漆书、刻画文字形体。其中，单字102个，合文1个，不识字21个。

二、各种文字形体均以漆器彩照为底，以PHOTOSHOP软件抠图获得。

三、字头排列略依《说文解字》。

四、出处标码中的阿拉伯数字为“12·29”案追缴漆器编号；“市博＋数字”指长沙市博物馆征集漆器编号。

五、刻画文字仅注出处；烙印、漆书文字分别在编号后标明“烙印”和“漆书”。

001	002	003	004	005	006	007	008
一	上	三	王	中	八	少	尚
010	029	010	001	020	108	市博 02	124 漆书
038	048		002	022	125 漆书		124
107	052			025			125 漆书
108				028			
111				045			
126				048			
126				110			
				124 漆书			
				125 漆书			

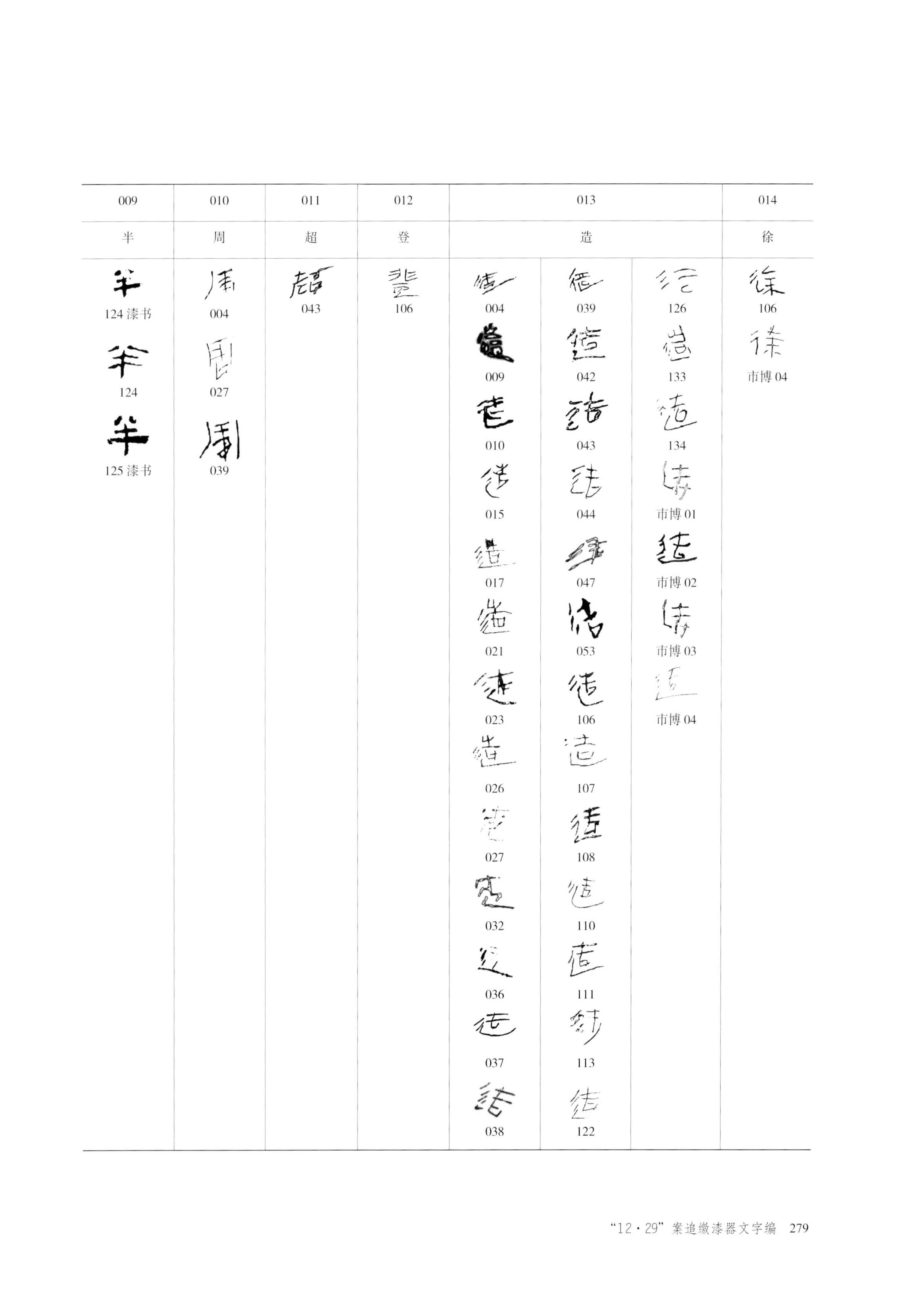

009	010	011	012	013			014
半	周	超	登	造			徐
124 漆书 124 125 漆书	004 027 039	043	106	004 009 010 015 017 021 023 026 027 032 036 037 038	039 042 043 044 047 053 106 107 108 110 111 113 122	126 133 134 市博 01 市博 02 市博 03 市博 04	106 市博 04

015	016	017	018	019		020	021
延	术	齿	龠	十		卅	谁
 043	 市博 04	 042	 123 漆书	 010	 126	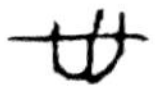 010	 023
 110				 036	 市博 03	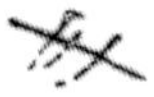 038	 032
 113				 038		 125 漆书	
 市博 01				 107		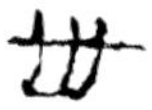 125	
 市博 03				 107			
				 108			
				 108			
				 111			
				 125 漆书			
				 126			

022			023	024	025	026	027
丞			竖	贞	智	百	则
004	042	134	037	007	122	125 漆书	市博 04
009	043	市博 01	044	009		125	
010	044	市博 02	109	017			
015	047	市博 03	134	024			
017	053	市博 04		026			
021	107			032			
023	108			104			
026	109			105			
027	110						
032	111						
037	113						
038	126						
039	133						

028	029	030	031			032	033
第	萛	左	工			平	喜
107 108 111 124 漆书 124 125 漆书 125 126	010 107 108	029	004 009 010 015 017 021 023 026 032 036 038 039 042 043 044	047 053 106 107 108 110 111 113 122 126 133 134 市博 01 市博 02 市博 03	市博 04	004 009 017 021 026 027 039 133	010 107 108

034	035	036	037	038	039	040	041
食	仓	内	侯	就	弟	朱	杯
 020  022  025  028  124 漆书  124  125 漆书	 016 烙印  028 烙印 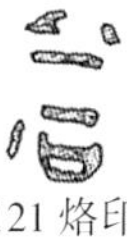 121 烙印	 市博 02	 市博 02	 038	 010  038	 042	 124 漆书  124  125 漆书

042	043	044	045	046	047	048	049
东	无	之	贤	赢	都	郢	束
 124 烙印  124 漆书  124  125 烙印  125 漆书	 010  107  108	 市博 02	 市博 02	 126  市博 01  市博 03	 009  017  021  026  133	 044	 116

050				051	052	053	054
年				秦	家	容	冣
004	036	108	133	010	001	123 漆书	134
009	037	109	134	107	002	124 漆书	
010	038	110	市博 01	108	123 漆书	124	
015	039	111	市博 02		123	125 漆书	
017	042	113	市博 03		124 漆书	125	
021	043	122	市博 04		124		
023	044	124 漆书			125 漆书		
026	047	124 漆书					
027	106	125 漆书					
032	107	126					

055	056	057	058	059	060	061	062
人	佐	系	临	眉	般	充	秃
 004  004  027  027  039  039	 106	 053	 015	 市博 02	 020  022  025  028	 106  117	 038  126

063	064	065	066					
视	后	辟	库					
053 111 122	001 002	市博 02	004 007 漆书 008 漆书 009 漆书 009 010 015 017 漆书	017 021 漆书 021 023 024 漆书 026 漆书 026 027 漆书 027 032 漆书	032 036 037 038 039 042 043 044 047 053 107	108 109 109 110 111 113 122 126 133 134 市博 01	市博 03 市博 04	

067			068	069	070	071	072
长			状	光	应	宧	愈
004	036	109	004	023	009	042	042
009	037	110	010	032	017		
010	038	113	027		021		
015	039	121 烙印	039		026		
017	042	123 漆书	107		133		
021	043	126	108				
023	044	133					
025 烙印	047	134					
026	053	市博 01					
027	106	市博 03					
028 烙印	107	市博 04					
032	108						

073	074	075		076	077		
沅	泽	浅		沙	零		
004	市博 02	007 漆书	027 漆书	025 烙印	005 漆书	046 漆书	市博 08
015		008 漆书	032 漆书	028 烙印	006 漆书	049 漆书	市博 10
016 漆书		009 漆书	133	121 烙印	011 漆书	050 漆书	市博 12
031 漆书		009		123 漆书	013 漆书	051 漆书	
038 漆书		017 漆书			014 漆书	111	
039		017			018 漆书	114 漆书	
040 漆书		021 漆书			019 漆书	115 漆书	
053		021			029 漆书	118 漆书	
市博 02		024 漆书			030 漆书	122	
		024 漆书			033 漆书	131 漆书	
		026 漆书			034 漆书	市博 04	
		026			035 漆书		

078	079		080	081	082	083	084
燕	门		毋	武	义	强	它
 036  037  038  043  044  047  110  113 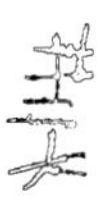 市博 01  市博 03	 007 漆书  008 漆书  009 漆书  009  017 漆书  017 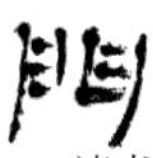 021 漆书  021  024 漆书  024 漆书  026 漆书  026	 027 漆书  032 漆书  133	 122	 023  032	 042	 037  044  109  134	 004  027  039

085	086	087	088	089	090		
二	勇	斗	官	陵	阳		
107	009	123 漆书	001	016 漆书	004	036	111
123 漆书	017	124 漆书	002	031 漆书	005 漆书	037	113
124 漆书	021	124	020	038 漆书	006 漆书	038	126
125 漆书	026	125 漆书	022	040 漆书	010	039	134
	133		025	042	011 漆书	043	137 漆书
			028	053	014 漆书	044	市博 01
			124 烙印	市博 02	018 漆书	046 漆书	市博 03
			124 漆书		019 漆书	047	市博 04
			124 漆书		023	107	
			124		027	108	
			124		032	109	
			125 烙印		034 漆书	110	
			125 漆书				
			125 漆书				

091	092	093	094		095	096
四	五	六	七		九	甲
037 044 106 109 111 134	111 123 漆书 124 漆书 124 126	市博 02	004 009 015 017 021 023 026 027 032 039 042 043 047 110 113 125 漆书 133	市博 01	038 市博 04	015 048

097		098	099	100	101	102	合文
辰		午	酉	酒	醴	尊	七十
027 036 037 038 043 044 047 109 110 113 126 134	市博 01 市博 03	023 032	023 032	017	市博 04	036 037 043 047 110 113 126 市博 01 市博 03 市博 04	124 漆书 124

待考

01	02	03	04	05	06	07	08
 012	 015	 015	 028 烙印  121 烙印	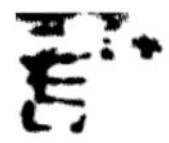 036	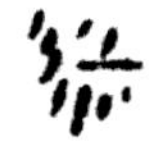 036	 036	 047

09	10	11	12	13	14	15	16
 053	 053	 070	 106	 111	 111	 112	 112

17	18	19	20	21			
 113	 123 漆书  123 烙印	 124 漆书  124  125	 063 烙印  083 烙印	 039 烙印  099 烙印			

主要参考文献

一、古籍

［清］阮元校刻：《十三经注疏》，中华书局，1980年影印本。

［汉］司马迁撰，［南朝宋］裴骃集解，［唐］司马贞索隐，［唐］张守节正义：《史记》，中华书局，1959年。

［汉］班固撰，［唐］颜师古注：《汉书》，中华书局，1964年。

二、考古简报或报告

长沙市文化局文物组：《长沙咸家湖西汉曹嫔墓》，《文物》1979年第3期。

湖南省博物馆：《长沙象鼻嘴一号西汉墓》，《考古学报》1981年第1期。

长沙市文物工作队：《长沙西郊桐梓坡汉墓》，《考古学报》1986年第1期。

长沙市文物考古研究所、望城县文物管理局：《湖南望城风篷岭汉墓发掘简报》，《文物》2007年第12期。

长沙市文物考古研究所、长沙简牍博物馆：《湖南长沙望城坡西汉渔阳墓发掘简报》，《文物》2010年第4期。

长沙市文物考古研究所：《长沙"12·29"古墓葬被盗案移交文物报告》，《湖南省博物馆馆刊》第六辑，岳麓书社，2010年。

长沙市文物考古研究所、长沙市望城区文物管理局：《湖南长沙风盘岭汉墓发掘简报》，《文物》2013年第6期。

三、研究著作和论文

洪石：《战国秦汉漆器研究》，文物出版社，2006年。

徐正考：《汉代铜器铭文选释》，作家出版社，2007年。

聂菲：《湖南楚汉漆木器研究》，岳麓书社，2013年。

何旭红：《汉代长沙国考古发现与研究》，岳麓书社，2013年。

宋少华：《略谈象鼻嘴一号汉墓陡壁山曹嫘墓的年代》，《考古》1985 年第 11 期。

宋少华：《长沙西汉渔阳墓相关问题刍议》，《文物》2010 年第 4 期。

黄展岳：《长沙望城坡西汉“渔阳”墓墓主推考》，载于黄展岳著《先秦两汉考古论丛》，科学出版社，2008 年。

黄翔鹏：《秦汉相和乐器“筑”的首次发现及其意义》，《考古》1994 年第 8 期。

项阳、杨应鳣、宋少华：《五弦筑研究——西汉长沙王后墓出土乐器研究之一》，《中国音乐学》1994 年第 3 期。

项阳、宋少华、杨应鳣:《五弦筝初研——西汉长沙王后墓出土乐器研究》,《音乐研究》1994 年第 9 期。

聂菲：《从湖南西汉贵族墓出土漆器审度汉初漆器功能工艺的传承与变异——兼论湖南汉初漆器产地问题》，《湖南省博物馆馆刊》第一辑，岳麓书社，2004 年。

聂菲：《先秦两汉夹纻胎漆器考述》，《湖南省博物馆馆刊》第三辑，岳麓书社，2006 年。

聂菲:《关于湖南地区楚汉漆器生产、管理和产地问题的再讨论——马王堆汉墓漆器研究之三》,《湖南省博物馆馆刊》第五辑，岳麓书社，2009 年。

聂菲：《湖南楚汉墓葬出土漆器考古学探源》，《湖南省博物馆馆刊》第九辑，岳麓书社，2013 年。

聂菲：《湖南楚汉漆器制作工艺探讨》，《湖南省博物馆馆刊》第十辑，岳麓书社，2014 年。

邱东联、潘钰、李梦璋:《简析长沙市博物馆 2009 年度征集的一批西汉漆耳杯》,《湖南省博物馆馆刊》第六辑，岳麓书社，2010 年。

李鄂权：《长沙国墓葬出土钤刻文字地望考证及相关问题研究》，《船山学刊》2002 年第 1 期。

李鄂权:《长沙出土漆器铭文“门浅”考释及相关问题探讨》,《中国文物报》2010 年 6 月 23 日第 7 版。

张景尧：《长沙新出漆器铭文中的几个问题》，《湖南省博物馆馆刊》第八辑，岳麓书社，2012 年。

孙红艳、龚德才、黄文川、肖静华、余玲珠：《长沙风篷岭汉代漆器制作工艺中淀粉胶粘剂的分析》，《文物保护与考古科学》，2011 年第 11 期。

黎石生：《湖南望城风篷岭一号汉墓的年代与墓主》，《故宫博物院院刊》2009 年第 1 期。

黎石生:《长沙汉墓漆器铭文所见“物勒工名”记录》,《出土文献研究》第十辑，中华书局，2011 年。

黎石生:《长沙汉墓出土漆器铭文二题》,《汉代城市和聚落考古与汉文化》，科学出版社，2012 年。

黎石生：《长沙西汉墓所见漆器铭文杂议》，《湖南省博物馆馆刊》第十辑，岳麓书社，2014 年。

罗小华:《长沙汉墓“物勒工名”类漆器铭文补议》,《出土文献研究》第十三辑，中西书局，2014 年。

罗小华：《长沙汉代漆器铭文杂识（四则）》，简帛网，2015 年 7 月 8 日。

湖南省博物馆：《介绍几件从废铜中检选出来的重要文物》，《文物》1960 年第 3 期。

符钰：《汉代漆器文字综述》，《湖南省博物馆四十周年纪念文集》，湖南教育出版社，1996 年。

何旭红：《湖南望城风篷岭汉墓年代及墓主考》，《文物》2007 年第 12 期。

何旭红：《对望城县风篷岭汉墓发现铭文的初步认识》，《湖南省博物馆馆刊》第五辑，岳麓书社，2009 年。

何旭红：《对长沙谷山被盗汉墓漆器铭文的初步认识》，《湖南省博物馆馆刊》第六辑，岳麓书社，2010 年。

后 记

汉代长沙王陵（包括王后陵）目前已发掘5座（象鼻嘴汉墓、陡壁山曹娱墓、风篷岭汉墓、望城坡渔阳墓、风盘岭汉墓）。2008年底至2009年初，王陵区11座高等级古墓葬被盗（即“12·29”案，其中一墓出土漆器）。上述墓葬发掘单位和出土文物收藏单位不同。象鼻嘴汉墓由湖南省博物馆发掘，陡壁山曹娱墓由长沙市文化局文物组发掘，其余3座由长沙市文物考古研究所（2001年前为长沙市文物工作队）发掘。象鼻嘴汉墓出土漆器由湖南省博物馆收藏。陡壁山曹娱墓出土漆器由长沙市博物馆收藏。望城坡渔阳墓出土漆器由长沙简牍博物馆、长沙市文物考古研究所收藏。风篷岭汉墓出土漆器及“12·29”案移交漆器由长沙市文物考古研究所收藏。另“12·29”案发后，长沙市博物馆征集到12件漆器，其器形特点、铭文内容、书法风格与追缴漆器十分接近，可能出自同一被盗墓中。又各墓葬出土漆器的数量不一，保存状况也不一致。其中，象鼻嘴汉墓、曹娱墓、风盘岭汉墓出土的漆器数量少且残碎，本书未予收录；渔阳墓、风篷岭汉墓以及“12·29”案漆器数量较多、保存较好，本次从中辑录了部分器物。

“12·29”案移交漆器主要由易家敏拍摄，部分为胡颖拍摄。长沙市博物馆提供了征集漆器图片。渔阳墓出土漆器，部分照片由长沙简牍博物馆提供，部分照片由胡颖拍摄。风篷岭汉墓出土漆器、漆膜由胡颖拍摄。照片拍摄工作得到了蒋成光、莫泽、胡冬成、金平、刘瑜、张海军等协助。器物线图由高铁绘制。铭文抠图由廖薇承担。湖南省文物考古研究所张春龙对“12·29”案移交漆器铭文进行了隶定。中国文化遗产研究院李均明、胡平生也参与了部分隶定工作。本书漆器铭文由罗小华全面校订。文字说明、铭文注释和《“12·29”案追缴漆器文字编》由罗小华负责。

初稿完成后，由湖南省博物馆聂菲审稿。

为便于读者全面了解汉代长沙王陵出土漆器情况，编者特意附录了望城坡渔阳墓、风篷岭汉墓以及“12·29”案移交文物的简报或报告，附录了主要参考文献，并特制了《汉长沙王世系年表》和《西汉长沙王陵漆器出土点分布示意图》。

《西汉长沙王陵出土漆器辑录》编委会

2016年10月11日

图书在版编目(CIP)数据

西汉长沙王陵出土漆器辑录/长沙市文物考古研究所编.
—长沙:岳麓书社,2016.12
ISBN 978-7-5538-0563-4

Ⅰ.①西... Ⅱ.①长... Ⅲ.①(漆器)考古—中国—西汉时代—图集
Ⅳ.①K876.72

中国版本图书馆 CIP 数据核字(2016)第 028371 号

XIHAN CHANGSHA WANGLING CHUTU QIQI JILU
西汉长沙王陵出土漆器辑录
编　　者:长沙市文物考古研究所
责任编辑:管巧灵　邱建明
责任校对:舒　舍
整体设计:风格八号

岳麓书社出版发行
地址:湖南省长沙市爱民路 47 号
电话:0731-88804152　88885616
邮编:410006
网址:www.yueluhistory.com

2016 年 12 月第 1 版第 1 次印刷
开本:889×1194　1/16
印张:20.25
字数:432 千字
ISBN 978-7-5538-0563-4
定价:480.00 元

承印:雅昌文化(集团)有限公司

如有印装质量问题,请与本社印务部联系
电话:0731-88884129